노무현이 　　우리들과
　　　　　　나누고 싶었던　　　9가지 이야기

노무현이
우리들과
나누고 싶었던
9가지 이야기

이백만 지음

국가는 무엇을 해야 합니까
경제의 본질은 무엇입니까
민주주의 어디까지 왔습니까
정치에 희망은 있습니까
평화는 어떻게 지킬 수 있습니까
역사에서 배운다는 것은 무엇입니까
진보의 미래는 어디에 있습니까
다음 세대를 이끌어갈 힘은 무엇입니까
사람 사는 세상은 무엇입니까

바다출판사

프롤로그 |

이제는
우리가 이야기할
차례입니다

노무현은 우리에게 많은 물음을 던졌습니다. 그리고 묻고 또 물었습니다. 우리가 가야 할 곳이 어디이고, 우리가 해야 할 일이 무엇인가라고. 노무현은 우리 사회가 안고 있는 문제에 대해 많은 고민을 했습니다. 그것은 '시대의 소명'이었고 지금도 미완의 과제로 남아 있습니다.

노무현은 무오류의 지도자가 아닙니다. 공적과 과오, 옳고 그름에 대한 공정한 재평가가 필요합니다. 사실에 근거한 객관적인 재조명이 먼저 이루어져야 가능한 일입니다.

노무현은 이미 많은 이야기를 했습니다. 이제는 우리가 이야기할 차례입니다. 노무현이 던진 물음을 '시대의 눈'으로 차분하게 따져봐야 할 때입니다. 과거의 역사적 인물과 대화하듯, 일반 국민의 입장에서 또는 언론인이나 전문가의 입장에서 마음을 열고 노무현과 이야기해보고 싶지 않으십니까. 노무현과 진지하게 대화하고 치열하게 토론해야 합니다. 이것이 바로 '노무현의 가치'를 성찰하고 발전시켜 나가는 과정이라고 생각합니다.

노무현은 남다른 소통능력을 갖고 있었지만, 최고 권좌에 오르는 순간 불행하게도 '왜곡의 유리벽'에 갇혀버리고 말았습니다. 특유의 소통능력을 발휘하지 못했습니다. 무척 안타까운 일이었습니다. 국민들은 왜곡의 유리벽을 통해 노무현의 얼굴을 봤고, 노무현의 목소리를 들었습니다. 그것은 '머리에 뿔이 달린 우스꽝스러운 노무현', '괴성을 지르는 노무현'이었습니다.

노무현은 이제라도 우리들과 진솔한 소통을 하고 싶을 것입니다. 그러나 노무현은 이 세상에 없습니다. 다행스러운 것은 왜곡의 유리벽에 갇혀 그 속에서 했던 말들이 원형 그대로 생생하게 남아 있다는 사실입니다. 노무현과 이야기를 나누기 위해서는 노무현이 무슨 말을 했고 그 취지는 무엇이었는지를 파악하는 것이 순서일 것입니다. 《노무현이 우리들과 나누고 싶었던 9가지 이야기》는 노무현과의 대화를 위한 발판입니다. 그가 품었던 '화두'라고도 이야기할 수 있겠습니다. 노무현은 더 많은 물음을 던졌지만, 120여 가지로 간추려 보았습니다.

이명박 정부는 노무현의 정책을 무차별적으로 폐기처분했습니다. 소위 ABR(Anything But Roh), '무조건 노무현과 반대로' 지침 때문이었지요. 하지만 국가 정책이란 쉽게 입고 쉽게 벗어버릴 수 있는 '편리한 망토'가 아니지 않습니까. 노무현의 정책이 재평가되어 다시 살아나고 있습니다. 박근혜 정부가 추진하고 있는 복지 정책(비전 2030), 과학기술 정책 강화(과학기술부 복원), 행복도시(세종시) 건설, 국가안전보장회의(NSC) 위상 강화 등이 대표적인 예입니다. 이 작업을 박근혜 대통령이 주도하고 있다는 사실이 역설적입니다. 박근혜가 노무현을 좋아해서 노무현의 정책을 부활시키고 있을까요? 아닐 것입니다. 기본적으로 정책의 방향이 옳았기 때문이겠지요. 노무현과의 속 깊은 이야기가 필요한 또 다른 이유입니다.

노무현의 '말'을 해설하고 노무현의 정책을 설명하는 일은 무척 어려운 작업입니다. 가급적 필자의 주관을 배제하려 노력했습니다. 오류가 있다면 전적으로 필자의 책임입니다. 감사의 말을 전해야 할 분들이 많습니다. 집필에 필요한 자료를 제공해주고 내용을 검토해주신 노무현재단 관계자들, 참여정부 정책의 취지와 배경을 설명해주신 대통령 참모들, 엉성한 원고뭉치를 번듯한 책으로 만들어내는 데 수고를 아끼지 않은 바다출판사 관계자들에게 고마움의 인사를 드립니다.

2013년 5월

이백만

차례

프롤로그   이제는 우리가
          이야기할 차례입니다 005

국가는 무엇을 해야 합니까 • 010
경제의 본질은 무엇입니까 • 070
민주주의 어디까지 왔습니까 • 138
정치에 희망은 있습니까 • 198
평화는 어떻게 지킬 수 있습니까 • 248
역사에서 배운다는 것은 무엇입니까 • 296
진보의 미래는 어디에 있습니까 • 322
다음 세대를 이끌어갈 힘은 무엇입니까 • 360
사람 사는 세상은 무엇입니까 • 414

에필로그   '노무현 산'에는 왜 그렇게
          많은 사람들이 찾아갈까 447

주 451

국가는
무엇을 해야
합니까

훌륭한 국가 없이는 훌륭한 삶이 불가능하다. 국가의 역할이 중요하다. 개인의 노력도 중요하지만 그것은 한계가 분명하다. 어느 나라에 태어나느냐 또는 어느 나라에서 사느냐에 따라 사람의 삶이 달라지고 운명이 바뀐다. 프랑스의 플뢰르 펠르랭 디지털경제장관이 2013년 3월 한국에 왔다. 펠르랭은 1973년 8월 한국에서 태어나 6개월 만에 프랑스에 입양된 한국인이었다. 한국 이름은 김종숙이다. 김종숙으로 한국에 계속 살았더라면, 한국은 그녀를 어떻게 키웠을까. 그리고 그녀의 삶은 어떻게 되었을까.

국가의 역할은 무엇인가. 치안과 국방은 기본이다. 모든 국민이 최소한의 인간적인 삶을 살 수 있도록 지켜줘야 한다. 의식주는 물론이고 교육과 건강까지 국가는 모든 국민이 훌륭한 인격체로서 윤택한 삶을 영위할 수 있도록 보장해줘야 한다. 그게 선진국이다. 1973년의 한국과 프랑스의 차이는 무엇인가. 그리고 김종숙과 펠르랭의 차이는 무엇인가.

한반도의
지정학적 가치를
살려야 합니다

> "고래 싸움에 등 터지는
> 새우가 아니라 큰 고래 작은 고래
> 함께 노는 동해 바다의 돌고래,
> 이것이 우리 한국의
> 목표입니다."

─── 정치는 상상력이다. 대한민국의 활기찬 미래를 상상해본다. 매력 있는 대한민국을 어떻게 만들어가야 하나. 그 모델은 무엇인가. 노무현 대통령은 돌고래를 상상했다. 해양수산부 장관 시절이었다. 해양수산부의 마스코트가 '바다랑'이라는 돌고래였다. 대한민국을 '돌고래형 국가'로 만들고 싶었다. 돌고래는 바다에서 사는 동물 가운데 지능이 가장 뛰어나다. 비록 몸집은 작지만 전혀 주눅 들지 않고 대양을 누빈다.

'4마리의 모비딕'이 한반도를 둘러싸고 있다. 바로 미국, 중국, 러시아, 일본이다. 100년 전, 그러니까 구한말 한반도는 이들로부터 얼마나 많은 구박을 받았는가. 청일전쟁과 러일전쟁, 일제 강점, 남북 분단…. 모비딕에 일방적으로 당한 한반도의 역사다. 지금도 치가 떨린다. 노무현은 2002년 초 대통령 후보로 나서기 전 국민들에게 '돌고래형 국가'를 주창했다.

"우리는 태평양을 향해, 5대양 6대주를 무대로 뻗어 나가는 영리하고 기민한 돌고래가 되어야 한다. 세계화의 시대, 정보지식사회에서 이러한 '돌고래형 국가'를 만들 때에 우리는 21세기에 다른 고래들과 어깨를 나란히 하고, 이들의 분쟁까지도 중재·제어할 수 있는 참된 평화국가로 인류사회에 기여할 수 있다.'"

대통령 시절에는 공무원들에게 '돌고래형 국가'를 주문했다. 2005년 11월 중앙공무원교육원에서 250여 명의 신임 사무관을 대상으로 특강할 때였다. "고래 싸움에 등 터지는 새우가 아니라 큰 고래 작은 고래 함께 노는 동해 바다의 돌고래, 이것이 우리 한국의 목표입니다. 아무래도 인구가 적으니까 돌고래라고 생각했던 모양입니다. 그냥 큰 고래라고 합시다. 밍크고래도 있고, 흰수염고래, 모비딕도 있으니까요. 우리도 고래입니다!"

노무현은 한국의 미래를 역사에서 찾았다. 역사 속에서 정치적 상상력을 발휘한 것이다. 16세기 말 임진왜란 때부터 현재까지 한반도는 대륙 세력(중국, 러시아)과 해양 세력(일본, 미국)이 팽팽한 각축전을 벌이는 마당 역할을 하고 있다. 한반도는 이들 두 세력의 쟁탈 대상이 되기도 했다. 지정학적 특성 때문이다.

청와대 동북아비서관을 지낸 배기찬 박사의 의견이다. "일본에게 코리아는 '열도의 심장을 겨누는 비수'이고, 중국에게 코리아는 '대륙의 머리를 때리는 망치'이다. 러시아에게 코리아는 '태평양으로의 진출을 막는 수갑'이며, 미국에게 코리아는 '일본·태평양의 군사력에 대한 방아쇠'이다. 이러한 코리아의 의미는 군사 부문에 한정되는 것이 아니라 정치·경제·문화적인 면에도 적용된다."[2]

우리는 한반도의 지정학적 가치를 최대한 살려야 한다. 그래야 '대양의 돌고래'가 될 수 있다. 그냥 되는 것이 아니다. 일정한 정도의 국방력과 경제력이 뒷받침되어야 한다. 특히 모비딕들과 잘 어울리려면 외교 역량이 확충되어야 한다. 균형외교 정책과 동북아균형자론이 여기서 나왔다. 자유무역협정(FTA)과 같은 적극적인 통상 정책도 긴요하다.

**서민의 복지를
보장하는 게
선진국입니다**

"'비전 2030'은
우리의 노후입니다.
그리고 우리 아이들의
미래입니다."

─── 노무현 대통령은 한숨을 푹푹 내쉬었다. '진주'를 알아보지 못하는 여당(열린우리당)의 수뇌부가 답답했지만 그들을 움직일 만한 뾰족한 대책이 없었다. 복지국가 건설의 청사진을 제시한 '비전 2030' 이야기다. 청와대 참모회의에서 답답한 속마음을 털어놨다.

"이 정도의 비전 제시도 없이 어떻게 정권을 재창출하려고 하느냐. 자기 의제와 자기 노선을 갖지 않은 정당은 몰락합니다. 앞으로는 복지가 대세를 이룰 것인데…. 이 깃발 든 사람이 유력한 후보가 될 것입니다."

참여정부는 과거 개발시대의 경제개발 5개년계획을 대체할 중장기 국가발전계획을 만들었다. 재정경제부, 기획예산처, 보건복지부 등 정부 부처와 한국개발연구원(KDI) 등 국책연구기관이 모두 동원됐다. 대통령은 공식 발표를 앞두고 2006년 8월 20일 여당, 정부, 청와대 수뇌부를 청와대로 초청하여 정책 내용을 설명하고 향후의 추진 일정을 소개했다. 열린우리당 측에서는 김근태 의장, 김한길 원내대표, 강봉균 정책위의장 등 20여 명의 지도부가 참석했다. 정부 측에서는 한명숙 총리, 권오규 경제부총리, 장병완 기획예산처 장관, 유시민 보건복지부 장관 등이 자리를 함께했다. 청와대에서는 대통령을 비롯한 주요 간부 전원이 참석했다.

'비전 2030'의 활로는 사실상 열린우리당에 달려 있었다. 청와대는 이날 열린우리당 수뇌부에 성심성의껏 프레젠테이션을 했으나 사실상 퇴짜를 맞고 말았다. 열린우리당 측은 17대 대선(2007년 12월)을 1년여 앞둔 상황에서 복지 문제가 이슈가 될 경우 증세 논쟁이 불거져 선거에 불리하다고 판단했다. 당 측은 "제발 청와대는 복지 문제를 꺼내지 말라."는 식이었다.

청와대는 당초 정계, 재계, 학계, 노동계, 시민단체, 언론계 등 각계 인사를 초청한 가운데 국민보고대회 형식으로 '비전 2030'을 발표하고, 분야별 정책설명회를 열 계획이었지만 여당의 반대로 이런 계획이 모두 일그러지고 말았다. 그렇다고 발표를 안 할 수도 없었다. 8월 30일 중앙청사 별관 국제회의장에서 정책 내용을 조촐하게 공개했다. 당시 청와대에서 '비전 2030'을 총괄했던 변양균 정책실장은 "대한민국의 미래가 무덤 속으로 들어가 버렸다."고 개탄했다.

'비전 2030'은 2030년까지의 중장기 복지 정책을 체계화한 마스터플랜이다. 단순히 복지(분배)계획만 제시한 것이 아니라 성장계획까지 아울러 만들었다. '비전 2030'의 목표는 동반성장을 통해 한국의 복지 수준을 2030년까지 OECD 평균으로 끌어올리는 것이다. 변양균 실장은 '비전 2030'이 종전의 중장기 전략과 3가지 점에서 뚜렷이 차별화된다고 밝혔다.[3] 첫째는 성장과 분배의 통합적 이해, 둘째는 개혁과 선제적 투자의 연계, 셋째는 재정계획과 연계시킨 정밀한 장기전망 추계다.

노 대통령은 '비전 2030'에 대한 꿈을 버리지 않았다. 그래서 참모회의에서 이렇게 말했다. "국가가 서민의 의식주는 물론이고 교육과 의료까지 보장해야 합니다. 그게 정상적인 국가입니다. '비전 2030'은 우리의 노후입니다. 그리고 우리 아이들의 미래입니다." 불안이 없는 사회는 없다. 문제는 대책이 있느냐 없느냐이다. 불안이 있더라도 대책이 있을 경우 경쟁력이 생긴다. '비전 2030'은 대책을 제시한 정책이다.

'비전 2030'의 진가를 알아본 정치인은 놀랍게도 박근혜 대통령이었다. 2012년 대선을 준비하고 있던 박근혜 당시 한나라당 의원은 2011년 초 '한국형 복지국가'를 발표했다. 그는 한국 정치권에 복지 담론을 본격 제기, 복지 아젠다를 선점해버렸다. 민주당의 낭패였다. 흥미로운 사실은 박근혜의 복지 구상이 노무현의 '비전 2030'을 쏙 빼닮았다는 것이다. 청와대 사회정책수석으로 '비전 2030'의 실무 책임을 맡았던 김용익 서울대 의대 교수(현 민주통합당 국회의원)는 2011년 2월 한국미래발전연구원 정례 세미나에서 이 사실을 적시하면서, "박근혜 전 대표는 박정희의 딸인가, 노무현의 누이인가."라고 말하기도 했다.

박 대통령이 국민들에게 약속한 '한국형 복지국가'를 어떻게 실현해 나갈지 궁금하다.

균형발전 없이 미래 없습니다

"행복도시는 균형 정책의 상징이자,
21세기 대한민국의 상징입니다.
세계에서 하나밖에 없는 최고의
혁신도시로 만들어야 합니다.
한국의 정치, 경제, 문화,
첨단기술 등을 모두 보여줄 수 있는
복합전시장이 되어야 합니다."

―――― 노무현 대통령은 임기 마지막 해인 2007년 5월 균형발전 정책 포항 지역 토론회에서 국민들에게 간절하게 호소했다.

"제가 이제 고향으로 내려갑니다. 균형발전 정책을 추진한 사람의 도덕적 의무로 내려갑니다. 실제로 내려가서 활동할 것입니다. 저는 안 지켜주어도 좋습니다. 이 정책만은 꼭 좀 지켜주시면 고맙겠습니다."

노 대통령은 그러고서 2개월 뒤 충남 연기에서 행복도시(행정중심복합도시) 기공식을 가졌다. 행복도시의 공식 명칭도 '세종시'로 정했다. 처음 계획대로 진행됐다면 2004년에 신행정수도 건설 기공식을 가졌을 것이고, 이미 2007년에 신행정수도의 위용을 볼 수 있었을 터였다. 하지만 그동안의 우여곡절을 돌이켜보면 '행정수도'가 아닌 '행정도시'라도 건설하게 된 것이 감개무량한 일이었다.

노 대통령은 2006년 4월 청와대에서 행복도시 건설 기본 계획을 확정하는 회의를 주재했다. 관계 부처 공무원들과 전문가들이 참석했다.

"행복도시 건설이라…. 금강이 가로지르는 장남평야에 환상형(링 모양)의 거대한 신도시를 짓는다…. 입지가 너무 좋습니다. 국민들의 마음을 설레게 하는 일 아닙니까. 행복도시는 균형 정책의 상징이자, 21세기 대한민국의 상징입니다. 세계에서 하나밖에 없는 최고의 혁신도시로 만들어야 합니다. 한국의 정치, 경제, 문화, 첨단기술 등을 모두 보여줄 수 있는 복합전시장이 되어야 합니다."

신행정수도 건설에 대한 위헌 판결은 충격이었다. 헌법재판소는 2004년 10월 관습헌법의 이론을 들어 대통령 집무실(청와대)을 서울에서 옮길 수 없다고 결정했다. 조선시대 《경국대전》까지 인용되었다. 옹색하기 짝이 없는 법 논리였다. 노 대통령은 "처음 들어본 이론"이라며 허탈해 했다. 성문헌법을 채택하고 있는 한국에서 불문헌법으로서의 관습헌법이 존재할 수 있는가. 법 이론이 너무 난해하다.

청와대와 행정부처를 옮기는 '수도(首都) 건설'이 국무총리 집무실과 주요 행정부처만 내려가는 '도시 건설'로 축소되었지만, 균형발전 정책의 효과는 대통령이 행복도시를 운영하기 나름이다. 행복도시에 청와대 분실(제2청와대)을 건설해놓고 서울과 세종에서 번갈아 집무를 보면 될 일이다. 그러면 세종이 사실상 수도 기능을 하게 된다. 국회도 언젠가는 행정부를 따라 세종으로 옮겨갈 것이다. 참여정부는 '그날'을 대비하여 청와대와 국회가 들어설 터를 세종에 이미 확보해두었다.

행복도시 건설로 국가 운영 시스템이 기존의 일극(서울) 체제에서 양극(서울, 세종) 체제로 개편하게 됐다. 전면적인 국토 공간 재배치 작업이다. 전국의 어느 도시에서도 2시간이면 한국의 '행정 중심'에 갈 수 있다는 사실, 이 하나만으로도 국정 운영과 국민 소통에 엄청난 변화가 예상되고 있다. 한국의 '지리 지도'가 바뀐 것은 물론이고 '권력 지도'도 바뀌게 됐다.

또 수도권과 대전·충남 지역을 제외한 각 지역(광역지방자치단체)에 건설될 10개의 혁신도시는 해당 지역 발전의 거점 역할을 할 것이다.

우리 스스로를 지킬
국방력이
필요합니다

"실질적인 자주국방은
보복타격력과 작전통제권을
동시에 확보했을 때
가능합니다."

─── 엄밀히 말해 자주국방 없이 자주국가 없다. 자기 나라를 스스로 지킬 힘도 없는 국가가 어디 가서 자주국가라고 말할 수 있겠는가. '부국강병'은 예로부터 국가 운영의 기본이다. 최고의 복지국가이자 평화의 나라인 스웨덴도 군사강국이다.

하지만 우리나라에서 '자주국방'은 금기어다. 특히 진보 진영에서 자주국방이라는 말을 썼다가는 자칫 미군 철수를 주장하는 반미주의자로 낙인찍힐 수 있다. 노무현 대통령이 이 금기를 깨버렸다. 취임 초부터 실질적인 자주국방을 위한 정책 추진에 본격 나섰다.

"자주국방, 자주국방 하는데 뭐가 자주국방입니까. 국가 경제는 세계 10위권이라고 하는데, 우리나라가 지금 자주국방하고 있습니까. 실질적인 자주국방은 보복타격력과 전시작전통제권을 동시에 확보했을 때 가능합니다. <u>구한말 통한의 역사를 반복해서는 안 됩니다. '강대국 당신들끼리 싸우는 것은 좋은데 우리나라는 괴롭히지 마라', 이것이거든요.</u> 그러려면 튼튼한 자주국방이 뒷받침되어야 합니다."

노무현이 지향했던 '돌고래형 국가'도 자주국방 없이는 사상누각일 뿐이다. 노무현은 전시작전통제권 환수를 위해 미국과 본격적인 협상을 벌이는 한편 내부적으로는 보복타격력 확보를 위한 방위력 강화에 박차를 가했다.

보복타격력은 군사 전문용어다. 자칫 잘못 사용하면 엉뚱한 오해를 살 수 있다. 노 대통령은 보복타격력이라는 용어를 공식적으로는 사용한 적이 없다. 그러나 실무회의에서는 자주 사용했다.

개념은 이렇다. 강대국이 한국을 공격할 때 결정적으로 한 방 먹일 수 있는 군사력이다. 한국이 주변 강대국과 대등한 수준의 군사력을 확보할 수는 없다. 그러나 최소한 보복타격력을 갖추고 있어야 우리 자신을 보위할 수 있다. 중국이 1979년 베트남을 침공했을 때 이를 물리친 베트남의 군사력 수준이다.

노 대통령은 2006년 4월 독도 해역에서 일본과 심각한 갈등을 빚었을 때 우리 해경에 사실상의 발포 명령을 내린 적이 있다. 노무현은 이후 해경 관계자들을 청와대에 불러 치하하는 자리에서 보복타격력의 개념을 분명히 밝혔다. 비록 '보복타격력'이라는 용어만 사용하지 않았을 뿐이다.

"상대가 도발했을 때 '이익보다 손해가 많겠구나' 하는 정도의 방어적 대응능력을 갖추는 것이 중요합니다. 일본이 우리보다 우월한 전력을 보유하고 있지만, 우리는 적어도 일본이 우리에게 도발하지 못하게 할 정도의 국방력을 갖고 있습니다."

참여정부는 진보 정권답지 않게 군비 증강에 나섰다. 일부 네티즌들이 노 대통령을 '꿈과 희망의 군국주의자'로 불렀을 정도다. 방위 예산을 매년 약 9퍼센트 늘렸고, '국방 개혁 2020'을 수립하는 등 중장기 전력확충계획을 세웠다. 이지스함, 고성능 잠수함, 장거리 순항미사일 등 전략적 물리력을 확보했다. 제주 해군기지 건설도 계획했다. 해군기지 건설은 방폐장 건설을 거울삼아 어떤 일이 있어도 주민 동의를 받아낸 다음 추진했어야 했는데, 이명박 정부가 불도저식으로 밀어붙이다 낭패를 보고 말았다.

과학기술은
국가 번영의
기초입니다

"국가 과학기술 혁신체계도
새롭게 구축했습니다.
과학기술부 장관을 부총리로
승격하고, 과학기술혁신본부를
출범시켜 보다 전략적이고
체계적인 투자가 가능하도록
했습니다."

─── 과학기술은 경제적 번영의 기초이자 국가 경쟁력의 원천이다. 옛날에는 영토의 넓이로 국력을 측정했지만 요즘은 과학기술의 수준으로 국력을 측정한다. 지금까지 역사의 변화와 세계화는 과학기술에서 출발했다. 노무현 대통령은 제2의 과학기술 입국을 천명했다. 정부조직을 확대 개편하여 과학기술부가 범정부 차원의 과학기술 행정을 총괄하도록 했고, 과학기술 예산을 대폭 증액했다. 과기부가 산업자원부, 정보통신부, 국방부, 보건복지부, 농림부 등 각 부처에 흩어져 있는 과학기술 업무를 최종적으로 조율토록 했다. 기술융합을 추진한 것이다.

노 대통령은 이를 위해 2004년 과학기술부 장관을 부총리로 격상시키고, 과기부총리가 국가과학기술위원회(NSTC, 의장 대통령)의 부의장을 겸직토록 했다. 또 과기부총리의 기능 강화를 위해 과학기술혁신본부(본부장 차관급)를 신설했고, 청와대의 과학기술보좌관은 NSTC의 간사로서 대통령을 직접 보좌토록 했다.

연구개발 예산도 2003년 6조 5천억 원에서 2007년 9조 8천억 원으로 크게 늘어났다. 2008년 예산은 10조 9천억 원으로 편성했다. 연구개발(R&D) 투자 예산 10조 원 시대가 실현된 것이다. 노 대통령은 2007년 10월 '미래성장동력 2007' 전시회 개막식에 참석하여, 과학기술인들에게 참여정부 5년의 성과를 보고했다.

"국가 과학기술 혁신체계도 새롭게 구축했습니다. 과학기술부 장관을 부총리로 승격하고, 과학기술혁신본부를 출범시켜 보다 전략적이고 체계적인 투자가 가능하도록 했습니다. 지역별 전략산업과 연계된 산·학·연 협력체계를 구축하고, 대덕연구개발특

구와 일곱 개의 혁신 클러스터를 집중 육성하고 있습니다. 스위스 국제경영대학원에 따르면 한국의 과학경쟁력은 2003년 세계 14위에서 2007년 7위로, 기술경쟁력은 24위에서 6위로 크게 높아졌습니다."

한국에 정치적 격변이 많았지만 과학기술 정책만은 어느 누구도 반대하지 않았던 최우선 국정 과제였다. 과학기술은 국가적으로 가장 중요한 국정 과제지만 국정 현안은 아니다. 국정 현안을 챙겨야 하는 장관에게 맡겨서는 안 된다. 업무의 우선순위에서 항상 뒷전으로 밀려난다. 과학기술 정책의 인사와 예산을 독립시켜 주어야 한다. 박정희 대통령은 이런 이유로 1967년 장관급의 과학기술처를 신설했다. 후임 대통령 모두 과기처에 힘을 실어주었다. 김대중 대통령은 과학기술처를 과학기술부로, 노무현 대통령은 과기부 장관을 과기부총리로 격상시켰다.

이명박 대통령만 유일한 예외였다. 교육부와 과기부를 합쳐 교육과학기술부를 발족시켰다. 교과부의 제2 차관이 과학기술 정책을 전담했다. 과학기술 전담 최고위공직자가 부총리에서 차관으로 격하된 셈이다. 이명박 대통령의 크나큰 패착이었다. 박근혜 대통령이 다시 과학기술부를 부활하여 기능을 대폭 강화했다. 과학기술 행정이 5년 만에 제자리로 돌아온 것이다.

낡은 정치는
낡은 나라를
만듭니다

"낡은 정치를
 청산하지 않고서는 아무것도
 할 수 없습니다."

───── 노무현은 대통령 후보 때 국가 개혁의 방향을 명확히 제시했다. "핵심은 정치입니다. 낡은 정치를 청산하지 않고는 아무것도 할 수 없습니다. 낡은 정치를 청산하고 새 정치를 하겠습니다."4

미국의 유명한 정치경제학자 맨서 올슨 교수의 '기득권 개혁론'을 들어보자. 올슨 교수는 영국과 독일(서독)을 비교했다. 영국은 승전국이었고, 독일은 패전국이었다. 2차 세계대전 이야기다. 전쟁을 일으킨 전범국 독일은 폐허 그 자체였다. 산업시설과 SOC(사회간접자본)는 물론이고 정치·사회·경제 제도까지 모두 무너졌다. 그러나 독일은 날로 번성했고, 영국은 끝없이 쇠락했다. 전후 15년이 지난 1960년대 상황이다. 그 까닭이 무엇이었을까. 올슨이 매릴랜드대 교수 시절 흥미로운 분석을 내놓았다. '낡은 기득권'의 유무에서 그 원인을 찾은 것이다. 낡은 기득권은 구체제(ancien regime), 즉 낡은 질서를 의미한다. 낡은 질서의 핵심은 낡은 정치다.

독일의 기득권 체제는 전쟁과 함께 말끔히 청산됐다. 그러나 영국의 기득권 체제는 온존했다. 전후 독일의 정치 지도자들은 폐허 위에 민주적이고 생산적인 새로운 국가 시스템을 건설했다. 루트비히 에르하르트, 콘라트 아데나워, 빌리 브란트 등이 그 주인공이다. 독일은 전쟁이라는 대재앙을 전화위복의 기회로 삼았다. 독일이 정치 선진국, 경제 선진국으로 완전히 환골탈태한 것이다. 전쟁(패전) 없이 낡은 기득권 체제를 청산할 수는 없는 것인가. 있다. 그러나 지극히 어렵다. 올슨 교수는 국민들이 위기를 깨닫고 전면적인 개혁을 받아들일 때 기득권 체제의 청산이 가능하다고 말했다.

　노무현, '바보 노무현'이 올슨이 말한 지극히 어려운 길을 선택했다. 2002년 대한민국의 낡은 기득권 체제를 청산하겠다며 대통령선거에 뛰어든 것이다. 노무현은 전족처럼 한국을 옥죄고 있는 지역주의를 청산하려 했다. 황제정치(3김 정치)와 황제경영(재벌체제)을 혁파하려 했다. 기득권 체제를 굳건히 받치고 있는 두 기둥, 검찰과 언론을 개혁하려 했다. 그것은 대한민국의 '빅뱅'을 의미했다. 대한민국의 거대한 '기득권 복합체'를 허물어뜨리고 새로운 질서를 건설하는 작업이었다. 혁명보다 더 어려운 개혁이었다.

　노무현은 '빅뱅' 없이는 새로운 대한민국 건설이 불가능하다고 판단했다. 신행정수도 건설은 서울 중심의 일극 체제를 해체하는 빅뱅의 상징적 정책이었다. 2002년 대선 당시 선거캠프에서 공약팀장으로 핵심 역할을 했던 이병완 전 청와대 비서실장의 증언이다. "노무현 후보의 주요 슬로건은 '낡은 정치 청산'과 신행정수도 건설 등 지역 균형발전 전략이었다."[5] 노무현은 '낡은 정치 청산'의 꿈을 다 이루지 못했다. 몸부림쳤지만 힘이 부족했다. 핵심 과제들이 여전히 '미완의 상태'로 남아 있다.

대통령은 약속을
지켜야 합니다

"참여정부 대통령은
'설거지 대통령'입니다."

─── 설거지는 인기 없는 일이다. 화려한 잔치 뒤의 설거지나 가정 부엌의 설거지나 마찬가지다. 그러나 설거지만큼 중요한 일이 없다. 설거지를 안 하면 다음 식사가 곤란해진다. 노무현 대통령도 '설거지'를 하고 싶지는 않았다. 새 시대의 맏형이 되고 싶었다. 그러나 '설거지 대통령'이 되고 말았다. 다른 대통령 같으면 그냥 넘어갈 수도 있는 일이었는데, 노무현은 생색나지도 않는 설거지를 갖은 욕을 먹어가면서 기어코 했다. '폼 나는 일'을 해서 인기를 얻는 것은 그의 몫이 아니었다. 이것도 운명이었을까. 노 대통령은 임기 마지막 해인 2007년 6월 참여정부 평가포럼에서 자신의 업적을 스스로 평가했다.

"참여정부 대통령은 설거지 대통령입니다. 20년, 30년 묵은 과제들을 다 해결했습니다. 행정수도는 30년 묵은 과제이고 용산미군기지 이전, 전시작전통제권 환수, 국방 개혁은 20년 묵은 과제이며, 방폐장 부지 선정과 장항 공단은 18년 묵은 과제입니다. 사법개혁은 10년 이상 끌던 과제였고, 항만노무공급체계 개선은 100년이 넘은 과제인데 이것을 참여정부가 해결했습니다."

자화자찬 같지만 맞은 말이다. 하는 일마다 갈등과 저항에 부딪혔다. 기득권층의 반발은 상상을 초월했다. "아, 이래서 전임자들이 하지 않았구나…"라는 말이 절로 나왔다. 이뿐만이 아니다. 호주제 폐지, 성매매 방지, 과거사 정리, 비정규직 입법, 새만금 간척공사, 한국 칠레 FTA, 천성산 터널, 사패산 터널…. 전임 대통령들이 문제제기를 해놓고 미완의 상태에서 넘겨준 해묵은 국정과제들을 거의 모두 마무리했다.

정경유착 척결은 이승만 정권 때부터 역대 모든 대통령의 공통된 공약이었다. 그러나 어떤 대통령도 지키지 않았다. 실제로는 정경유착을 더 심화시키며 즐기기도 했다. 정경유착을 완전 척결한 대통령은 노무현이다. 노무현은 어렵다고 회피하거나 미루지 않았다. 소신과 뚝심, 그리고 치밀한 전략으로 정면 돌파했고 책임을 다했다. 노무현 대통령은 앞서 말한 참여정부 평가포럼에서 이렇게 술회했다.

"대통령 취임 이후 새 집에 들어와서 새 살림 꾸리겠다고 생각했는데, 쓰레기들이 많이 있어서 마지막 청소부 노릇을 할 수밖에 없었습니다. 밥상 위에 먹기 좋은 것은 앞의 정부들이 다 잡수시고, 정말 질기고 어려운 것들만 잔뜩 남아있던 상태였습니다. 참여정부는 그런 문제들의 설거지를 다 잘했습니다."

주민이 참여하면
문제는
해결됩니다

"좋은 집 지어놨는데,
화장실이 없다는 게
말이 됩니까?"

───── 분노한 농민들이 삽과 곡괭이를 들고 경찰지서를 습격했다. 그리고 경찰지서를 불태워버렸다. 구한말 동학혁명 때 이야기가 아니다. 1990년 11월 안면도 주민 1만여 명이 벌인 방폐장(방사성 폐기물 처분장) 건설 반대 투쟁이다. 원자력 역사상 초유의 대사건이었다. 안면도 주민들은 육지와 섬을 연결하는 다리를 모두 막고 소방차를 탈취하는가 하면 군청 공무원들을 납치하기도 했다. 노태우 대통령은 방폐장 건설을 백지화했고 관계 장관을 문책 해임했다.

방폐장 건설 계획은 1986년 전두환 정부 때 세워졌다. 그러나 환경단체와 주민들의 격렬한 반대로 사업은 계속 겉돌고 있었다. 노태우 정부에 이어 김영삼 정부와 김대중 정부도 방폐장 건설을 추진했지만 결과는 참담한 실패했다. 방폐장 문제는 해묵은 국정 과제로 남아 있었다.

노무현 대통령이 취임 초 팔을 걷어붙였다. 그러나 낭패를 면치 못했다. 2003년 전북 부안(위도)에 방폐장을 건설하려 했으나 안면도 사태의 재판이 되고 말았다. 주민들의 동의를 충분히 구하지 않고 밀어붙인 정부 당국의 잘못이 컸다. 노 대통령이 지시했다. "<u>국책 사업이 아무리 중요하다고 하더라도 주민들이 동의하지 않으면 추진할 수 없다.</u> 방폐장 사업을 전면 재검토하여 다시 추진하길 바란다. 먼저 방폐장에 대한 오해를 불식시켜야 한다. 그리고 지역 주민들이 유치 활동을 벌일 정도의 제도적 장치를 먼저 마련해놓아야 할 것이다."

우리나라는 전력의 40퍼센트를 원자력에 의존하고 있다. 원전을 가동하면 반드시 폐기물이 나온다. 이 폐기물을 어떻게 처분할 것인가. 노 대통령은 참모들과 대책회의를 하면서 의미있는 비유를 했다. "좋은 집 지어놨는데, 화장실이 없다는 게 말이 됩니까? '화장실은 멀어야 한다.'는 옛말이 있지만, 그게 지금도 통용되는 말인가요? 지금은 모두 안방에 화장실을 두고 있지 않습니까? 인식의 문제지요. 안전한 방폐장을 짓는 게 문제이지, 장소가 문제가 될 수 없습니다. 그렇지만 주민 동의는 필수입니다."

'뒷간(화장실)과 사돈집은 멀수록 좋다.'는 속담은 푸세식 화장실 시대의 말이다. 위생 문제가 없다면 화장실은 가까울수록 좋다. 방폐장도 안전만 약속되면 장소가 문제될 수 없다.

참여정부는 방폐장 건설을 다시 추진, 2005년 11월 최종적으로 경북 경주에 건설키로 했다. 경주는 군산과 치열한 유치 경쟁을 하여 '승리'했다. 주민투표 결과 찬성률이 무려 89.5퍼센트에 달했다. 축제 분위기였다.

정부가 방폐장 건설을 계획한 지 19년 만에 부지를 선정했다. 참여정부는 '피의 투쟁'을 '승리의 축제'로 만들어 방폐장 건설부지 선정을 마침내 완료했다. 주민참여 민주주의로 해묵은 과제를 해결한 것이다. 갈등 과제 해결의 교과서로 평가되고 있다. 노 대통령은 자서전에서 "나는 이런 방법을 생각하지 못했는데 이해찬 총리가 아이디어를 냈고 제대로 진행했다."[6]고 이 총리의 갈등 과제 해결 능력을 높이 평가했다.

국가권력이
법을 지켜야 합니다

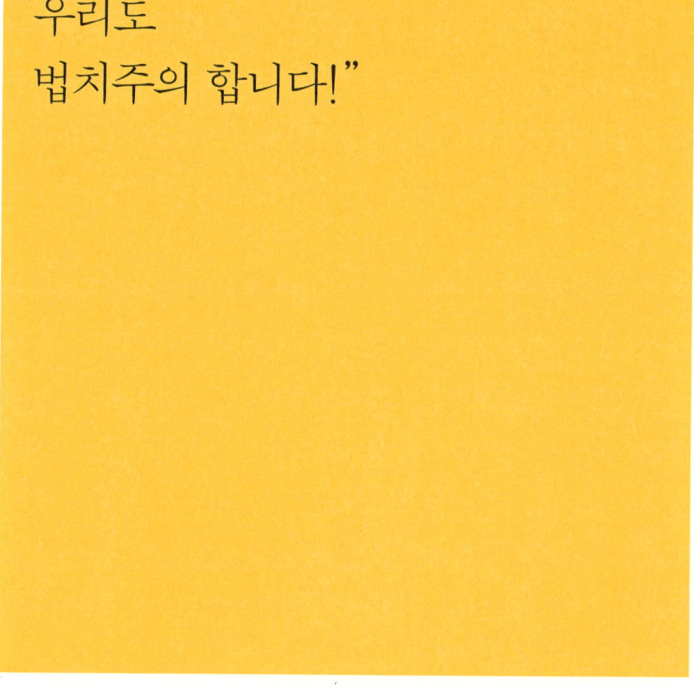

"우리도
법치주의 합니다!"

─── "프랑스에 처음 왔는데 참 아름답습니다. 나는 프랑스를 존경합니다. 우리도 법치주의 합니다."

노무현 대통령은 2004년 12월 프랑스 파리를 방문, 유서 깊은 소르본 대학에서 가진 동포간담회에서 '프랑스 찬가'를 외쳤다. 그리고 법치주의를 이야기했다. 아니, 프랑스에서 웬 법치주의? 게다가 '우리도'라니. 그럼 한국이 지금까지 법치주의를 하지 않았단 말인가. 대부분의 사람들은 너무도 당연한 법치주의를 대통령이 왜 프랑스에까지 와서 새삼 강조하느냐고 고개를 갸우뚱거렸을 것이고, 사정을 좀 아는 사람들은 '그게 말대로 될까?' 하고 고개를 흔들었을 것이다. 노 대통령은 프랑스 찬가를 이어갔다.

"역사에서 인류가 발명한 가장 훌륭했던 게 저는 혁명이라고 생각합니다. 프랑스혁명! 왜냐하면 인간이 인간을 지배하고 복종하고 수탈하는 관계가 가장 큰 문제인데, 적어도 인류 역사상 명분에 있어 자유, 평등, 박애를 내세우고 성공했던 게 프랑스혁명이거든요."

법치주의는 통치 받는 자가 아니라 통치하는 자를 구속하는 시스템이다. 혁명의 나라, 프랑스다. 프랑스혁명은 모든 국민을 법 앞에 평등하게 만들었다. 혁명의 대상(왕)도, 혁명의 주체도 법의 이름으로 모두 단두대 위에 올렸다. 2차 세계대전이 끝난 후에는 법의 이름으로 나치 부역자들을 모두 처형했다. 이것이 프랑스의 법치주의 전통이다. 현대의 검찰제도도 프랑스가 원산지다. 노 대통령은 프랑스 찬가를 마친 다음, 참여정부가 어떻게 우리나라를 개혁해가고 있는지 설명했다.

"참여정부가 무엇을 하고 있느냐 하고 물으면 '우리도 법치주의 합니다.' 이렇게 말하고 싶습니다. 대한민국도 이제 힘의 지배, 그리고 어떤 권위와 무리한 비논리의 지배가 아니라 법과 논리가 지배하는 시대로 갑니다. 지도자 개인의 개성이 무엇이냐가 중요한 시대가 아니라, 우리 사회가 갖고 있는 제도와 규범, 그리고 공유하고 있는 가치가 무엇이냐가 중요한 시대로 가고 있습니다. 규범이 평등하게 지배하는 시대로 갑니다."

우리나라도 프랑스 같은 선진국처럼 이제 실질적인 법치주의를 하고 있다는 이야기였다. 프랑스혁명처럼 세상을 확 뒤집을 수는 없지만, 법이 지배하는 평등한 사회를 구현하겠다는 의지를 피력한 것이다. 민정수석으로 '법치주의 개혁'을 주도했던 문재인은 2009년 9월 노무현시민학교 특강에서 말했다.

"법치주의란 국민이 법을 지키는 것이 아닙니다. 국가권력이 법을 지켜야 하는 것입니다. 사람에 의한 지배(인치, 人治)를 종식시키고 법에 의한 지배(법치)로 대체하는 것이지요. 참여정부는 법치주의에 입각해서 광범위한 개혁을 했습니다. 노 대통령이 '법치주의적 개혁'이라는 표현을 쓰지 않았을 뿐입니다. 법치주의라는 것은 민주주의처럼 너무나 당연한 것이라고 생각했기 때문입니다."

인치는 제왕적 대통령 시대의 언어다. 대통령의 말 한마디가 곧 법이었다. 대통령은 법 위에 군림하는 초법적 통치를 했다. 법이 국가를 통치한 것이 아니라 사람(대통령)이 국가를 통치했다. 대통령은 제왕이나 다름없었다. 황제정치라는 말도 여기서 나왔다. 노무현은 인치를 철저히 거부했고 고지식하게 법치를 실천했다.

검찰 개혁은
정치선진화의
필수조건입니다

"검찰 조직에 대한
민주적 통제를 위해서
두 가지 제도 개혁을 추진했다.
하나는 검찰과 경찰의 수사권
조정이었다. 다른 하나는
고위공직자비리수사처를 만들어
수사권을 주는 것이었다."

─── 국가 개혁의 종착역은 검찰 개혁이다. 이제 검찰 개혁만 남았다. 검찰이 민주적으로 개혁되면 나머지 개혁 과제는 풀리게 되어 있다. 검찰이 바로 서면, 법 위에 군림하는 정치인이나 재벌 총수도 온존할 수 없다. 검찰이 과연 어느 정도의 권력을 갖고 있기에 '한국은 검찰공화국'이니 '한국 검찰은 성역'이니 하는 말이 나오고 있는 것일까. 참여정부 시절 청와대에서 사법 개혁을 담당했던 김인회 비서관(현 인하대 법학전문대학원 교수)은 세계적으로 유례가 없는 한국 검찰의 권한을 다음과 같이 설명했다.

"한국 검찰은 수사권과 기소권을 모두 가지고 있다. 여기에다 경찰에 대한 수사지휘권까지 갖고 있다. 검찰은 법률가로 구성되기 때문에 수사보다는 기소여부 결정이 본래의 임무다. 한국 검찰의 모델이라는 독일과 일본은 수사권이 없거나 행사하지 않는다. 최소한 직접 수사는 자제한다. 특히 일본은 제2차 세계대전 패전 이후 일본 제국주의를 반성하면서 직접 수사권을 폐지했다. 미국과 영국에서는 수사권과 기소권이 확실히 분리되어 있다. 이렇듯 선진민주국가에서는 검찰이 직접 수사권을 갖는 것은 매우 드문 현상이다."[7]

지극히 상식적인 의문이 생길 수밖에 없다. 검사들은 무오류의 완전한 인간인가? 검사들도 사람이어서 잘못을 저지를 수 있는데, 검사들이 비리에 휘말리면 누가 수사하나? 우리나라 법 체계로는 검사가 검사를 수사하고 기소하게 되어 있다. '팔이 안으로 굽는다'는 속담도 있는데, 검사가 검사를 제대로 수사할까? 특히 막강한 권력을 가진 검찰이 정치권력에 부당하게 개입하면 누가 통제하나?

정치검찰은 어제오늘의 문제가 아니다. 검찰이 '초과권력'을 갖고 있는 것도 문제지만, 검찰이 정치권력에 부당하게 개입하는 것은 더 큰 문제다. 노무현 대통령의 서거도 정치검찰이 만들어낸 비극이었다. 민주화로 독재 정권은 사라졌지만 독재 정권이 검찰에 부여한 초과권력은 그대로 남아 있다. 정치검찰을 어떻게 청산해야 하나. 검찰이 갖고 있는 수사권을 당장 경찰에 모조리 넘겨줄 상황도 아니다. 그렇다고 이대로 둘 수도 없다.

노 대통령이 제시한 검찰 개혁안은 검찰의 초과권력을 제도적으로 제거하는 것이었다. 그것이 바로 '검찰과 경찰의 수사권 조정'과 '고위공직자비리수사처(공수처) 신설'이다. 공수처는 검사를 포함하여 국회의원, 장차관, 판사, 청와대 간부 등 고위공직자를 대상으로 한 '독립된 수사기관'이다. 노 대통령은 검찰 개혁의 핵심을 자서전에 써놓았다. "검찰 조직에 대한 민주적 통제를 위해서 두 가지 제도 개혁을 추진했다. 하나는 검찰과 경찰의 수사권 조정이었다. 다른 하나는 고위공직자비리수사처를 만들어 수사권을 주는 것이었다."[8]

노 대통령이 지극히 순진했던 것일까, 아니면 너무 민주적이었던 것일까. 노무현은 대통령에 취임하자마자 검찰을 '청와대의 품'에서 '국민의 품'으로 넘겨버렸다. 더 이상 '대통령의 시녀' 노릇을 하지 못하게 했다. 검찰의 독립이었다.

노 대통령은 2003년 4월 참여정부 초대 검찰총장인 송광수 총장에게 임명장을 주는 자리에서 두 가지를 주문했다. "검찰 수사권은 독립됩니다. 대신 검찰은 정치적 중립을 지키십시오. 그리고 자기 정화를 하십시오." 그러나 검찰은 제자리걸음을 계속했다. 노 대통령은 검찰을 과거 관행에서 해방시켰지만 검찰은 스스로를 과거 관행에 더 구속시켰다.

세간에서는 '진짜 바보' 논쟁이 벌어졌다. 국민이 준 권력(검찰)도 쓰지 못하는 노무현은 진짜 멍청이, 바보라는 것이었다. 심지어는 아마추어 대통령, 무능력한 대통령으로 폄훼하는 사람도 많았다. 진보적인 인사들도 이 논쟁에 가세했다. 김기원 방송통신대 교수도 그런 사람들 가운데 한 명이다. "노 정권은 주어진 권력을 어떻게 행사할지 잘 몰랐다. 칼을 잘못 휘두르면 그 칼에 자신이 다칠까 겁이 났다고 할 수 있다. 그래서 칼을 멀리 치워놓았으니 일이 제대로 될 리가 있겠는가."[9]

노 대통령의 민주주의 철학을 모르는 소치다. 노 대통령은 이런 비판을 하는 사람들에게 말했다. "**민주주의 교과서가 말하는 그대로 헌법과 법률에 따라 권력을 운용하려 했던 나의 선택이 어리석었던 것일까? 아니다.** 내가 대통령으로 있으면서 권력기관을 정치적으로 악용했더라면, 영구 집권을 하지 못하는 한 언젠가는 마찬가지 수모를 겪었을 것이다. 만약 그랬다면 항변할 자격조차 없었을 것이다. 국세청과 검찰에게 당한 수모보다 더 아픈 것은, 올바른 이상을 추구한 행위를 어리석은 짓으로 모욕하는 세태, 그런 현실을 보는 것이다."[10] 대한민국의 정치 선진화는 검찰 개혁에 달려 있다.

제왕적 대통령 시대는
끝났습니다

"나는 제왕적 대통령이 되기를 거부했다."

─── 노무현 대통령 당선자와 박관용 국회의장이 가진 2003년 1월 오찬 회동은 많은 화제를 낳았다. 3당 합당 전에는 김영삼(YS) 총재 밑에서 한솥밥을 먹었지만, 1990년 3당 합당 때 박 의장은 'YS의 길'을 따라갔고 노 당선자는 'YS의 길'을 거부했다. 그런 두 사람이 각각 행정부와 입법부의 수장이 되어 13년 만에 처음으로 다시 만난 것이었다. 박관용은 이날 회동에서 노무현에게 '특별한 조언'을 했다. 그 내용이 박관용의 회고록에 쓰여 있다."

여러 이야기를 나눈 후에 나는 말했다.
"지금은 진지하게 배우려는 자세지만 1년 뒤 당신은 제왕이 돼 있을 것입니다."
당선자는 그게 무슨 소리냐는 것이었다.
"비서실, 경호실을 비롯한 청와대 구조와 국무회의 등 국정 시스템이 대통령을 그렇게 만들도록 돼 있어요. 나라 위해 순수하게 봉사하려는 순수한 의지를 가진 사람을 제왕으로 만들도록 돼 있다는 겁니다. 그렇게 되지 않으려면 혀를 깨무는 각오로 노력하지 않으면 안 될 것입니다."

박관용은 노무현을 몰라도 한참 몰랐다. 근본적으로 철학이 달랐다. 그래서 3당 합당 때 결별했을 것이다. 그리고 14년 뒤 탄핵의 의사봉을 휘둘렀고, 다시 탄핵이 와도 의사봉을 잡겠다고 호언했을 것이다. 노무현은 후보 시절 "제왕적 대통령이 되지 않겠다."고 수차에 걸쳐 공약했다. 박관용이 이것을 몰랐을 리 없다. 그러나 박관용은 노무현을 믿지 않았다. 왜? 과거 대통령들이 선거 때는 모두 그렇게 말해놓고 실제로는 취임과 동시에 제왕이 되었기 때문이다.

노 대통령의 임기가 사실상 끝난 2007년 12월 말 청와대 영빈관. 이명박 차기 대통령이 언론 매체를 도배할 때였다. 노무현이 청와대 참모들과 마지막 송년회를 가졌다. 대통령의 초대 비서실장을 지낸 문희상 의원이 심금을 울리는 건배사를 했다.

"대통령님께서 취임하시고 얼마 되지 않았을 때였습니다. 김수환 추기경 등 종교계 지도자들을 모시고 환담을 나누었습니다. 그때 강원용 목사님이 '노무현 대통령은 대한민국 민주주의 역사에서 사실상 최초의 대통령이다. 이전의 대통령은 모두 왕이었다.'고 말씀하셨어요. 노 대통령님께서는 국민에게 왕이 되지 않겠다고 한 약속을 성실히 지키셨습니다."

맞다. 노무현은 왕이 아니었다. 이승만부터 김대중까지 우리나라의 역대 대통령은 모두 '선출된 왕'이었다. 그들은 집권당의 총재로서 당권을 쥐고 있었고 당권을 통해 입법부(국회)를 장악했다. 특히 권력기관을 손아귀에 넣고 사정권(司正權)을 직접 행사했다. 게다가 권력을 감시해야 할 언론까지 영향력 안에 두었다. 노무현은 이런 권력을 '초과권력'이라 불렀다. 한국의 대통령은 조선시대 왕보다도 더 막강한 제왕이었다.

노 대통령은 자서전에서 밝혔다. "나는 제왕적 대통령이 되기를 거부했다."[12] 노무현은 대통령 취임 때부터 퇴임 때까지 한 번도 '왕' 노릇을 하지 않았다. 초과권력을 스스로 내던졌다. 법치주의 정신에 따라 '대통령 권력'만 행사했다. 강원용의 말마따나 노무현은 사실상 대한민국 최초의 대통령이었다.

권력기관은
대통령의
시녀가 아닙니다

"참여정부는
더 이상 '권력기관'에
의존하지 않을 것입니다.
언제나 당당한 정부로서
국민 앞에 설 것입니다."

한국 대통령은 헌법에 없는 '슈퍼 파워'를 갖고 있다. 바로 사정권(司正權)이다. 물론 공식적인 권한은 아니다. 비공식적이지만 실질적인 권한이다. 사정권이란 감사원, 검찰, 경찰, 국세청, 기무사, 금융감독원, 공정거래위원회 등 사정기관을 직접 지휘할 수 있는 권한이다.

정치 선진국인 미국 백악관은 어떨까. 미국 변호사 출신으로 김영삼 대통령 때 청와대 정책비서관을 했던 전성철 박사의 설명이다. "미국 대통령에게는 이런 사정권이 전혀 없다. 백악관 내에 사정을 담당하는 비서관 자체가 없다. 검찰권과 국세청 조사권, 그리고 감사원의 감사권 같은 것은 완전히 독립되어 있어 대통령의 입김이 미칠 여지가 없다. 연방 검사는 대통령이 국회의 동의를 거쳐 임명하기는 하지만 그 검찰권 행사는 대통령의 영향력으로부터 완전히 독립되어 있다. 만약 대통령이나 백악관 비서가 연방 검사에 대해 조금이라도 영향을 끼치려고 시도를 했다면 그것은 직권남용으로 엄청난 스캔들이 되기 때문에, 거의 상상조차 할 수 없는 일이다."[13]

미국은 중앙정보국(CIA), 연방수사국(FBI), 국세청(IRS) 등의 사정기관이 검찰처럼 모두 독립되어 있다. 해당 기관이 법과 원칙에 따라 사정권을 행사한다. 사정권이 없는 미국 대통령은 핵무기를 수만 개 움직이는 막강한 권력을 갖고 있지만 일반 국민들에게 전혀 무서운 존재가 아니다.

한국 대통령은 사정기관을 손아귀에 꽉 쥐고 있다. 대통령의 실질적인 힘은 바로 사정권에 있다. 민정수석실이 이 업무를 대행한다. 대통령의 사정(司正) 업무에 관한 한 국가정보원, 검찰청, 경찰청, 국세청, 기무사, 공정거래위원회, 금융감독원 등은 민정수석실의 지휘를 받아야 한다. 감사원과도 업무 협조가 이루어진다. 세간에서 민정수석을 실세 수석이라 부르는 이유도 여기에 있다.

노무현 대통령은 달랐다. 법률에 근거가 없는 사정권을 전혀 행사하지 않았다. 노 대통령은 취임 일주일 후 3·1절 기념사를 통해 권력기관 독립을 공식 천명했다. 사정권을 행사하지 않겠다고 발표한 것이다.

"참여정부는 더 이상 '권력기관'에 의존하지 않을 것입니다. 언제나 당당한 정부로서 국민 앞에 설 것입니다. 국가정보원, 검찰, 경찰, 국세청 이른바 권력기관을 더 이상 정치권력의 도구로 이용하지 않겠습니다. 저는 이들 권력기관을 국민 여러분께 돌려드리겠습니다."

권력기관은 '대통령의 시녀'가 아니다. 노무현은 4대 권력기관(국정원, 검찰, 경찰, 국세청)을 '정치권력의 도구'로 악용하지 않았다. 권력기관을 사실상 독립시켜, 업무상 어떤 간섭도 하지 않았다. 사정기관의 핵심인 검찰총장에게는 전화 한 통도 하지 않았다. 민정수석실의 파워가 과거에 비해 확 쪼그라들었다. 청와대 비서실 전체의 역할과 기능이 민주적으로 변화했다.

원칙은
끝까지 지켜야
원칙입니다

"국정원을 정치적으로
활용하지 않았다.
다시 대통령이 되어도
그렇게 할 것이다."

───── 노무현 대통령은 국가정보원장과 독대한 적이 한 번도 없었다. 국정원장은 물론이고 검찰총장, 경찰총장, 국세청장 등 다른 권력기관장과도 독대하지 않았다. 만나지 않은 것이 아니다. 만날 일이 있을 때에는 반드시 배석자를 두게 했고 대화 내용을 기록하게 했다.

국가정보원은 부끄러운 역사를 갖고 있다. 박정희 대통령은 독재 권력을 유지하는 데 중앙정보부(중정)를 정치적으로 악용했다. 중정은 공작 정치의 산실이었다. 전두환 대통령은 중정을 국가안전기획부(안기부)로 개칭했다. 문패만 바뀌었을 뿐, 기능은 똑같았다. 김대중 대통령이 안기부를 완전 개혁했다. 이름을 국가정보원(국정원)으로 바꾸고 정치 공작 기능을 없애버렸다. 그러나 대통령과 국정원장의 독대 시스템은 유지했다. 노 대통령은 이 독대 시스템마저 없애버렸다.

국가 최고 정보기관의 수장이 정치인, 장차관, 재벌 총수 등 중요 인물에 대한 '신상 정보'를 대통령에게 단독 보고하는 '독대'는 민주적 통제 수단이 전혀 없다. 검찰, 경찰 등 어떤 권력기관도 개입할 여지가 없다. 박정희와 전두환은 이 시스템을 철저히 악용했다. 요인들을 관리하고 정적을 제거하는 데 국정원이 제공하는 신상 정보를 활용했다.

권위주의 시절 대통령과 국정원장의 독대는 인치(人治)의 출발이었다. 국정원장이 대통령에게 비밀스럽게 제공한 신상 정보에서 자유로울 수 있는 사람은 아무도 없었다. 말이 신상 정보지 사실은 개인의 약점이었다. 국정원은 신상 정보를 왜곡·조작하여 '생사람'을 잡았다. 대통령은 이 시스템으로 주요 기관장과 요인을 관리했다. 민주주의와 법치주의의 근본을 흔드는 시스템이었다. 노 대통령은 이 시스템을 거부한 것이다. 국민이 준 칼을 쓸 줄 모른다는 핀잔이 쏟아졌다. 그래도 독대 금지 원칙을 끝까지 지켰다. 그리고 자서전에 이렇게 써놓았다. "국정원을 정치적으로 활용하지 않았다. 다시 대통령이 되어도 그렇게 할 것이다."[14]

조선시대 왕들도 측근 실세와 독대하지 않았다. "조선조 500년을 통틀어 독대는 효종과 송시열의 기해독대(1659년), 숙종과 노론 대신 이이명의 정유독대(1717년) 등 한 손에 꼽을 정도에 지나지 않았다. 조선에서 임금은 부인과 후궁 이외의 사람과 만날 때에는 반드시 승지와 사관이 입직한 가운데 만나야 했다."[15] 임금이 측근 신하와 독대할 경우 선비들이 상소문을 올리는 등 크게 반발했다.

국정원장의 조직 장악력이 문제가 되었다. 대통령의 독대가 사라지자 국정원에 대한 대통령의 관심이 적어진 것으로 오해받아 국가정보원의 사기가 떨어진 것이다. 노 대통령은 국정원을 직접 방문해 보고를 받았고 직원들과 대화를 나누었다. 청와대 참모들도 신경을 썼다. 대통령이 국정원장과 독대했다는 모양새를 만들어 보려고 노력했다. 민정수석을 했던 문재인의 기억이다. "국정원장이 배석 없는 보고를 특별히 원할 경우, 배석자들이 자리를 피해줘서 자연스럽게 짧은 시간 동안이라도 사실상 독대 보고를 할 수 있도록 운용의 묘를 살리자고 했다. 그런데 대통령은 그럴 때조차도 '민정수석은 남으라.'는 식으로, 적어도 한 사람은 배석시키려 할 때가 많았다."[16]

국익을 위한
경제협력에
앞장서야 합니다

"Give me a cigarette!"

――― 브라질의 룰라 대통령은 한국에서도 꽤 인기가 많은 진보적인 정치인이었다. 룰라는 '낡은 브라질'을 개혁하는 데 성공, 국민 지지도가 70~80퍼센트에 달할 정도로 절대적 영향력을 갖고 있었다. 브라질은 신흥 경제강국인 브릭스(BRICs) 국가로 남미 경제의 중추 역할을 하고 있다. 남미 시장 개척을 해야 하는 한국으로서는 브라질과의 경협 확대가 필수적이다.

노무현 대통령이 룰라 대통령을 만나러 갔다. 2004년 11월 브라질 대통령궁. 두 정상 모두 밑바닥부터 산전수전 다 겪고 대통령이 된 입지전적인 인물이다. 자존심이 강하고 기(氣)가 펄펄 넘치는 지도자다. 노무현과 룰라. 보좌관과 수행원을 배석한 채 확대정상회담을 했다. 주요 의제는 경제협력이었고, 핵심 현안은 통상 문제였다.

두 정상은 자국의 국익 앞에서 한 치의 양보도 없었다. 회담 초기부터 은근하게 긴장감이 흘렀다. 외교적 수사(修辭)가 소리 없는 총알처럼 교환되었다. 팽팽한 '샅바 싸움'이었다. 룰라가 선제공격을 했다. "한국의 쇠고기 값이 너무 비싸다."며 한국의 아킬레스건을 건드렸다. 브라질산 쇠고기 수입을 늘려달라는 '압박'이었다. 노무현이 특유의 순발력을 발휘하여 대응했다. "우리는 비싼 쌀, 비싼 쇠고기를 먹는 나라입니다. 그런 만큼 사람도 비싸게 대접받으려고 합니다." 엄숙하기만 하던 회담장에 폭소가 터졌다.

룰라가 갑자기 시가를 집어 들었다. 최고의 품격 속에서 진행되어야 할 정상회담장에 담배 연기가 피어올랐다. 자기 나라에서 아무리 인기가 높고, 자신이 애연가라 할지라도 공식적인 정상회담장에서 담배를 피우는 것은 분명히 외교적으로 큰 결례였다. 룰라는 뭔가 불편한 심기를 그렇게 노출하고 있었다. 분위기가 심상치 않았다. 노무현으로서는 분위기 반전이 필요했다. 이역만리 브라질까지 왔는데 빈손으로 돌아갈 수는 없었다.

분위기를 바꿀 수 있는 방법은 딱 한 가지. 시쳇말로 '같이 망가지는 것'이었다. 좋게 말하면 친구처럼 어깨동무하는 것이다. 노무현이 순간적으로 기지를 발휘했다. 통역을 거치지 않고 투박한 영어 실력으로 룰라에게 직접 말했다. "Give me a cigarette(시가 한 대 주시오)!" 한 살 차이로 동갑내기나 다름없는 두 정상은 '담배 친구'가 되어 맞담배를 피우면서 정상회담을 진행했다. 노무현과 룰라가 아니면 어느 누구도 할 수 없는 진기한 정상회담이었다. 두 정상 모두 서민 출신이어서 가능한, 서민적인 풍경이었다.

'맞담배 정상회담'은 외교사에 남을 만한 수준의 파격이었다. 두 정상은 마치 오랜 친구처럼 화기애애하게 회담을 진행했고, 서로 많은 성과를 얻었다. 흡족한 회담이었다. 노 대통령은 각종 사업 제안마다 브라질 측이 긍정적인 반응을 보이자 "이번에 너무 많은 선물을 받아서 이를 가져가려면 비행기가 뜰지 모르겠다."고 말해 회담장에 다시 폭소가 터졌다. 페드로 파울로 아숨프상 주한 브라질 대사가 이날의 '맞담배 정상회담'에 대해 특별 브리핑을 했다.

"룰라 대통령이 담배를 꺼내들고 불을 붙였다. 외교 관례상 회담장에서는 담배를 피우지 않기에 자리에 있던 보좌진들이 크게 당황했다. 그러자 노무현 대통령께서는 'Give me a cigarette!'이라고 말씀했고, 두 대통령의 담배 연기와 함께 양국 사이에 있던 걸림돌이 모두 사라졌다."[17]

이 '사건'은 당시 브라질 언론에 공개되어 브라질 국민들에게 알려지면서 한국과 브라질의 관계가 한층 가까워졌다.

균형외교는
대한민국의 대외 위상을
높여줍니다

"유엔 사무총장이 한국에서
나왔습니다. 본시 그분이
훌륭하고 국제무대에서
신망이 있는 분입니다. 그러나
우리가 균형외교를 하지 않았다면
아무리 똑똑한 사람도
거기 안 시켜줍니다."

─── "반기문 외교통상부 장관이 사실상 '유엔 사무총장'으로 선출된 것은 '한강의 기적'만큼이나 경이로운 '한국 외교의 승리'로 평가된다. 분단국 외교관이 이 자리를 차지하는 것 자체가 불가능하다는 통념을 깨뜨렸다는 점에서다. 유엔 사무총장은 '세계 외교의 대통령', '속세의 교황'으로 평가된다."[18]

반기문 유엔 사무총장 탄생에 대한 찬사다. 혹자는 참여정부 관영 매체였던 '청와대브리핑'이나 '국정브리핑'의 국정홍보 기사라고 생각할지 모르지만 그렇지 않다. 노무현 대통령 재임 5년 내내 가장 가혹한 비판과 비방을 일삼았던 매체 가운데 하나인 〈문화일보〉의 논평이다. 노 대통령은 2006년 10월 반기문 외교부 장관이 유엔 사무총장에 선임됐다는 소식을 듣고 감격에 젖었다. 그날 저녁 청와대 참모들과 모처럼 기분 좋게 한잔했다.

노 대통령은 2007년 6월 참여정부 평가포럼 특강에서 '반기문 유엔 총장'에 대한 소회를 털어놨다.

"유엔 사무총장이 한국에서 나왔습니다. 본시 그분이 훌륭하고 국제무대에서 신망이 있는 분입니다. 그러나 우리가 균형외교를 하지 않았다면 아무리 똑똑한 사람도 거기 안 시켜줍니다. 한국의 균형외교가 낳은 성과입니다. 하여튼 균형외교가 좀 기여했어요. 한나라당은 균형외교 안 하거든요.(일동 웃음) 대미 일변도 외교를 안 한다고 저에게 얼마나 많은 타박을 줬습니까?(일동 박수)"

반기문 유엔 사무총장 만들기 프로젝트는 참여정부의 모든 것을 상징적으로 보여주고 있다. 노무현 대통령의 균형외교 정책과 인사 정책이 고스란히 담겨 있다. 한나라당의 비아냥거림과 저주,

보수 언론의 냉소를 받았던 정책이다. 반기문의 영광은 그냥 이루어진 게 아니다. 반기문이 한국의 외교부 장관에서 세계 외교 대통령이 되기까지의 험난한 여정에는 한국 정치의 비루함이 고스란히 깔려 있었다. 눈물의 장정이었다.

참여정부가 반기문 장관의 유엔 사무총장 출마를 공식화했을 때 한나라당과 보수 언론은 어떤 반응을 보였던가. 일부 의원은 "우리의 처지를 모르는 철부지", "국제사회의 조롱거리", "세계 외교질서를 모르는 턱도 없는 짓"이라며 저주를 퍼붓기도 했다. 당선 가능성이 낮았던 것은 사실이었으나 한나라당의 비아냥거림은 도를 넘어섰다. 저변에는 노무현에 대한 간악한 시기 질투가 깔려 있었다. 보수 언론도 한나라당에 맞장구를 쳤다. 마치 세계 피겨스케이팅선수권대회에 출전하는 김연아 선수의 뒷다리를 잡는 격이었다. 그러나 반기문 사무총장 선임 뒤에 그들은 어떤 반성도 없었다. 부끄러운 줄도 몰랐다. 이것이 한국 정치와 한국 언론의 현주소다. 세계 외교 대통령의 배출이 어떻게 가능했는지 복기해보자.

반기문의 능력과 인품이 훌륭하다. 그러나 이것만으로는 유엔 사무총장이 될 수 없다. 필요조건에 불과할 뿐이다. 냉정하게 말해 이 정도 수준의 인물이 한국에 한두 명 있는 게 아니다. 노 대통령의 '뚝심 인사'가 결정적이었다. 2004년 6월 이라크에서 김선일 피살사건이 발생했을 때, 주무 장관인 반기문 외교부 장관을 문책 해임하라는 목소리가 국회의사당에 울려 퍼졌다. 한나라당이 앞장섰고, 민주당과 열린우리당이 뒤를 따랐다. 언론이 바람을 잡은 것은 물론이다. 노 대통령은 "누가 그 자리에 있었어도 어쩔 수 없는 일이 벌어졌을 경우에는 인책할 수 없다."며 반 장관 경질 요구를 일축했다. 한나라당과 언론은 "노무현이 오기를 부리고 있다."고 비난했다. 대통령이 그때 반기문을 경질했다면, 그는 유엔의 문턱에도 가보지 못했을 것이다.

이와 함께 참여정부의 균형외교 정책이 뒷심을 발휘했다. 참여정부는 미국 일변도 외교를 지양하는 균형외교를 추구했다. 이 때문에 중국과 러시아가 반기문에 대해 거부권을 행사하지 않았다. 한국이 당시 균형외교를 하지 않았다면, 중국이 거부권을 행사했을 것이라는 게 외교가의 지배적인 관측이었다.

반기문 장관 경질론은 생각보다 강했다. '뚝심'이라면 어느 누구한테도 뒤지지 않는 노 대통령이었지만 장관 인사 문제로 그때만큼 힘들어 했던 적도 없었다. 반기문 유엔 사무총장 만들기 프로젝트를 내부적으로 치밀하게 준비하던 상황이었기 때문이다. 청와대의 한 참모는 일단 장관 자리에서 물러나게 한 다음, 특보 명함을 주어 외국에 다닐 수 있게 하는 것이 어떠냐는 의견을 낼 정도였다. 노 대통령이 고심 끝에 결단을 내렸다. 이 참모의 의견을 받아들이지 않았다. 대신 이렇게 말했다. "그러면 이미 경질이기 때문에 설득력이 떨어집니다. 한국에서 유엔 사무총장이 나온다는 것은 멋진 일 아닌가. 욕은 내가 먹는다니까."[19]

한국이 '세계 외교 대통령'인 유엔 사무총장을 배출했다는 사실은 한국 외교사에 한 획을 긋는 일대 사건이었다. 여당과 야당, 진보와 보수, 남녀노소, 경상도와 전라도와 충청도 가리지 않고 모든 국민이 진심으로 축하했다. 자기 자랑하기를 체질적으로 싫어하는 노 대통령이 이때는 한마디 했다. "반기문 유엔 사무총장 당선에 나도 생색을 좀 내고 싶었으나, 대통령이 노벨상을 받아도 돈 주고 샀느냐고 헐뜯는 나라에서 본전하기 어렵다는 생각이 들어서 덮어버렸다."

**세일즈 외교는
한국의 혼을
파는 일입니다**

"한국의 기업들은
'계약서+30퍼센트'라는 알파를
더 서비스해줍니다."

─── "유럽 등 선진국에 많이 가보셨지요? 그곳에서 TV를 한 대 사서 집에 설치하는 데 며칠 걸리는지 아십니까? 많이 늦지요. 컴퓨터를 주문하면 여러 날이 지난 후에야 배달되고, 기술자들이 컴퓨터를 설치하다가도 저녁 6시가 되면 다음 날 다시 와서 하겠다고 돌아가 버립니다. 왜 그리 늦느냐고 불평하면 계약서를 내보이면서 계약대로 하지 않았느냐고 반문한다고 합니다. 한국에서는 오전에 TV를 주문하면, 오후에 볼 수 있습니다. 오늘 컴퓨터를 주문하면 내일 일할 수 있게 해줍니다. 계약서에는 없지만 해줍니다. 우리 한국의 기업들은 '계약서+30퍼센트'라는 알파를 더 서비스해준다고 감히 말할 수 있습니다."[20]

대통령의 '특별 연설'이 아니라 대학교수의 '경제학 특강'이나 전경련이 파견한 기업홍보대사의 특별 브리핑에 가까웠다. 2006년 5월 아제르바이잔을 방문했을 때다. 구소련의 지배를 받았던 아제르바이잔은 한국에는 잘 알려지지 않은 나라지만, 전략적으로 한국에 중요한 곳이다. 카스피 해에서 대규모 유전이 개발되면서 오일달러가 철철 넘치는 신흥부국이다. 경제성장률이 20~30퍼센트에 이를 정도로 성장 잠재력이 무궁무진하다. 한국과 수교는 했지만 한국 공관이 없는 외교 불모지였다. 노무현 대통령은 그곳에서 세일즈 외교의 진수를 보여줬다.

한국·아제르바이잔 경제인 오찬간담회에는 아제르바이잔의 국무총리와 주요 경제인들이 대거 참석했다. 우리 기업인들도 자리를 함께했다. 노 대통령은 이 자리에서 '한강의 기적'을 이룬 한국인의 혼을 이야기했다.

"한국은 역사상 수많은 외침을 당했습니다. 수십 년간 식민지 지배도 경험했습니다. 빈손으로 경제를 일궜습니다. 섬유, 자동차, 전자, 반도체, 조선, 건설, 기계, 정보통신 기술은 세계 최고 수준입니다. 신도시 건설 노하우도 많습니다. 한국을 자랑하려는 게 아닙니다. 아제르바이잔의 미래를 말하려는 것입니다. 아제르바이잔 총리님, 그리고 기업인 여러분, 한국과 협력하고 싶지 않습니까? 옆에 앉은 우리 한국 기업인들과 손을 잡으십시오."

통역이 끝나자마자 우레와 같은 박수가 터져 나왔다. 외교 석상에서 흔히 나오는 의례적인 박수가 아니었다. 한국 기업인들의 박수와 함성이 더 우렁찼다. 한국의 한 기업인은 "대통령을 수행하여 이런 행사에 여러 차례 참석해봤지만, **노 대통령처럼 한국 기업의 문화와 특장을 감동적으로 실감나게 소개한 대통령은 없었다.**"고 감격했다.

정성을 깃들인 때문이었을까. 노 대통령의 아제르바이잔 방문은 '대박'이 났다. 망외의 소득이 많았다. 노 대통령은 알리예프 대통령에게 한국 방문을 초청했고 알리예프는 이를 수락했다. 공관 설치도 합의되었다(2006년 설치 완료). 양질의 유전 광구를 확보했고 신도시개발 참여도 확약 받았다. 노 대통령은 귀국 후 산업자원부(현 산업통상자원부)를 중심으로 범정부 차원의 태스크포스(TF)를 만들어 아제르바이잔과의 경협 후속조치를 추진토록 했다. 알리예프는 이듬해 4월 약속대로 한국을 방문, 그동안 추진되어온 경협에 도장을 찍었다. 누가 노무현을 '반(反) 기업' 정치인이라고 했던가.

위대한 바보

대한민국 현대사에 '3대 바보'가 있다. 의로운 바보 전태일(노동자), 거룩한 바보 김수환(성직자), 위대한 바보 노무현(정치인)이 그 주인공이다. 전태일과 김수환은 스스로 자신을 바보라 불렀고, 노무현은 남들이 바보라 불러줬다. 노무현 대통령이 퇴임하기 직전 MBC와 고별 인터뷰를 하면서 바보 이야기를 했다.

"별명 중에서 제일 마음에 들었습니다. 정치하는 사람들이 바보 정신으로 정치를 하면 나라가 잘될 거라고 생각합니다. 어쨌든 그냥 바보 하는 게 좋아요.…그냥 좋아요."[21]

> "어쨌든 그냥 '바보' 하는 게 좋아요. …그냥 좋아요."

노무현은 '바보'였다. 바보정신을 가장 잘 실천한 정치인이었다. 바보는 별명에 그치지 않고 노무현의 정치철학으로 승화됐다. '바보'는 어떤 사람일까. 노무현 스스로 '바보의 삶'을 정의했다.

"누가 바보냐. 이해관계를 셈할 줄 모르는 사람을 우리가 보통 바보라고 하는 것이거든요. 말귀는 잘 알아듣는데, 손해나는 일을 부득부득 하는 사람, 이게 바보지요."[22]

"자기 이익을 위해서 영악하지 않았다, 이거 아니겠습니까? 신뢰와 원칙을 위해서 자기 이익을 포기한 사람한테 붙여준 애칭이 바보 아니겠어요. 무릇 공동체 살림을 살겠다고 하는 사람이면 바보로 살아야 합니다."[23]

노무현의 별명은 많았다. 어릴 적에는 공부를 잘해서 '노천재'라 불렸다. 또 키는 작지만 의협심이 강해 '돌콩'이라는 별명이 따라다녔다. 민주화운동 할 때는 노무현 변호사를 줄여서 '노변'이라 했다. 노사모 회원들에게는 '노짱'으로 통했다. 정치할 때는 '바보'라는 별명을 얻었다. 어릴 적 '천재'가 어른이 되어 '바보'가 된 것이다.

바보라는 별명을 얻은 것은 2000년 4월 16대 총선 때였다. 노무현은 당선이 확실한 서울 종로를 포기하고 부산으로 내려갔다. 현실 정치인으로서는 정말 바보 같은 짓이었다. 노무현은 왜 부산을 선택했나. 노무현은 왜 스스로 바보가 되었나. 노무현은 김대중 대통령이 개혁에 박차를 가하고 있던 1998~1999년 이회창 한나라당 총재의 행태를 보고 분노를 참지 못했다.

"한나라당 이회창 총재는 영남 지역에서 각종 명분을 달아 집회를 열면서 지역 갈등을 선동하고 있었다. 가슴 속의 체증이 밖으로 터져 나왔다. 더 이상 가만히 앉아 있을 수 없었다. 종로를 포기하고 다시 부산으로 돌아가기로 마음을 먹었다. 내가 힘들더라도 부산에서 당선되는 것, 그것이 어쩌면 이 '절반의 정치'를 악순환시키는 고리를 끊는 첫걸음이라는 생각이었다."[24]

노무현은 김대중의 대통령 당선은 민주 진영의 '절반의 승리'라고 판단했고, '완전한 승리'를 갈구하고 있었다.

청와대에서
가장 높은 사람은?

세속적인 질문이다. 한국에서 제일 높은 사람은 누구일까? 두말할 것이 없다. 대통령이다. 청와대에서 제일 높은 사람은 누구일가? 물론 대통령이다. 그런데 노무현 대통령에게는 이런 세속적인 잣대가 없었다. 청와대의 권력은 대통령 취임 초기에 가장 강력하다. 바로 그 시절 노 대통령은 대통령보다 높은 사람이 청와대에 있다는 사실을 우연히 알았다. 그리고 그분을 찾아 인사 드렸다. 바로 청와대 근무 경력 30년의 '목수 아저씨'였다.

> "청와대에서 제일
> 높은 분이 계신 줄
> 모르고 인사가
> 늦었습니다."

청와대 제2부속실장을 지낸 이은희 씨의 회고다. "청와대 들어가서 한 달이 채 안 됐을 무렵이다. 출근길에 소나기가 내렸는데 누군가 우산을 씌워주었다. 그분은 박정희 대통령 시절부터 청와대에 근무해온 목수 아저씨였다. 청와대 생활만 햇수로 30년. 대한민국 최고 권력의 영욕을 지켜봐온 역사의 산 증인이었다. 나는 영부인께 목수 아저씨 이야기를 했다. 며칠 후 대통령이 그분을 만났다. '청와대에서 제일 높은 분이 계신 줄 모르고 인사가 늦었습니다.'"[25]

노 대통령에게는 30년 근속의 목수 아저씨가 청와대에서 가장 높은 분이었다. 목수 아저씨가 청와대에서 가장 높다면 대통령은? 노무현은 어떤 사람도 낮춰 보지 않았다. 사람을 사람으로 대했다. 판사 시절에도, 변호사 시절에도, 국회의원 시절에도, 장관 시절에도, 대통령 시절에도, 대통령 퇴임 후 봉하마을 시절에도, 한결 같았다. 노무현은 가장 높은 곳에 있는 가장 낮은 사람이었다.

이건희 삼성그룹 회장이 여성 임직원 9명과 점심식사를 같이했다고 해서 화제가 된 적이 있다. 2012년 4월의 일이다. 대부분의 언론이 이날의 '황제 오찬'을 미담 기사로 화려하게 장식했다. 그룹 회장이 임직원들과 점심을 먹는 게 뉴스가 되는 나라가 바로 대한민국이다. 청와대는? 대한민국 최고 권력자인 대통령이 직원들과 점심이나 저녁식사를 하면서 업무 이야기를 했다면 그것도 뉴스가 될 것이다. 그런 대통령이 없었기 때문이다. 그러나 참여정부 청와대는 달랐다. 그런 일이 종종 있었다. 그것을 대수롭게 생각하는 사람이 없었다는 게 뉴스라면 뉴스일 것이다.

노 대통령은 주요 현안이 있을 때면, 비서실장, 정책실장 등 장관급 참모는 물론이고 하위 직급인 행정관들까지 불러 허심탄회하게 토론을 하곤 했다. 일을 하는 데 직급의 차이를 두지 않았다. 김상철 행정관의 말이다.

"일개 행정관이 올린 보고서도 챙겨보며 '정 이해가 안 가거나 어려운 대목이 있으면 직접 물어보라.'고, '인터뷰 요청을 하라.'고 메모를 붙여 회신하는 대통령이었다. 그게 꾸중이었건 질책이었건 괜히 뿌듯해서 속없이 새어나오는 웃음을 한동안 감추고 다녔다. 그런 대통령과 함께 일했다는 게, 그런 그가 이제는 세상에 없다는 게 문득, 꿈같다. 여전히 슬픈 꿈같다."[26]

경제의
본질은
무엇입니까

한국은 '빠른 성장'에는 성공했지만 '고른 성장'에는 실패했다. 한국은 '한강의 기적'으로 보릿고개를 넘었다. 맞는 말이다. 여기까지다. 더 높고 더 험한 고개가 앞을 가로막고 있다. 지독한 양극화 현상이다. '한강의 기적' 속에 잉태되어 있던 양극화의 괴물이 IMF 사태를 계기로 세상에 나와 활개를 치고 있다. '부익부 빈익빈'의 골이 깊어지면서 한국은 두 개(two Koreas)로 쪼개져버렸다. 소수의 승자와 다수의 패자로, 소수의 가진 자(Have)와 다수의 가지지 못한 자(Have Not)로.

'한강의 기적'을 이룬 '선 성장 후 분배' 정책은 사탕발림이었단 말인가. 성장의 목표는 초과달성했지만 분배는 아직 없다. 성장의 과실이 소수의 기득권층에 집중되고 있다. 양적 성장에만 매진하고 질적 발전은 소홀히 한 까닭이다. 김대중, 노무현 민주정부 10년 동안 경제사회 시스템을 고쳐보려 했지만 역부족이었다. '빨리 가려거든 혼자 가고, 멀리 가려거든 함께 가라.'는 아프리카 속담이 있다. 이제는 '함께 멀리' 가는 지혜를 발휘할 때다.

경제는
공동선을 위해
존재해야 합니다

"시장경제를 왜 합니까?
복지를 위해서입니다.
복지는 목적이고,
시장은 수단입니다."

───── 옥스퍼드대 출신의 '40대 기수' 토니 블레어가 1994년 노쇠한 영국 노동당을 개혁하겠다고 나섰다. 국유화 강령 폐지 등 노동당 개혁안을 내걸고 당권에 도전한 것이다. 당시 노동당의 처지는 말이 아니었다. 마거릿 대처 총리(보수당)의 위세에 눌려 15년째 비실비실하고 있던 '불임 정당'이었다.

노동당 사상 최연소 당수가 된 블레어의 다음 목표는 정권 탈환이었다. 그의 곁에는 저명한 사회학자 앤서니 기든스가 있었다. 기든스가 블레어에게 준 '개혁의 무기'는 고전적 사회민주주의(제1의 길)와 신자유주의(제2의 길)를 넘어선 '제3의 길'이었다. 블레어는 '제3의 길'을 채택, 1997년 총선에서 압승했다. 당권을 잡은 지 3년 만에 20세기 최연소 영국 총리가 된 것이다. 블레어의 당시 나이는 불과 44세였다.

기든스의 '제3의 길'을 한 마디로 요약하면 "시장은 공동선을 위해 복무해야 한다."라고 할 수 있다. 시장은 공동체의 발전(공동선 증진)을 위한 수단이지 그 자체가 목적이 될 수 없다는 의미다. 기든스는 당시 영국의 진보 진영(좌파)에 대해 이렇게 충고했다. "시장을 인정해라. 그리고 시장을 활용하되 해를 막아야 한다. 국가를 너무 무조건 신뢰하지 마라. 국가도 개혁돼야 하고 국민들의 요구에 반영할 수 있도록 유연하게 바뀌어야 한다."[1]

노무현은 민주당 대통령 후보로 사실상 확정된 2002년 4월 21일 경기 지역 경선 연설에서 다음과 같이 말했다.

"분배는 더 이상 성장의 적이 아닙니다. 왜 경쟁력을 키워야 합니까? 시장경제를 왜 합니까? 복지를 위해서입니다. 복지는 목적이고 시장은 수단입니다. 복지로 소득분배하고, 분배로 건강한 소비 늘리고, 복지로 일자리 늘려나가는 정책입니다."

기든스가 말한 "시장은 공동선을 위해 복무해야 한다."와 같은 맥락이다. 시장은 사람을 위한 시장이어야 하고 경쟁도 사람을 위한 경쟁이어야 한다. 성장도 마찬가지다. 이태수 현 도사회복지대 교수가 노무현의 대통령 취임을 1개월 앞둔 시점에서 이 주제에 대해 평가했다.

"'복지는 목적이고 시장은 수단이다.' 노무현 대통령 당선자가 민주당 후보 경선 시절에 천명한 일성이다. 일단 이것이 노 당선자의 진정한 소신이라면 이는 우리 사회가 지니고 있는 시장의 '천박성'과 복지의 '후진성'을 뛰어넘을 수 있는 정치철학이라 평가하고 싶다. 역대 어떤 대통령도 이러한 일갈을 행한 적은 없었다. 불행하게도 우리는 그동안 복지는 '수단'이었고 정권 유지 또는 성장 그 자체가 '목적'인 시대를 살아왔으며 그 관성에 너무 오랫동안 길들여져 온 것이 사실이다."[2]

함께 멀리
가는 것이
옳은 전략입니다

"복지냐 성장이냐
이야기하는 사람들은
아주 옛날 사람들입니다."

경제의
본질은
무엇입니까

───── 미국 민주당의 싱크탱크인 브루킹스연구소가 2006년 6월 발표한 '해밀턴 프로젝트'는 한국에 잔잔한 파문을 일으켰다. IMF 사태의 여파로 양극화가 심화되고 있던 상황이라 성장과 분배(복지)를 양 축으로 한 동반성장 전략이 절실한 시점이었기 때문이다. 한국의 식자층은 노무현 대통령에게 삿대질을 했다. "정치 논쟁만 하지 말고 해밀턴 프로젝트 같은 정책 대안을 제시해 봐라!" 답답한 노릇이었다. 참여정부는 2006년 2월 '동반성장을 위한 새로운 비전과 전략-일자리 창출을 위한 패러다임 전환'[3]을 이미 발표한 다음 각 분야별로 정책을 추진하고 있었는데, 미국 민주당의 해밀턴 프로젝트를 본받으라니.

해밀턴 프로젝트의 핵심은 ▲양극화 해소를 위한 국가적 책임 ▲성장과 복지의 병행 추진 ▲혁신주도 경제성장 등 크게 3가지다. 참여정부의 동반성장 전략과 거의 똑같았다. 노 대통령과 청와대 참모들이 해밀턴 프로젝트의 내용을 파악하고 나서, 신기해 할 정도로 유사했다. "아, 이게 옳은 방향이구나!"라는 확신을 새삼 갖게 됐다.

청와대 정책실장을 지낸 김병준 국민대 교수가 당시의 일화를 하나 소개했다. 한 지인이 해밀턴 프로젝트를 보았느냐고 묻더란다. 왜 그러냐고 되물었더니 '좋은 보고서인데 꼭 한번 읽어보라.'는 권유였다. 사실은 '좀 배우라.'는 핀잔이었다. 김 실장이 할 수 없이 그분에게 말했다고 한다. "우리의 동반성장 전략과 너무 같아 눈을 의심했어요. 심지어는 '지속가능한 성장(sustainable growth)'과 같은 용어까지 똑같이 사용하더군요. 농담 삼아 우리 것을 가

져가서 보았나 했습니다."⁴

참여정부의 정책 홍보가 부족한 데서 발생한 해프닝이다. 다른 한편으로는 '참여정부'를 까닭 없이 얕잡아본 한국 지식인들의 세태와 '미국 것'이라면 사족을 못 쓰는 사대주의 근성도 한 원인이라고 할 수 있다. 미국 민주당은 2년 뒤의 대선에 대비한 전략으로 해밀턴 프로젝트를 준비했고 오바마 대통령은 이 기조에 입각하여 경제 개혁을 추진했다.

참여정부의 국민경제자문회의는 한국개발연구원(KDI), 산업연구원(KIET), 대외경제정책연구원(KIEP) 등 8개 국책 연구기관의 공동 연구를 통해 '동반성장을 위한 새로운 비전과 전략'을 만들어 2006년 1월 청와대에 보고했고, 청와대는 1개월 뒤 이를 공식 발표했다. 그러나 한국의 언론계나 학계는 이 보고서를 눈 여겨 보지 않았고 폄훼하기까지 했다. KDI는 그해 7월 〈해밀턴 프로젝트〉의 한글 번역본인 〈해밀턴 프로젝트 - 기회와 번영, 성장을 위한 경제 전략〉을 출간했다. 참여정부의 동반성장 전략을 이렇게라도 홍보해야 했던 것이다.

한국은 다시 해밀턴 프로젝트에 관심을 갖기 시작했다. 이명박 정부가 동반성장 정책을 공식적으로 내세웠고 정운찬 전 국무총리는 퇴임 후 연구소까지 만들어 동반성장 캠페인을 벌이고 있다. 한 언론은 2012년 6월 커버스토리로 '한국형 해밀턴 프로젝트를 만들어라'⁵는 기획특집 기사를 실었다. 늦었지만 다행이다. 동반성장 전략에 대한 지적소유권(?)이 어디에 있든 무슨 상관인가. 대한민국이 올바른 길로 발전하는 것이 중요하지.

노 대통령은 5년 내내 '복지냐 성장이냐'의 문제로 시달렸다. 노 대통령은 임기 말 한국정책방송(KTV) 인터뷰에서 이렇게 말했다.

"복지냐 성장이냐 이야기하는 사람들은 아주 옛날 사람들입니다. 지금 어느 나라에서 '복지냐 성장이냐' 갖고 논쟁합니까? 이미 복지와 성장의 선순환, 성장과 분배의 선순환은 정책으로도 증명되고 있습니다. 미국의 클린턴도, 영국의 토니 블레어도 두 마리 토끼를 다 잡았습니다. 지금도 '분배냐 성장이냐'라고 얘기하면 오늘날 이 복잡한 문제를 절대로 풀 수가 없습니다."[6]

노 대통령은 퇴임 후 회고했다. "나는 그냥 불행한 대통령이다. 나는 분배는 제대로 해보지도 못하고 '분배 정부'라고 몰매만 맞았던 불행한 대통령이다."[7]

양극화 심화는
대재앙입니다

"양극화는 세계 모든 나라가
안고 있는 문제이다.
세계가 함께 해결해나가야 하는
문제이기도 하다. 변명이 아니다.
분명한 사실이다."

─── IMF 사태는 대재앙이었다. 'IMF 쓰나미'는 한국을 쑥대밭으로 만들어버렸다. 중산층이 붕괴되고 양극화 현상이 극심해졌다. 김대중(DJ) 대통령의 고백은 참담하다. 그는 자서전에 양극화 실상을 적시한 뒤 "나는 그것을 알면서도 어쩔 수 없었다."고 밝혔다.

"외환위기는 우리 사회의 중산층을 허물어버렸다. 중산층의 붕괴는 소득의 양극화를 가져왔다. 빈곤층에 편입된 계층이 다시 중산층으로 올라서기는 참으로 어려웠다. 고금리는 부자를 더욱 부자로, 빈자는 더욱 헐벗게 만들었다. 일부에서는 이를 '20 대 80 사회'라 부르기도 했다. 잘사는 20퍼센트와 못사는 80퍼센트로 나뉜다는 말이다. 사실 이런 구조는 세계화의 현상에서 이미 시작된, 지구촌 전체의 불가피한 현상일지도 몰랐다. 그러나 내 임기 중에 소득 양극화가 심화되었음이 참으로 안타까웠다. 일부 부유층들은 IMF 체제를 즐기고 있다는 말까지 나돌았다. 그들의 소비 행태들을 보면서 중산·서민층의 상대적 박탈감은 더욱 심했을 것이다. 나는 그것을 알면서도 어쩔 수 없었다."[8]

양극화 심화는 자본주의 체제의 본질적 모순이다. 자본주의의 시장 시스템은 자유경쟁을 기본으로 하고, 경쟁은 항상 승패가 뒤따른다. 승자는 소수이고 패자는 다수다. 양육강식의 승자독식 시스템은 사회를 소수의 가진 자(Have)와 다수의 못 가진 자(Have Not)로 쪼개버린다. 한국이 IMF 사태로 이 지경이 되고 말았다. 20퍼센트의 'Have'와 80퍼센트의 'Have Not'으로. DJ는 이 점을 적시하고 있는 것이다.

노무현 대통령도 양극화 문제를 해소하기 위해 갖은 노력을 다했지만 효과를 제대로 보지 못했다. 그는 자서전에 이러한 회한을 적어 놨다.

"국민들에게 너무 미안하다. 그러나 한 가지 말하고 싶은 것이 있다. 양극화는 세계 모든 나라가 안고 있는 문제이다. 세계가 함께 해결해나가야 하는 문제이기도 하다. 변명이 아니다. 분명한 사실이다."[9]

양극화 해소는 튼튼한 사회안전망 구축으로 가능하다. 여기에는 천문학적인 예산이 들어간다. 양극화 문제는 대통령 혼자의 힘으로는 해결할 수 없다. 승자 그룹인 'Have'의 양보가 전제되어야 가능한 일이다.

케임브리지학파의 창시자인 영국 경제학자 앨프레드 마셜이 1885년 케임브리지대 경제학 교수 취임식에서 한 말은 지금도 유효하다. 당시 영국은 산업혁명을 거치면서 극심한 양극화에 시달리고 있었다. 런던 외곽은 대부분 빈민촌이었다. 마셜은 "경제학을 배우려거든 먼저 런던 이스트엔드의 극빈자 거주지역을 가보라. 경제학자는 모름지기 '냉철한 머리와 따뜻한 가슴(cool heads but warm hearts)'을 갖고 사회적 고뇌를 해결하기 위해 온 힘을 바쳐야 한다."고 말했다. 어디 경제학자뿐이겠는가. <u>양극화 문제는 정치인, 경제인, 지식인, 언론인, 사회운동가 등 사회지도층이 '냉철한 머리와 따뜻한 가슴'을 갖고 접근해야 해결될 수 있다.</u>

거시경제는
선진국 진입을
이루었습니다

"한국 경제 잘 가고 있습니다.
다음 정부는 기초체력도 건강하고
기술력도 튼튼한 경제를
넘겨받을 것입니다."

참여정부는 거시경제 부문에서 4개의 '꿈의 기록'을 달성했다. 1인당 국민소득(GNI) 2만 달러 달성, 외환보유액 2600억 달러 돌파, 종합주가지수(KOSPI) 2000 돌파, 소비자물가상승률 2퍼센트대 억제(2.9%). 거시경제 그랜드슬럼이다. 특히 1인당 국민소득과 종합주가지수는 '마(魔)의 벽'을 훌쩍 넘었다. 선진국 진입은 흔히 1인당 국민소득 2만 달러를 기준으로 삼아 판단한다. 한국의 1인당 국민소득은 2002년 1만 2,100달러에서 2007년 2만 1,695달러로 2배 가까이 늘어났다. 한국 경제가 사실상 선진국에 진입한 것이다.

　　경제운용의 종합성적표라 불리는 종합주가지수는 노무현 대통령 취임일인 2003년 2월 25일 616.29에서 퇴임 직전 증시개장일인 2008년 2월 22일 1686.45로, 173.65퍼센트나 올랐다. 참여정부 마지막 해인 2007년 10월 26일 역사상 처음으로 2000포인트를 돌파했고, 10월 31일에는 최고치인 2064.85를 기록했다. 역대 정부의 종합주가지수 상승률은 노태우 정부 2.44퍼센트, 김영삼 정부 마이너스 19.61퍼센트, 김대중 정부 13.94퍼센트 등이었다.

　　노 대통령은 거시경제에 관한 한 강한 자신감을 갖고 있었다. 청와대 참모회의가 열릴 때마다 "한국 경제 잘 가고 있습니다. 다음 정부는 기초체력도 건강하고 기술력도 튼튼한 경제를 넘겨받을 것입니다."라고 말했다. 2005년 1월 경제계 신년인사회에서는 '선진국 진입'을 예견했다. "제 임기 말 또는 다음 정권의 임기 첫해 2만 불 시대에 들어서서 2만 불 깃발을 달고, 다음 정권을 운영하는 사람이 선진국 도로에서 운행할 수 있도록 적어도 중진국과 선진국의 톨게이트에서 제가 '한국호'의 자동차 키를 딱 넘겨줄 생각합니다." 퇴임을 코앞에 둔 2007년 1월 과천청사에서 열린 경제부처 고위공무원들과의 오찬간담회에서는 언론보도를 꼬집었다. "돼지라도 살이 통통하게 살찐 돼지, 건강하고 튼튼한 돼지를 다음 정부에 넘겨주고 싶다고 전날 신년인사회에서 말했는데…. 저는 돼지 한 마리를 잘 그렸다고 생각했는데 (언론이) 꼬리만 딸랑 그려 놨어요. 그것도 밉상스럽게 그려 놨습니다."

노무현은 민주화 이후 후임 대통령에게 '탄탄한 경제'를 넘겨준 최초의 대통령이 되었다. 이명박은 그런 의미에서 복을 많이 받은 대통령이었다. 노태우, 김영삼, 김대중 대통령 모두 후임 대통령에게 '망가진 경제'를 물려줬다. IMF 사태를 초래한 김영삼은 '부도난 경제'를 김대중에게 넘겨줬다. 이명박은 '탄탄한 경제'를 물려받고서도 후임자에게 '부실한 경제'를 넘겨줬다. 이명박은 그런 의미에서 '실패한 경제 대통령'이다.

경제에
단방 특효약은
없습니다

"인위적인 경기부양은
그리스신화 속의
'세이렌의 노래'와 같습니다."

───── 끈질긴 요구였고 거센 압력이었다. 근사한 선심이었고 달콤한 유혹이었다. '인위적 경기부양'에 관한 이야기다. 노무현 대통령은 2006년 초 청와대 참모회의를 주재하면서 느닷없이 그리스신화를 화제로 삼았다. 영혼의 목소리를 냈다는 '바다의 요정' 세이렌 이야기였다.

"침체된 경기를 살리는 데 건설경기 부양만큼 확실한 방법이 없다는 오래된 믿음은 여간해서는 거절하기 어려운 유혹입니다. 비유하자면 그리스신화에 나오는 '세이렌의 노래'와 같습니다. 세이렌이라는 아름다운 목소리를 가진 여신이 사는 섬이 있었습니다. 선원들이 세이렌이 사는 섬을 지날 때면 여신의 노랫소리에 홀려 자기도 모르게 그쪽으로 뱃머리를 돌려 접근하다가 침몰하는 경우가 허다했습니다. 오디세이는 고향으로 돌아오는 길에 반드시 지나야 하는 세이렌 섬을 지나면서 선원들이 그 유혹의 소리를 듣지 못하도록 밀랍으로 귀를 막아 무사히 고향에 귀환하는 데 성공했다고 합니다. 오디세이가 밀랍으로 귀를 막았듯이 참여정부는 단기적인 경기부양책을 동원하지 않는다는 것을 대외에 확고하게 공표함으로써 그 유혹에 빠지지 않도록 스스로를 경계해 왔습니다."

노태우, 김영삼, 김대중 등 전임 대통령들은 모두 파격적인 경기부양책을 썼다. 그리고 심각한 후유증에 시달렸다. '세이렌의 유혹'을 이겨내지 못한 결과다. 노 대통령은 '세이렌의 소리'에 귀를 막았다. 인위적 경기부양책을 끝까지 동원하지 않았다. 대단한 인내심이었다. 노 대통령은 2003년 4월 국회를 처음 방문한 자리에서 인위적 경기부양 불가 입장을 확실하게 밝혔다. 그리고 5년 내내 초지일관했다. 과거 정부의 인위적 경기부양 정책이 모두 실패했다는 사실을 너무 잘 알고 있었기 때문이다. 역대 인위적 경기부양책은 반짝 효과 밖에 내지 못했다. 대가는 혹독했다. 국가 경제에 골병들게 하는 결과를 초래하고 말았다. 노태우 정부 때의 4·4 대책(1990년), 김영삼 정부 때의 신경제 100일계획(1993년), 김대중 정부 때의 내수경기진작책(신용카드발급 남발) 등이 대표적인 사례다.

전경련 등 재계는 어린아이 젖 보채 듯 시도 때도 없이 부양책을 요구했다. 정치권과 학계, 언론계 등을 동원하여 여론몰이를 거세게 했다. 절대로 안 한다는 확실한 신호를 주어야 했다. 아예 기대를 하지 못하게 해야 했다. 국회에서, 기자간담회에서, 국무회의에서, 청와대 간부회의에서, 심지어는 해외동포 간담회에서까지, '불가' 메시지를 일관되게 던졌다.

노 대통령은 퇴임을 앞둔 2008년 1월 청와대에서 열린 신년인사회에서 경기부양 불가 입장을 복기했다. "처음 대통령 취임하고 나니깐, 경기 살려 내라는 거예요. 어떻게 합니까. 아무리 찾아봐도 약이 없어요. 비방의 특효약이 있다는데 그것 들어 보니까 옛날에 썼던 약인데 '신경제 100일' 소위 경기부양책이라는 것이죠. 4·4 대책, 12·12 조치, 그런 것들이었습니다. 안 했습니다. 경제에도 법칙이 있잖아요. 경제는 그 경제법칙을 존중하면서 법칙에 맞게 해 가야 하는 것이지, 단방 특효약이 어디 있습니까? 특효약은 있지도 않고, 쓰지도 않았습니다."

정통 경제관료 출신인 변양균 청와대 정책실장의 고백이다. "나는 박정희, 전두환 정부에서부터 김대중 정부에 이르기까지 30년 가까운 세월을 경제 관료로서 경제 정책과 경제운영에 참여했다. 또 그걸 가까이서 봐왔다. 정권이 바뀔 때마다 정치적 목적으로 캄플 주사와 같은 어리석은 단기 처방을 되풀이했다. 그건 결국 국민들을 힘들게 하는 것이었다."[10]

경제파탄론은 허구였습니다

"죽은 놈을 살려야지, 멀쩡하게 살아 있는 놈을 어떻게 또 살린다는 건가?"

──── 참여정부는 한국 경제를 파탄 냈는가, 아니면 회생시켰는가. '파탄론'과 '회생론'이 참여정부 5년 동안 팽팽하게 맞섰다. 한나라당과 보수 언론은 '경포대'(경제를 포기한 대통령), '잃어버린 10년' 운운하며 파탄론을 외쳐댔다. 노무현 대통령과 정부는 '한국 경제가 위기를 극복하고 회생하고 있다.'며 회생론으로 대응했다.

신기하다 못해 해괴망측한 현상이었다. 하나의 실체를 놓고 5년 동안이나 정반대의 의견이 팽행선을 긋다니. 흥미 있는 것은 외국의 시각이었다. 미국, 영국 등 선진국의 유력 언론들은 약속이나 한 듯이 회생론의 입장에서 참여정부의 경제를 긍정적으로 보도하고 있었다.

'한국 경제 시한부 생명'(조선일보 2003. 8. 26.), '경제는 수렁에 빠지는데 개혁만 외치나'(중앙일보 2004. 5. 11.), '정부 여당만 경제위기 실감 못하나'(동아일보 2004. 5. 11.). 당시 보수 언론의 사설 제목이다. 외국 언론은 어떤 시각이었나. '한국 경제가 여전히 성장 견인력을 잃지 않은 채 탄력을 유지하고 있다'(미국 월스트리트저널 2006. 11. 30.), '회복하고 있는 한국 경제에 큰 기대'(영국 파이낸셜타임스 2006. 1. 16.), '중국을 비추고 있는 스포트라이트 그늘에 있지만, 놓쳐서는 안 될 한국'(미국 블룸버그통신 2005. 9. 26.).

한국의 주식시장은 참여정부 5년 내내 활황세를 탔다. 파탄론과 회생론은 증권시장에서 명암이 엇갈렸다. 외국 언론에서 투자정보를 얻은 외국인들은 대박 잔치를 했고, 한국 언론에서 투자정보를 얻은 내국인은 손가락을 빨았다.

주한미국상공회의소(AMCHAM) 회장을 지낸 제프리 존스 씨가 이런 현상을 정확하게 분석했다. 촌철살인이었다. 그는 2004년 5월 삼성증권이 주최한 '글로벌 투자 컨퍼런스'에 참석, "한국 상황에 대한 외국인 투자자들의 분석과 한국 내의 분석에는 큰 차이가 있다. 외국인 투자자들은 한국 일간지를 읽지 않기 때문이다.""라고 말했다. 그 후 여의도 증시에는 "한국 신문을 읽을 줄도 모르고 한국말을 할 줄도 몰라야 돈은 번다. 대박을 내려면 영어신문을 봐야 한다."는 해괴한 '투자지침'이 떠돌았다. 코미디 같은 일이었다.

노무현 대통령은 2004년 6월 국회 연설에서 경제위기론에 대한 입장을 밝혔다. 탄핵사태를 극복하고 난 후의 첫 국회 연설이었다.

"경제가 위기라고 말하는 분들이 있습니다. 그러나 **경제에 대한 평가는 냉정하고 정확해야 합니다. 위기일 때 위기가 아니라는 것도 위험하지만 위기가 아닐 때 위기라고 하는 것도 위험합니다.** 과장된 위기론이야말로 시장을 위축시키고 왜곡시킬 뿐 아니라 진짜 위기를 불러올 수 있습니다."

'경제 대통령'을 표방한 이명박 한나라당 대선 후보는 2007년 대선에서 "파탄 난 경제를 살리겠다."고 큰소리쳤다. 노 대통령은 그때마다 "죽은 놈을 살려야지, 멀쩡하게 살아 있는 놈을 어떻게 또 살린다는 건가?"라고 비웃곤 했다.

노 대통령은 2007년 6월 〈한겨레〉와의 특별 인터뷰에서는 "한국 경제가 신기하다."고 말했다. "경제위기설을 가지고 언론과 야당이 얼마나 흔들었습니까. 그동안 언론보도를 보면 우리 경제가 망해도 열 번은 더 망해야 되는데…. 그렇게 악담하고 저주를 퍼부었는데도 우리 경제가 건강하게 제 페이스를 유지하고 있는 것을 보면 참 신기합니다."[12]

**한미 FTA
꼭 해야 할
이유가 있었습니다**

"한미 FTA는 정치의 문제도,
이념의 문제도 아닙니다.
먹고사는 문제입니다.
국가 경쟁력의 문제입니다.
민족적 감정이나 정략적 의도를
가지고 접근할 일은 아닙니다."

─── 많은 사람들이 지금도 의문을 갖고 있다. "노무현은 왜 지지층의 반대를 무릅쓰고 한미 FTA를 했을까. 그것 안 해도 대통령 하는 데 전혀 지장 없었는데…." 노무현 대통령은 한미 FTA 협상 타결을 목전에 둔 시점에서 비장한 마음으로 이런 발언을 했다.

"한미 FTA는 다음 대선에서 어느 쪽이 정권을 잡아도 안 할 것 같았습니다. 정치적인 손해가 나는 일을 할 수 있는 대통령은 나밖에 없다고 믿고 있기 때문에 한미 FTA를 하기로 결정했습니다."[13]

노 대통령은 퇴임 후에도 한미 FTA를 거론하면서 '정치의 역설'을 이야기했다. "(교육 개혁은) 한나라당이 마음먹으면 할 수 있을 것이다. 이것이 정치의 역설이다. 한미 FTA는 한나라당이 하려고 했다면 체결까지 가기 어려웠을 것이다. 반대로 교육 개혁은 김대중 정부도, 노무현 정부도 하지 못했다. 거센 저항이 있었기 때문이다."[14]

노 대통령은 2004년 1월 '타이어 사건'으로 큰 충격을 받았다. 내용은 이렇다. 멕시코는 자국과 FTA를 체결하지 않은 국가에 대한 타이어 관세율을 대폭 올렸다. 그 바람에 한국산 타이어를 실은 컨테이너 13개가 멕시코 항구에서 부산항으로 되돌아왔다. 이후 한국산 타이어의 멕시코 수출은 급감했다. 반면 멕시코와 EPA(FTA의 일종)를 맺은 일본의 타이어 수출은 급증했다. 노 대통령은 2007년 4월 한미 FTA 협상을 타결한 다음, 특별성명을 통해 국민들에게 협상배경을 솔직하게 털어났다.

"한미 FTA는 정치의 문제도, 이념의 문제도 아닙니다. 먹고사는 문제입니다. 국가 경쟁력의 문제입니다. 민족적 감정이나 정략적 의도를 가지고 접근할 일은 아닙니다."

노 대통령은 왜 한미 FTA를 했는가. 크게 3가지를 들 수 있다.

첫째, 21세기 국가발전 전략의 양 축으로 성장에서는 한미 FTA를, 복지(분배)에서는 '비전 2030'을 추진했다. **복지가 중요하지만 성장 없는 복지는 허구다. 한미 FTA는 복지를 뒷받침할 새로운 성장 전략이다.**

둘째, 개방을 지렛대로 한 서비스 분야의 경쟁력 강화다. 철밥통처럼 단단한 서비스 분야의 독과점 구조를 깨기 위해서는 외부의 힘이 필요했다.

셋째, 한중 FTA에 대비한 사전 준비 작업이다. 한중 FTA의 충격은 한미 FTA보다 훨씬 더 크다. 한중 FTA는 시간문제다. 한미 FTA를 먼저 하여 자체 경쟁력을 높여놔야 했다.

미국의 오바마 대통령은 2008년 선거 때부터 "한미 FTA가 미국에 불리한 협상"이라며 재협상을 주장했다. 대통령에 취임해서는 재협상 카드를 강력히 제기했다. 게다가 리만 브라더스가 파산하는 등 미증유의 '글로벌 금융위기'가 미국에서 터져, 전 세계 경제가 혼란에 빠져들었다. 재협상론이 한국에서도 힘을 받기 시작했다.

노 대통령은 2008년 11월 봉하마을 토론 사이트 '민주주의 2.0'에 한미 FTA에 대한 자신의 입장을 밝혔다. 재협상을 해야 한다는 내용이었다.

"협상이 타결된 후에 세계적인 금융위기가 발생했습니다. 국제적으로 금융제도와 금융질서의 재편이 논의될 것입니다. 한미 FTA 안에도 해당되는 내용이 있는지 점검해보아야 할 것입니다. 그리고 고쳐야 할 필요가 있는 것은 고쳐야 할 것입니다."

노 대통령은 그러나 한미 FTA의 폐기를 말하지는 않았다. "FTA를 죽이고자 하는 말이 아니라, 제대로 살리자고 하는 말입니다. 전략적 대응을 해야 한다는 것입니다. 그리고 상황이 변했다는 것입니다."

이명박 정부는 미국과 한미 FTA 재협상에 공식 착수했고, 2010년 10월 재협상안을 타결했다. 재협상안에 대해 미국이 환호했다. 특히 원안에 강력 반발했던 미국 자동차 노조가 재협상안에 대해서는 적극 지지했다. 한미 FTA는 2011년 11월 국회를 통과하여 2012년 3월 15일 발효됐다.

노무현 정부와 이명박 정부가 추진한 FTA의 차이점은 무엇인가. 이명박 정부는 재협상 과정에서 미국에 많은 양보를 하고 말았다. 그 결과 이익의 균형이 현저하게 상실됐다. 오바마와 미국 노조가 노무현 정부의 FTA를 반대했다는 점, 미국의 여야 정치인들과 미국 노조가 이명박 정부의 FTA를 지지했다는 점이 모든 것을 말해주고 있다. 대한민국 역사상 강대국과의 통상조약에서 강대국이 손해 봤다고 다시 협상하자고 우긴 것은 한미 FTA가 처음이다. 한국은 그동안 강대국과 얼마나 많은 불평등조약을 했던가.

**무역 전쟁의
최종 경쟁국은
중국입니다**

"지금 상태에서
중국과 FTA를 체결하면
농업은 그야말로 초토화되고
말 것입니다."

─── 1993년 12월 레만 호의 낭만이 서려 있는 국제외교도시 스위스 제네바. 알프스 산맥의 찬바람이 휘몰아치는 가운데 한국의 젊은 여성이 WTO(세계무역기구) 본부 앞에서 곱게 기른 생머리를 삭발하고 있었다. UR(우루과이라운드) 협상에 반대하는 농민단체의 통역요원으로 왔다가 분을 삭이지 못하고 정부에 대한 항의의 표시로 삭발투쟁을 결행한 것이다. '쌀 개방'에 대한 분노가 아니었다. 정부의 배신행위에 대한 분노였다.

10여 년이 지나 그분을 찾았다. 소회를 물었다. "쌀 개방이 어느 정도 불가피하다고 짐작은 했습니다. 그런데 정부는 국민들에게 뭐라고 말했습니까. 대통령부터 경제부총리, 농림수산부 장관까지 UR 협상 개시 전까지만 해도 '쌀 시장을 사수하겠다.'고 공언했잖아요. 국민을 기만했던 것입니다. 정부에 대한 배신감에 잠을 잘 수가 없었어요. 힘없는 농민들은 누구를 믿고 살라는 것인지…. 제가 나서서 삭발을 한 것이었지요."

정부는 솔직했어야 했다. 당시 정부는 쌀 시장 개방이 불가피하다는 사실을 잘 알고 있으면서도 국민들에게 말하지 않았고, 대책을 세우지도 않았다. 심각한 직무유기였다. 김영삼 대통령은 쌀 시장 개방을 결정한 후 경제부총리, 농림수산부 장관 등을 문책해임하고 종합대책을 세웠지만 소 잃고 외양간 고치기였다.

앞으로의 문제는 중국이다. 한국은 중국과의 무역에서 매년 대규모(2012년 514억 달러)의 흑자를 내고 있다. 중국이 시장 개방을 요구할 경우 마냥 거절할 수가 없다. 우리는 2000년 '마늘 파동'으로 이미 뜨거운 맛을 본 적이 있다.

노무현 대통령은 2006년 7월 대외경제장관회의에서 한미 FTA를 토론하면서 '중국'을 이야기했다. "중국과의 FTA가 불가피할 것입니다. 언젠가는 할 수밖에 없어요. 지금도 중국은 계속 협상하자고 요구하고 있거든요. 우리가 피하고 있는데 한계가 있지요. 그때까지 농업 구조조정을 마쳐야 합니다. 한미 FTA는 그 준비 작업이라고 봐야 할 것입니다. 지금 상태에서 중국과 FTA를 체결하면 한국 농업은 그야말로 초토화되고 말 것입니다."

한중 FTA가 체결되면, 아침에 중국 산둥반도에서 선적된 채소가 저녁에 서울 식탁에 오를 것이다. 농업뿐만이 아니다. 자동차, 가전 등 제조업도 마찬가지다. 특히 노동집약의 중소기업은 와해될 수 있다. 지금도 중국산이 한국 시장을 주름잡고 있는데, FTA로 관세가 철폐될 경우 중국의 '인해전술'을 어떻게 막아낼 것인가. 이것이 문제다. 미국보다 중국이 더 무섭다. 늑대 피했는데 호랑이 만난 꼴이 될 수 있다. <u>무역전쟁의 최종 경쟁국은 미국이 아니라 중국이다. 한미 FTA는 한중 FTA로 가는 징검다리일 뿐이다.</u>

한미 FTA 협상이 시작되자, 중국 정부에서도 FTA 협상을 줄기차게 요구했다. 중국은 2006년 11월 베트남 하노이 APEC(아태경제협력체) 정상회담에서 한중 정상이 만나 FTA 문제를 정식으로 논의하자고 제안했다. 노 대통령은 청와대 참모회의에서 선을 확실하게 그었다.

"한중 FTA는 보다 더 신중하게 접근해야 합니다. 한중 정상회담 의제에 넣지 말길 바랍니다. 장관 수준에서 협의하는 것이 적당합니다."

한국과 중국은 한중 FTA 문제를 통상장관 의제로 채택, 산관학 공동연구를 먼저 시작하는 것으로 합의를 봤다. 시간 벌기에 들어간 것이다.

경제는 결국
민생을 해결하는
일입니다

"민생이라는 말은
 저에게 송곳입니다."

경제의
본질은
무엇입니까

──── 현직 대통령의 통렬한 자기 고백이었다. 성당에서의 고백성사는 신부님 앞에서 비밀리에 하지만, 이날의 '고백성사'는 TV로 생중계되는 가운데 국민들 앞에서 공개적으로 이루어졌다. 노무현 대통령은 2007년 1월 23일 저녁 신년연설에서 민생 문제를 제대로 풀지 못한 고통스러운 4년을 국민들에게 고백했다.

"문제는 민생입니다. 민생이라는 말은 저에게 송곳입니다. 지난 4년 동안 저의 가슴을 아프게 찌르고 있습니다. 지금도 이 한마디는 저의 마음을 무겁게 짓누르고 있습니다. 후보 시절 저는 국민 여러분에게 '서민 대통령'이 되겠다고 약속했습니다. 그러나 지금은 많은 서민들이 저를 '서민을 위해 일한 대통령'으로 인정하지 않는 것 같습니다. 민생이 풀리지 않았기 때문입니다. 참으로 면목이 서지 않습니다. 국민 여러분께 송구스럽습니다."

국민들은 '서민 대통령 노무현'이 민생 문제를 쾌도난마처럼 화끈하게 해결해줄 것으로 기대했는데, 노 대통령은 기대를 채워주지 못했다. 그에게는 '쾌도'가 없었다. 누구를 탓할 수도 없다. 변명할 수도 없다. 서민들의 생활이 어려워졌다는데 무슨 변명을 할 것인가. 노 대통령은 용서를 빌 수밖에 없었다. 국가 경제(거시경제)는 나무랄 데 없이 좋아졌는데, 서민 경제는 죽을 쒔다. 모순이다. 그러나 현실이다. 한국에서 벌어지고 있는 실제 상황이었다.

수출로 일어선 한국 경제는 선진국에 비해 특이한 구조를 갖고 있다. 국가 경제의 대외의존도가 90퍼센트가 넘는다. 수출 부문과 내수 부문이 '따로국밥'이라는 말이다. 수출은 대기업 중심으로 이루어진다. 내수는 주로 요식업(식당, 주점), 운수업(택시, 화물차), 유통업(동네 슈퍼, 재래시장), 건축업(부동산), 교육, 보건의료, 농업 등 수출과 직접 관련이 없는 업종이다.

참여정부 5년 동안 수출은 대호황이었다. 덕분에 국가 경제는 몰라보게 좋아졌다. 수출 기업이 소재한 지역은 돈이 넘쳐났다. 문제는 수출 부문의 '돈'이 내수 부문으로 넘어가지 않은 데 있다. 수출과 내수가 서로 피드백이 되지 않는 '따로국밥' 구조이기 때문이다. 아무리 유능한 대통령이라도 단숨에 해결할 수 없는 고질병이다. 그래서 참담하다. 현재의 민생 문제는 대통령이 어떤 정책 한두 개를 잘했다고 해서 풀릴 문제가 아니다. 난마처럼 얽혔다. 인내심을 갖고 차근차근 해결해 나가야 한다.

비정규직 문제
차별 철폐가
핵심입니다

"진짜 무너진 건,
 그 핵심은 노동이에요."

───── 민생 문제의 핵심 현안은 누가 뭐라 해도 비정규직이다. 양극화 심화도 비정규직 문제에서 비롯되고 있다. 비정규직 문제가 핫이슈로 불거진 것은 IMF 사태 이후다. IMF 프로그램에 의해 정리해고가 허용되면서 평생고용 시스템이 무너졌다. '바닥으로의 질주'가 시작된 것이다.

김대중 대통령은 정리해고를 허용하라는 IMF의 요구를 왜 수용해야 했을까. 수용하지 않았으면 어떤 일이 벌어졌을까. DJ는 당선자 시절인 1998년 1월 대통령 공식 취임을 1개월 앞두고 주요 방송사들이 생중계하는 가운데 '국민과의 대화'를 했다. DJ는 정리해고 수용의 불가피성을 설명하면서 국민들에게 읍소했다.

"정리해고가 말이 쉽지 당사자에게는 사형선고와 같고 가족들의 명줄을 끊는 것이라는 사실을 잘 알고 있습니다. 노동자 여러분은 나와 40년 동지입니다. 일생을 노동자를 위해온 내가 대통령이 됐으니 나를 신뢰하고 이 문제를 풀어나가는 데 협조해주십시오. 도산 상태에 빠진 기업을 인수할 기업이 국내에는 없습니다. 결국 외국자본이 이들 기업을 사서 운영해야 하는데 노동자를 자유롭게 해고할 수 있게 해줘야만 외국자본이 들어옵니다. 나라가 망하면 100퍼센트를 잃습니다. 그러나 정리해고를 하면 20퍼센트가 해고되고 80퍼센트는 해고를 피할 수 있습니다. 정리해고를 해서 기업이 살아나면 나머지 20퍼센트도 직장을 다시 얻게 됩니다. 경제를 다시 일으켜 세우기 위해서는 노동자들이 정리해고를 수용하는 길밖에 없습니다."

IMF 신탁통치 체제에서 정리해고 도입은 불가피했다. 그러나 정리해고 제도가 한국의 노동 현장을 이렇게 쑥대밭으로 만들어 놓을 줄은 미처 생각하지 못했다. 노동자들이 파리 목숨으로 전락하고 말았다. 비정규직 노동자가 쏟아졌다. 정규직과 비정규직의 차별이 심각해졌다. 같은 직장에서 정규직과 비정규직이 똑같은 일을 하는데도 비정규직의 임금이 정규직의 절반도 되지 않는다면 분노하지 않을 사람이 있겠는가. 그러나 이것은 현실이다.

비정규직의 경우 본인이 원할 경우 모두 정규직으로 전환해주는 것이 원칙이다. 그러나 이것은 현실적으로 불가능한 일이다. 근로자 스스로 비정규직을 원하는 경우도 있고, 업종의 특성상 비정규직이 필요한 경우도 있다. 문제는 차별을 없애는 일이다. 우선 '동일 노동, 동일 임금'의 원칙이 지켜져야 한다.

노무현 대통령은 현실적 처방을 선택했다. 비정규직의 정규직 전환은 우선 공공 부문을 중심으로 강력히 추진하면서 '차별 금지'와 '일자리 안정'에 비정규직 정책의 초점을 맞춘 것이다. **취임 초기부터 비정규직법의 입법화를 추진했지만 힘이 달렸다. 비정규직법이 2006년 말 국회에서 통과된 것을 다행으로 여겨야만 했다.**

노 대통령은 퇴임 후 비정규직 정책에 대해 크게 아쉬워했다. "우리가 진짜 무너진 건, 그 핵심은 노동이에요. 핵심적으로 아주 중요한 벽이 무너진 것은 노동의 유연성을, 우리가 정리해고를 받아들인 것이에요. 정리해고는 김대중 대통령 때 받아들인 것을 우리가 그대로 정리한 것인데, 핵심은 그건데요. 정리해고를 거역할 방법이 없더라니까. 난들 정리해고 못하게 할 수 있어요?"[15]

비정규직 문제 해결의 뾰족한 수가 있을까. 정치인들은 여야 할 것 없이 선거 때는 "비정규직 문제를 해소하겠다.", "일자리 문제를 해결하겠다."고 공약하지만, 당선되는 순간 말을 바꾼다. 왜? 실현불가능한 공약이기 때문이다. 정치인들은 이제 위선의 탈을 벗어야 한다. 노 대통령은 퇴임 후에도 같은 결론을 내렸다. "비정규직 제도는 참여정부의 정책과 전략이 맞습니다. 옳은 해법이라고 보는 것입니다. 이대로 가면 비정규직을 점차 많이 줄일 수 있습니다. 설사 비정규직이라 해도 정규직과의 차별을 많이 줄일 수 있습니다. 이렇게 가는 것이 맞습니다."[16]

노동운동에도
열린 대화가
필요합니다

"전략적 사고를 해주십시오.
여우를 죽이면 반드시
사자나 늑대가 옵니다."

─── 노무현 대통령은 임기 5년 내내 노동계(민주노총)와 '적대적 관계'를 유지했다. 민주노총과 민주노동당은 '노무현 정권 퇴진'을 외치기도 했고, 노무현에 대해 '노동운동을 탄압한 대통령'이라고 쏘아붙였다. 노무현이 인권변호사 시절, 그리고 국회의원 시절 민주노총을 위해 어떤 일을 했고 그로 인해 어떤 불이익을 당했는지를 잘 아는 사람들은 도저히 믿을 수도 없고 이해할 수도 없는 일이었다.

노 대통령과 민주노총과의 '적대적 관계'는 당선자 시절 민주노총을 방문했을 때 이미 감지되었다. 노무현 당선자는 2003년 2월 대통령 취임을 10여 일 앞두고 민주노총을 찾았다. 당시 노무현을 수행했던 관계자의 증언이다.

"민주노총은 경호 목적의 검색대를 설치할 수 없다면서 당선자가 일반인처럼 그냥 들어오라고 주장했습니다. 더 기가 막힌 일은 의자 문제였어요. 당선자는 당시 허리 디스크 수술을 받은 후 한복을 착용하고 다녔습니다. 옷 속에 치료용 벨트를 차기 위해서였지요. 접이식 철제의자가 불편하니 편안한 의자로 바꾸자고 요구했는데 안 된다는 것입니다. 아무리 대통령 당선자라도 조합원들과 똑같은 의자를 사용해야 한다는 논리였습니다. 당선자가 회의실에 들어섰을 때 박수치는 사람도 없었습니다. 의자에서 일어나지도 않았어요. 그냥 한숨이 나왔습니다."

검색대 문제와 의자 문제는 우여곡절 끝에 해결됐지만 뒷맛이 개운치 않았다. 전략적 목표를 달성하기 위한 '노무현 길들이기'였을까, 아니면 노무현을 만만하게 본 것이었을까. 민주노총은 처음부터 노무현을 대한민국의 최고지도자로 예우해주지 않았다. 노무현이 이 같은 분위기를 모를 리가 없다. 간담회에서는 많은 요구사항이 쏟아졌다. 모두 일리 있는 주장이었다. 노무현이 점잖게 한마디 했다. "(노동 정책에) 기대를 해도 좋으나 기대 수준에 대해서는 전략적 사고를 해주십시오. 여우를 죽이면 반드시 사자나 늑대가 옵니다."

노동계는 터무니없는 요구 조건을 내걸고 갓 취임한 대통령을 흔들었다. 국민적 명분이 없는 노동운동이었다. 화물연대 파업, 철도 파업 등이 대표적이다. 노무현이 2003년 5월 MBC TV에 출연하여 노동계에 호소했다.

"불신이 많은 사회이지만 노동계에 물어보겠습니다. 노무현을 못 믿으면, 또 믿을 만한 사람은 얼마나 있습니까. 인정할 것은 인정하고 대화를 했으면 좋겠습니다."

민주노총은 그러나 노 대통령을 믿지 않았다. 민주노총은 노동 현장에서, 민주노동당은 국회에서 노 대통령을 공격했다. 노 대통령은 퇴임 후 노동계와 진보정당의 이런 입장에 대해 못내 아쉬워했다.

"한국에서 지난 10년 간(김대중·노무현 정부) 노동조합을 탄압했는가. 사실은, 조합원 자신들이 까먹은 게 많지 않은가요? 그 사정을 … 정말 안타깝게 지켜봤을 뿐이고 … 안타깝게 지켜본 거 아니요? 일반 국민들이 보기에 또 우리가 봐도, 대책 없는 요구를 하고, 대책 없이 싸우니까, 결국은 아무것도 들어줄 수 없고, 안 들어 주니까 이제 적대화되고, 결국은 김대중·노무현마저 노동조합하고는 적이 되고 말았으니 노조를 밀어주겠다는 사람들이 무슨 힘을 쓸 수 있겠어요?"¹⁷

문재인은 더 아쉬워했다. 그는 노무현의 변호사 시절에는 함께 노동·인권 운동을 했고, 대통령 시절에는 청와대 민정수석으로서 노사갈등 해소를 위해 적극 앞장섰었다.

"결국 화물연대 파업(2003년)은 합의 타결됐다. 말이 합의 타결이지 사실은 정부가 두 손 든 것이다. 그 성공에 도취했는지 그로부터 불과 두세 달 후에 2차 파업을 했다. 딱한 사정을 이해할 수 있었던 1차 파업과는 달리 무리한 파업이었다. 정부도 온정으로만 대할 수 없었다. 법과 원칙대로 단호하게 대응하지 않을 수 없었다. 안타까운 일이었다."¹⁸

**부동산 신화
40년만에
사라졌습니다**

"단번에 잡지 못해서
죄송합니다. 마침내
부동산도 꺾였습니다."

───── 박정희부터 노무현까지, 한국의 역대 대통령들은 '투기 괴물'과 혈전을 벌였다. 철퇴를 가하면 사라진 듯했다가, 다시 나타나 부동산 시장을 할퀴었고, 또 철퇴를 가하면 다시 어디론가 숨었다가 의기양양하게 모습을 드러내곤 했다. 투기 괴물이 광란의 춤판을 벌이고 지나갈 때마다, 집 없는 서민들은 깊은 시름에 빠졌고 괴물들과 놀아난 투기꾼들은 포만감을 느꼈다. 대통령은 국민들에게 쪽이 팔렸고, 해당 각료들은 목이 달아났다.

투기와의 전쟁은 40년 역사를 갖고 있다. 투기 대책의 효시는 박정희 대통령이 1967년 11월 발동한 '부동산 투기 억제 특별조치법'이고, 끝장은 노무현 대통령이 2006년 11월 발표한 '부동산시장 안정화방안(11·15 대책)'이다. 2006년 11월을 기점으로 부동산 시대가 막을 내렸다. '부동산 불패'는 '부동산 필패'가 되고, '부동산 대박'은 '부동산 쪽박'이 되고 말았다.

정부의 부동산 정책 40년은 '시행착오의 40년'이었다. 참여정부도 마찬가지였다. 노무현 대통령도 투기 괴물과의 싸움에서 피를 철철 흘렸다. 대통령 재임 5년 동안 투기 대책을 10여 차례나 내놓았다는 것이 이것을 증명하고 있다. 2006년 11월 '결정타'를 날려 괴물의 숨통을 끊었지만, 노무현에게는 '상처뿐인 영광'이었다. 노 대통령은 2007년 1월 신년연설을 통해 국민들에게 부동산 정책의 시행착오를 사과하고 '투기와의 전쟁' 결과를 보고했다.

"단번에 잡지 못해서 죄송합니다. 마침내 부동산도 꺾였습니다. 반대가 많아 처음부터 강력한 정책을 시행할 수 없었습니다. 이제 더 이상 부동산 투기로 이익을 얻기는 불가능하게 되었습니다."

투기 괴물의 위력은 대단했다. 어떤 대통령도 부동산 투기와의 전쟁에서 이기지 못했다. 부동산 가격이 크게 내린 시기는 딱 한 번 IMF 사태 때였다. 김영삼 대통령은 취임한 지 얼마 지나지 않은 1993년 4월 "부동산 많은 사람들이 고통받게 하겠다."고 호언장담했다. YS의 호언은 허언이 되고 말았다. 최강의 군벌 '하나회'를 해체하고 전직 대통령(전두환, 노태우)을 감방에 보낸 YS도 투기 괴물에게는 두 손을 들고 말았다. YS의 약속을 실천한 대통령은 바로 노무현이었다.

노 대통령은 달랐다. 투기 괴물에 '조세정의의 칼'을 들이댔다. 조세전문변호사 출신인 노무현은 부동산 정책의 본질을 꿰뚫고 있었다. "거듭 말씀 드리지만 부동산 정책의 본질은 거래실명제와 보유세를 통한 부동산 세원의 투명화입니다. 실제 거래 내역을 등기부에 그대로 등재하고, 보유하고 거래하는 만큼 정당한 세금을 내게 하는 것입니다. 그렇게 하면 장기적으로 부동산 투기는 설 땅이 없어지게 됩니다."[19]

부동산은 탈세의 사각지대였고 불로소득의 온상이었다. 조세정의가 없었다는 의미다. 조세정의의 개념은 둘로 요약된다. 하나는 '소득 있는 곳에 세금 있다'이고, 다른 하나는 '소득(재산)이 많을수록 세금이 더 많다'이다. 참여정부 투기 대책과 종전 대책의 결정적 차이점은 바로 조세정의 개념의 유무에 있다. 종전 대책에는 조세정의 개념이 아주 희박했다. 조세정의를 실현하기 위한 대책은 3가지였다. 불로소득이 빠져나갈 수 없도록 '3중 그물망'을 촘촘히 설치한 것이다.

첫째, 부동산 과표(과세표준)의 현실화다. 부동산 세금은 '과표 ×세율'로 결정된다. 과표는 제2의 세율이다. 2003년의 경우 과표는 시가의 20~30퍼센트 수준에 불과했다. 참여정부는 이를 2017년까지 100퍼센트 수준으로 끌어올리기로 하고 연차별 계획을 시행했다.

둘째, 실거래가격 신고 의무화다. 이른바 다운계약서 작성을 금지시킨 것이다. 다운계약은 탈세를 목적으로 부동산을 거래할 때 매매가격을 낮게 조작하는 행위다. 참여정부는 부동산을 거래할 경우 매매 쌍방이 각각 사고 판 실제가격을 지방자치단체와 법원 등기소에 신고토록 의무화하고 이를 전산으로 관리했다. 위반할 경우 무거운 벌칙을 부과했다. 실거래가격을 신고하게 되면 다운계약이 원천적으로 불가능하다.

셋째, 종합부동산세(종부세) 도입이다. 재산이나 소득이 많은 사람이 세금을 많이 내는 것은 조세정의의 기본이다. 일정 규모 이상의 부동산을 보유한 사람들에게 재산세를 추가로 누진 부과한 게 종부세다. 참여정부는 이와 함께 금융감독원을 통해 금융규제를 강화했고 신도시건설 등 신규 주택 공급을 대폭 확대했다.

소수 부유층만을 위한
정책은
멈추어야 합니다

"가장 넉넉한 '1퍼센트'를 위해
종부세 깎아주겠다고 하면
'1퍼센트 대통령' 될 것입니다.
많아야 '4퍼센트 대통령'입니다."

─── '마키아벨리의 저주'가 통한 것일까. 한국에는 아직 노블레스 오블리주가 희박한 것일까. 한국의 기득권층은 총선, 대선 등 각종 선거에서 자신의 이익을 지키기 위한 '이익 투표'의 경향을 노골적으로 보여주고 있다. 종합부동산세(종부세)를 내는 사람들이 '이익 투표'를 주도하고 있다.

니콜로 마키아벨리는 500년 전 이탈리아 피렌체 군주에게 기막힌 통치술을 조언한 것으로 유명하다. 그것을 정리한 책이《군주론》이다. 지금도 회자되는 대목이 있다. "타인의 재산에 손을 대어서는 안 된다. 왜냐하면 인간이란 어버이의 죽음은 쉽게 잊어도 재산의 상실은 좀처럼 잊지 못하기 때문이다."[20] 현대적으로 풀이하면 '권력자는 세금 신설이나 증세를 하지 말라. 선거에서 보복당할 수 있다.'는 이야기다. 틀린 말은 아니다. 한국의 박정희(부가가치세), 영국의 대처(인두세), 캐나다의 멀로니(연방부가세) 등이 정치적 위험 부담을 무릅쓰고 세금을 신설했다가 정권을 내주거나 몰락의 길을 걸었다. 세금을 신설하고도 장기집권에 성공한 사례가 없는 것은 아니다. 스웨덴이다. 스웨덴 사민당 정권은 복지국가 건설을 위해 세금을 계속 올렸지만 무려 44년이나 집권했다. 스웨덴 사민당 정치인들의 지도력과 국민들의 의식수준이 놀라울 따름이다.

노무현 대통령도 많은 고민을 했다. 국가 장래를 위해 증세(세금 신설)를 할 것이냐, 아니면 5년 임기를 평온하게 보낼 것이냐. 노무현은 증세를 택했다. 한나라당과 보수 언론은 세금폭탄이라면서 맹폭을 가했다. 노 대통령은 그래도 밀고 나갔다. 아쉬운 것은 이명박 대통령의 선택이다. 박정희, 대처, 멀로니 등의 후임자처럼 전임자가 어렵게 추진했던 정책을 그대로 유지했어야 했지만 그러지 않았다. 종합부동산세가 대표적인 사례다. 종부세는 입법 과정에서 논란이 많았지만 여소야대 정국에서 여야 합의로 통과된 것인 만큼 국민적 합의의 산물이었다.

종부세는 참여정부 부동산 정책의 상징이기도 하다. 노 대통령은 어떻게 해서든지 종부세를 지키고 싶었다. 그러나 임기 말의 정치 상황은 녹록지 않았다. 한나라당 대선 후보들이 경쟁적으로 종부세를 흔들었다. 이명박 후보가 가장 심했다. 노 대통령이 이명박 후보에게 경고했다.

"부동산 문제를 과장해서 정부 정책을 흔들지 말아야 합니다. 가장 넉넉한 '국민 1퍼센트' 위해 종부세, 양도세 깎아주겠다면 '1퍼센트 대통령'이 될 것입니다. 많아야 '4퍼센트 대통령'입니다."[21]

여기서 1퍼센트나 4퍼센트는 상징적인 숫자다. '소수의 부동산 부자'를 의미한다. 종부세를 내는 가구는 실제로 1.5~2퍼센트 수준에 불과하다. 종부세는 결코 악세(惡世)가 아니다. 참여정부는 종부세 과세 대상을 주택의 경우 기준시가 6억 원 이상으로 했으나 이명박 정부는 이것을 9억 원 이상으로 대폭 완화했다. 세율도 절반 수준으로 뚝 꺾어버렸다. 이명박 정부의 감세 정책과 가격 하락에 힘입어 종부세 대상자가 2007년 2퍼센트에서 2012년 1.5퍼센트로 감소했고, 주택에 대한 종부세 부담도 10분의 1 이하로 대폭 줄었다. '부자 감세'의 전형이다.

누구를 위한
부동산 투기
광풍입니까

"옛날에 내가 중학생이던 시절,
부산공설운동장에서 서울의 연예인들을
초청하여 시민위안잔치를 하던 중
여러 사람들이 사람들의 발길에
밟혀 죽는 사고가 난 일이 있었습니다.
행사 중에 비가 오자
누군가가 '비 온다, 뛰자!' 하고
소리 지른 것이 발단이 되어….
나는 요즈음의 부동산 시장을 보면서
그 일을 생각합니다."

─── '많은 비'를 동반한 '광풍'이 다시 불어닥쳤다. 청와대에 초비상이 걸렸다. 2006년 10월 전국을 강타한 부동산 투기 열풍은 문자 그대로 '미친바람'이었다. 40년 묵은 이무기인 '투기 괴물'이 다시 발악을 하기 시작한 것이다. 노무현 대통령이 직접 팔을 걷어 붙이고 나섰다. 노 대통령은 10월 말 관계부처 장관들과 청와대 관계자들을 청와대 집현전으로 긴급 소집했다. 그리고 단도직입적으로 지시했다. "모든 대책을 동원합시다. 정책을 놓고 관계부처끼리 다투어서는 안 됩니다. 정책의 최우선 순위는 부동산입니다." 초강경 대책이 예고되는 순간이었다.

세상은 온통 부동산이었다. 주말마다 아파트분양 현장에 구름처럼 사람들이 몰렸다. 언론은 연일 부동산 뉴스를 톱으로 다루었다. 집 없는 서민들이 발을 동동 굴렸다. 큰 문제가 있었다. '불안'을 부추기는 조직적인 세력이 있었던 것이다. 부동산 시장은 이미 꼭짓점에 왔는데, 대통령은 고강도의 대책을 예고했는데, 투기 괴물은 활개를 쳤다.

홍보수석이었던 필자가 총대를 맸다. 청와대브리핑에 '정부, 양질의 값싼 주택 대량공급'이라는 제목으로 노 대통령의 메시지를 긴급히 전달했다. "정부는 중산층과 서민을 위한 획기적인 주택공급 정책을 준비하고 있다. 지금 집을 살까 말까 고민하는 서민들은 조금 기다렸다가, 정부의 정책을 평가하고 나서 결정을 해도 늦지 않을 것이다. 비싼 값에 지금 집을 샀다가는 낭패를 볼 수 있기 때문이다." 11월 10일 금요일이었다. 언론의 반응이 희한했다. 청와대 홍보수석이 "지금 집 사면 낭패"라고 했다면서 비난하기 시작한 것이다. 한나라당 정치인들이 홍보수석을 문책 경질하라고 거세게 요구했다. 급기야는 여당인 열린우리당 일부 정치인도 야당의 주장에 가세했다. 노 대통령이 12일 이례적으로 홍보수석에게 격려성 업무지침을 하달하는 이메일을 보냈다. A4용지 2장의 장문이었다.

"문책을 거론할 일이 아닙니다. 더욱이 홍보수석의 기고는 대통령이 지시하여 한 일이니 (…) 옛날에 내가 중학생이던 시절, 부산공설운동장에서 서울의 연예인들을 초청하여 시민위안잔치를 하던 중 여러 사람들이 사람들의 발길에 밟혀 죽는 사고가 난 일이 있었습니다. 행사 중에 비가 오자 사람들 중에 누군가가 '비 온다, 뛰자!' 하고 소리 지른 것이 발단이 되어 사람들이 한꺼번에 출구로 몰려 나가는 바람에 생긴 사고였습니다. 나는 요즈음의 부동산 시장을 보면서 그 일을 생각합니다. 최선을 다하여 정부 정책을 설명하고 아닌 것을 아니라고 말해주시기 바랍니다. 가장 중요한 일은 부동산 정책의 신뢰성을 높이는 일입니다. 정부 정책의 타당성과 효과를 하나하나 설득하는 일입니다. 힘내세요. 그리고 최선을 다해주세요."

부동산 시장에서 불안을 부추기는 세력이 누구인가. 노 대통령은 여기에 관심을 쏟았다. 이른바 '부동산 4적'이다. 투기를 조장하여 폭리를 취하려는 주택건설업체, 주택을 담보로 높은 금리의 돈 장사를 하려는 제2금융권 금융기관, '떴다방'으로 악명을 떨치고 있던 부동산중개업자, 부동산 분양 광고 등으로 수입을 올리려는 부동산 언론.

정부는 예고했던 대로 11월 15일 고강도의 부동산 대책을 내놓았다. 투기 광풍은 거짓말처럼 사라졌다. 부동산 시장은 그 이후 지금까지 지속적인 하향세를 보이고 있다. '깡통 아파트'가 속출할 정도다. 당시 청와대를 믿지 않고 무리하게 집을 산 사람들은 지금 하우스푸어가 되고 말았다. 진짜 낭패를 본 것이다. 너무 안타까운 일이다. 필자는 이 일로 '부동산 족집게'라는 별명을 얻었지만 자진사퇴해야 했다. 노 대통령은 가슴 아팠던 심정을 자서전에 적어 놨다.

"언론들이 난리가 났다. 모든 미디어가 '집 사면 낭패'라는 제목을 달아 청와대와 홍보수석을 비난했다. 문책 경질하라는 사설이 줄을 이었다. 그렇게 말하는 본인은 왜 강남에 사느냐는 인신공격과 아파트를 편법 분양받았다는 의혹 제기까지 나왔다. 민정수석실에서 조사했는데 아무 문제가 없었다. 하지만 그는 자기 문제로 11·15 조치의 초점이 흐려질 우려가 있다며 사표를 냈다. 그때 정부를 불신하면서 대출을 받아 집을 산 사람들은 해가 바뀌기도 전에 정말로 큰 낭패를 보았다. 이 모두가 대통령의 책임이라는 생각이 들었다."[22]

**성매매
필요악입니까
범죄입니까**

"경제에 영향이 있다고 해서
그것(성매매)을 산업이라고
방치하고 키워나갈 일은 아닙니다.
경제에도 윤리가 있고
건강성이 있어야 합니다."

──── "날고 싶다. 훨훨 새가 되어 꽉 막힌 곳을 벗어나…. 베란다 중앙에 있는 새장을 보았다. 외로이 새 한 마리가 보였다. 새의 울부짖음을 보며 나 역시 울었다."

"오후 4시 눈을 떴다. 몸살기가 느껴진다. 어젯밤 10명의 '손님'을 받아 지친 몸은 천근만근, 하지만 일어나지 않으면 안 된다. 1300만 원 넘는 빚을 빨리 갚고 고향에 돌아가고 싶다."

2000년 9월 발생한 전북 군산시 대명동 속칭 '쉬파리 골목' 화재사건은 성매매여성 5명이 사망한 단순 화재사건으로 묻힐 뻔했다. 희생자 임모 씨(20)의 일기장이 화재현장의 잿더미 속에서 발견되지 않았더라면 말이다.

임 씨의 일기장은 세상을 경악케 했다. 그는 인간으로서 누려야 할 기본적인 자유와 인권마저 유린당한 채, 하루하루를 쇠창살이 설치된 1.5평짜리 쪽방에서 겨우 연명해야 했던 비애를 고통스러운 필치로 또박또박 써놓았다. '성노예'였다.

불법 감금, 착취, 성매매 강요, 인신 매매…. 대명동 화재참사는 성매매 여성들 개인의 문제가 아닌 사회구조적인 문제임을 확인시켜주었다. 여성단체와 시민사회단체는 관계자 엄중처벌과 근본적인 대책을 촉구했고 유족들은 국가와 사업주를 상대로 손해배상소송을 제기했다.

참여정부는 출범과 함께 성매매 방지를 위한 성매매특별법을 추진했다. 대명동 화재참사가 결정적 계기가 됐다. 성매매특별법이 발효된 날은 2004년 9월 23일이다. 대명동 화재 유족들이 낸 손해배상소송이 대법원에서 승소한 날도 2004년 9월 23일이다. 둘다 사건 발생 4년 만에 얻은 결실이다.

성매매 행위는 필요악인가, 엄연한 범죄행위인가. 특별법이 발효되자 성매매 방지에 대한 논란이 더 뜨거워졌다. 경제적 충격이 만만치 않았기 때문이다. 정부의 유턴을 주장하는 여론이 상당했다. 노무현 대통령은 2004년 12월 〈경향신문〉과의 특별인터뷰에서 확실하게 선을 그었다. "(성매매가) 경제에 영향이 있다고 해서 그걸 산업이라고 방치하고 키워나갈 일은 아닙니다. 경제에도 윤리가 있고 건강성이 있어야 합니다. 경제 왜 하냐. 사람답게 살자는 것 아닙니까. 그거 하자고 경제하는 것인데, 결국 사람을 파괴하면서 경제만 살면 된다고 할 수 있나요."

성매매 행위는 이전부터 법적으로는 금지돼 있었다. 그러나 집창촌 등을 중심으로 공공연히 성매매가 이뤄지고 있었다. 정부(경찰)가 적극적인 단속을 하지 않았기 때문이다. 참여정부는 달랐다. 경찰이 '법대로 원칙대로' 전례 없이 강력한 단속을 벌였다. 성매매를 알선하거나 장소를 제공하는 것도 범죄행위로 규정했다.

성매매특별법은 성매매가 인권의 문제이고 남녀불평등의 문제라는 점에 근거하고 있다. 당시 한국에는 부녀자 불법납치(봉고차 부대)와 성매매를 목적으로 한 인신매매, 성매매 여성 불법감금 등이 심각한 사회적 문제였다. 여성단체에서는 성매매특별법을 반대하는 남성들에게 "당신의 부인이나 딸도 자유로울 수 없다."고 반박했다.

개혁과 민생
어느 것이
먼저입니까

"경제가 어려울 때
단 한 푼이라도 경기에
부담을 주는 일은 하지 말아야
한다는 주장이 있었습니다.
참여정부는 그러나 원칙을 붙들고
바위처럼 버티었습니다."

───── 개혁이냐 민생이냐. 노무현 대통령이 개혁과 민생을 놓고 진퇴양난에 빠졌다. 참여정부는 성매매(매춘) 방지, 선거 개혁(정치자금 개혁), 접대비 상한제(50만 원) 등의 개혁을 과감하게 실시했다. 그런데 생각지도 못했던 의외의 복병을 만났다. 그렇잖아도 어려운 민생에 빨간불이 켜진 것이다.

민생에 가장 큰 타격을 준 개혁은 성매매 방지였다. 2004년 9월 23일 성매매특별법이 발효되면서 관련 업종이 파리를 날렸다. 집창촌은 폐업했고, 집창촌 주변의 숙박업소, 미장원, 음식점, 이발소 등이 부도 위기에 몰렸다. 도시 근교의 숙박업소와 그곳에 대출을 해준 금융기관도 휘청거렸다. 얼마나 충격이 컸던지 '9·23 사태'라는 말이 나왔다. 성매매 금지를 완화해 달라는 민원이 봇물을 이루었다. 한국형사정책연구원의 연구 결과(2002년 12월)에 따르면 우리나라에서 성매매로 연간 거래된 돈이 24조 원으로 국내총생산(GDP)의 4.1퍼센트에 달했다. 농림어업 부문의 총생산액(4.4퍼센트)과 맞먹는 규모였다. '악' 소리가 날만 했다.

선거 개혁의 충격도 만만치 않았다. 과거에는 선거 때만 되면 나라 전체가 흥청망청했던 게 사실이다. 식당, 유흥주점, 여관, 운수업이 선거특수를 누렸다. 선거 개혁으로 이런 선거특수가 없어진 것이다.

참여정부는 기업 접대비의 현금 지출을 금지해버렸다. 대신 건당 50만 원까지 신용카드로 결제하는 것만 허용했다. '접대산업'에 찬바람이 불었다. 전경련, 대한상의 등 경제단체가 접대비 한도를 100만 원으로 올려달라고 탄원했다.

노무현 대통령의 고민은 커져만 갔다. '개혁한답시고 민생 잡는다.'는 비판이 쏟아졌다. 개혁을 초지일관하여 추진하느냐, 아니면 대폭 완화해야 하느냐. 식당 주인들은 한강둔치에 모여 '솥단지 데모'를 하고 있었으니 보통 고민이 아니었다.

노 대통령은 개혁을 택했다. 민생에 대한 충격을 최소화는 조치도 함께 취했다. 그는 2007년 6월 참여정부 평가포럼에서 그때를 다음과 같이 회고했다.

"접대비 50만 원 신고, 성매매특별법, 부동산 정책 등 이런 정책 하나하나에 저항이 만만치 않았습니다. 경제가 어려울 때 단 한 푼이라도 경기에 부담을 주는 일은 하지 말아야 한다는 주장이 있었습니다. 참여정부는 그러나 원칙을 붙들고 바위처럼 버티었습니다. 지금 그 분야는 진일보하지 않았습니까."

참여정부가 민생 3대 산업을 붕괴시켰다는 말도 있었다. 가슴 아픈 일이었다. 참여정부 개혁을 진두지휘했던 문재인의 이야기다.

"시중에서는 참여정부가 3대 산업을 붕괴시켰다는 농반 진반의 얘기가 풍미했다. 검은 권력비자금이 사라지면서 '권력산업'이 붕괴되고, 접대비 상한선 제도 등으로 '접대산업'이 붕괴하고, 성매매특별법 도입으로 '섹스산업'이 무너졌다는 얘기였다."[23]

처음 안전벨트를 매라고 했을 때 얼마나 귀찮고 불편했는가. 하지만 요즘은 차에만 오르면 안전벨트부터 맨다. 개혁도 그런 게 아닌가 생각된다.

청와대에는
만병통치약이
없습니다

"대통령은 많은 일을
 할 수 있습니다. 그러나
 모든 일을 할 수 있는 것은
 아닙니다."

경제의
본질은
무엇입니까

── 노무현 대통령은 참모들과 만나 이야기할 때, 우스갯소리를 잘했다. 한번은 뜬금없이 약 이야기를 했다.

"여러분, 청와대 약 창고에는 무슨 약이 있습니까?"

"……"

"국민들은 청와대 약 창고에 모든 약이 있다고 생각해요. 만병통치약도…. 그런데 청와대에 만병통치약이 있습니까?"

답답해서 한 이야기였다. 노무현 대통령의 청와대에는 '만병통치약'이 없었다. 국민들은 노 대통령이 쾌도난마식으로 대한민국을 화끈하게 개혁하고 어려운 서민경제(민생)를 당장 살려낼 줄 알았다. 실망이 컸다. 노 대통령은 이렇게 말했다.

"대통령은 많은 일을 할 수 있습니다. 그러나 모든 일을 할 수 있는 것은 아닙니다. **대통령은 헌법과 법률이 부여한 권한만 행사할 수 있습니다. 일하려면 법을 바꿔야 하는데…**."

노 대통령은 임기 말인 2007년 11월 한국정책방송(KTV)과의 인터뷰에서 변명 아닌 변명을 했다.

"대통령의 권능이 우리가 생각하는 것보다 훨씬 작습니다. 역사 발전을 위한 개혁은 대통령 한두 사람의 힘으로 이루어지는 것이 아닙니다. 대통령 하나 뽑아놓고, 그 대통령이 모든 것을 다 해야 된다고 생각하는 한 우리는 항상 실망할 수밖에 없습니다. 실망하는 것 외에 다른 어떤 것도 보지 못할 것입니다."[24]

노 대통령은 퇴임 후 봉하마을에서도 '대통령의 현실적 한계'를 말했다.

"대통령은 마이크를 잡고 큰 소리로 말할 수 있다. 그러나 국회와 손발이 맞지 않으면 아무것도 할 수가 없다. 적어도 제도를 바꾸어야 하는 일, 돈이 필요한 일은 국회의 동의 없이는 할 수가 없다."[25]

노무현은 '대통령'이었지 '제왕'이 아니었다. 대통령은 법이 정하는 일 외에는 할 수 없다. 그게 법치주의다. 만병통치약인 '인치'(초법적 조치)는 권위주의 시절 제왕이 행사하던 권력이었다. 국민들은 통념적으로 대통령을 제왕으로 여겼다. 노무현은 그 인식의 차이를 매울 길이 없었다.

그가 춤을 추면
사람들은 하나가 되었다

노무현은 사람 속으로 들어가 그들의 벗이 되었고 같이 어울렸다. 같이 술 마시고, 노래하고 춤추고, 우스갯소리 하고…. 노무현은 사람을 불필요하게 긴장시키는 엄숙주의를 철저히 거부했다. 노무현 특유의 무서운 소통 방식이었다. 노무현이 가는 곳마다 사람들이 몰려들었다. 어렸을 때에도, 학창시절에도, 민주화운동할 때에도, 정치를 할 때에도, 대통령 퇴임 후 봉하마을에 살 때에도, 노무현 주변에는 늘 사람들로 붐볐다. 심지어 서거 후에도 봉하마을 노무현 묘역에는 사람들이 구름처럼 찾아온다. 노무현은 살아서도 사람들을 끌어들였고, 죽어서도 끌어들인다.

> "학위 수여장을 보니까 '명박'이라 써 놨던데… 제가 '노명박'이 되는가 싶어 갖고(웃음) 하여튼 뭐 이명박 씨가 '노명박'만큼만 잘하면 괜찮습니다."

　노무현은 사람들을 잡아당기는 강력한 자력을 갖고 있었다. 그 실체는 무엇일까. 인간적 매력이다. 노무현은 촌철살인의 유머감각을 지닌 타고난 엔터테이너였다. 노무현이 몇 시간을 이야기하고 강연을 해도 청중들은 즐거워했다. '노무현 유머'의 가장 큰 특징은 재미도 있고 의미도 있다는 사실이다. 재미는 있는데 의미(메시지)가 없는 유머는 그냥 오락일 뿐이다. 의미는 있는데 재미가 없는 유머는 유머도 아니다.

노무현 대통령은 2007년 6월 원광대에서 명예 박사학위를 받고 나서, '민주주의 똑바로 하자'란 주제로 특강을 했다. 노 대통령은 이날 강연에서 재미와 의미를 곁들인 '노무현 유머'의 정수를 보여줬다. 강연 첫머리에서부터 '노명박'이라는 말로 웃음폭탄을 터뜨렸다. 한나라당 이명박 대선 후보가 참여정부 실패론을 내세우면서 대권 행보를 맹렬하게 하고 있을 때였다. 언중유골이었다.

"이제 걱정이 되는 것 하나가, 오늘 학위 수여장을 보니까 '명박'(명예박사)이라 써놨던데, 제가 '노명박'이 되는가 싶어 가지고…. 하여튼 뭐 이명박 씨가 '노명박'만큼만 잘하면 괜찮습니다. 조금 자화자찬 같지만 '노명박'만큼만 해라. 그렇게 하고 넘어가지요."

노 대통령은 2004년 2월 지방 나들이 행사로 경북 풍기 인삼가공공장을 시찰했다. 청와대 출입 TV 카메라기자들은 이때 노 대통령이 농촌 아낙네들에게 던진 가벼운 농담을 '2004년 최고의 명품 유머'로 선정했다.

    주부 사원 "풍기 홍삼정과 드셔보십시오."
    노 대통령 "(주부 사원들 사이에 앉아 홍삼을 시식하며) 통째로 주면 먹기가…."
    주부 사원 "풍기 홍삼정과는 특히 남성 정력에 최고입니다."
    노 대통령 "집사람에게 그런 소리 마십시오. 이것만 먹으라고 갖다 주면….(웃음)"

노무현의 곱사춤은 이제 '전설'이 되어버렸다. 노무현의 곱사춤을 직접 본 사람은 많지 않다. 노무현의 춤사위에 매료되었던 사람들에 의해 먼 옛날의 이야기처럼 구전으로 전해져 내려올 뿐이다.

1991년 초 '꼬마 민주당' 전당대회 날이었다. 3당 합당의 충격을 아직도 이겨내지 못하고 있던 노무현 의원은 행사를 잘 마무리한 후 당직자들과 저녁식사를 하고 호프집으로 2차를 하러 갔다. 당시 자리를 함께했던 최광웅 전 청와대 인사비서관의 기억이다.

"한참 생맥주 잔이 돌았는데 갑자기 노 의원이 탁자 위로 뛰어 올랐다. 우리는 '어어' 하며 당황해서 어쩌지 못하고 있는데, 노 의원은 그 탁자 위에서 묘기를 하듯 덩실덩실 춤을 추는 것 아닌가."[26]

노무현은 마음이 통하는 언론인들과도 잘 어울렸다. 김이택 한겨레 논설위원의 회고다.

"하루는 그가 술상을 물렸다. 등줄기에 방석을 밀어 넣고, 양쪽 콧구멍엔 담배를 끼웠다. 허리를 구부정하게 하더니 어깨를 들썩이며 몸을 흐느적거렸다."[27]

노무현이 춤을 추면, 노무현과 관중은 하나가 되었다. 노무현이 침울한 표정을 지으면 관중도 침울해졌고, 노무현이 슬쩍 웃으면 관중도 따라 웃었다.

곱사춤은 특권계급(양반)의 허례허식과 위선을 풍자한 저항의 몸짓이다. 노무현은 왜 곱사춤을 추었을까. "곱사춤은 서민의 한을 곱사라는 불행한 육신으로 표현한 희열의 춤이다. 그 희열은, 웃되 소리 낼 수 없고 울되 눈물을 떨어뜨릴 수 없다. 울기에는 너무도 가슴이 아파, 차라리 웃어야 했던 그 춤이다. 노무현은 곱사춤이 어울리는 유일한 정치인이었다."[28]

자연인 노무현과
대통령 노무현

노무현 대통령은 퇴임을 앞둔 시점에서 '화장(化粧)' 이야기를 자주 했다. 청와대 출입기자단과의 고별간담회, 각종 인터뷰, 가까운 지인들과의 회동 등에서 빼놓지 않고 '화장'을 이야기 소재로 삼았다. 청와대 시절 5년 동안의 가장 큰 고역이었다는 것이다. "화장하기가 싫었다. 지긋지긋하게 싫었다." 화장 이야기는 '대통령 노무현'의 정치와 정책을 이해하는 데 가장 핵심적인 단서다.

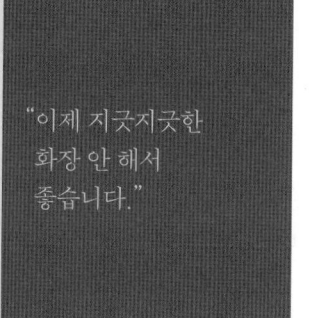

"이제 지긋지긋한
화장 안 해서
좋습니다."

노 대통령은 청와대 생활을 청산하기 하루 전, 전속 이발사 정주영 씨를 불러 머리를 다듬었다. 정 씨는 2008년 2월 24일 저녁, 마지막 이발을 해드릴 때의 대통령 말씀을 지금도 잊지 못한다. "이제 지긋지긋한 화장 안 해서 좋습니다." 정 씨의 마음이 울적해졌다. 분위기에 맞춰 한마디 했다. "다른 정치인들은 변장도 하고, 위장도 하지 않습니까?" 이 말을 들은 노무현은 한참 동안 웃었다.

'자연인 노무현'은 화장을 하지 않은 노무현이고, '대통령 노무현'은 화장을 한 노무현이다. 노무현은 MBC와의 고별 인터뷰에서 '자연인 노무현'과 '대통령 노무현'의 불일치에 대한 인간적 고뇌를 솔직하게 털어놨다. 2008년 2월 방영된 MBC 스페셜 '대통령으로 산다는 것'

이라는 특집 프로그램에서 "성공하는 대통령은 어떤 모습이냐"는 질문에 "개인의 개성과 대통령직이 딱 들어맞지 않으면 5년간 불편할 뿐이다. 누구에게나 100퍼센트 다 맞지는 않겠지만 저는 그게 맞지 않아 고생을 많이 했다. 그게 제일 힘든 대목이었다."고 고백했다.

'자연인 노무현'과 '대통령 노무현'의 불일치가 노무현을 고통의 늪으로 빠뜨렸다. 예를 들면 이런 것들이다. 달라이 라마의 방한을 불허했다. '자연인 노무현'으로서 있을 수 없는 일이다. 그러나 '대통령 노무현'으로서는 불가피한 조치였다. '대통령 노무현'은 중국을 의식하지 않을 수 없었다. 이라크 파병 또한 '자연인 노무현'으로서 있을 수 없는 일이다. 그러나 '대통령 노무현'으로서는 불가피한 조치였다. '대통령 노무현'은 미국을 의식하지 않을 수 없었다.

노무현은 '자연 그대로'의 질서, 즉 자연의 질서를 존중했다. 억지로 꾸미고 가꾸는 것을 극도로 꺼렸다. 노무현의 정치와 정책에 이러한 DNA가 고스란히 스며들어 있다. 인위적 경기부양이니, 인위적인 정계 개편이니, 하는 인위적인 조치가 없었던 것도 이런 DNA의 산물이다.

민주주의
어디까지
왔습니까

자유가 창의를 꽃피운다. 창의는 자유로운 상상력의 산물이다. 자유와 창의는 민주주의가 발달한 곳에서만 자라나는 나무이다. 민주주의 선진국이 경제 선진국이다. 민주주의와 시장경제는 '선진화'라는 수레의 두 바퀴다. 자유와 창의는 경제 발전의 필수적인 조건이다. 성숙한 민주주의 없이 지속가능한 경제발전을 기대할 수 없다. 민주정부 10년 동안 한국이 정보통신(IT) 선진국으로 발돋움한 것은 결코 우연이 아니다. 한류 열풍의 둥지도 이때 만들어졌다.

한국의 민주주의는 계속 진화하고 있다. 1987년 6월항쟁으로 독재 체제가 종식되었다. 절차적 민주주의가 완성되었다. 민주화 1단계다. 참여정부 때 제왕적 1인 체제가 해체되었다. 정경유착과 관치금융도 사라졌다. 민주화 2단계다. 3단계는? 시민주권시대, 즉 진보적 시민민주주의의 실현이다. 명실상부하게 국민이 나라의 주인 노릇을 하는 민주주의가 만개하도록 해야 한다.

변화의 진통은
계속되고
있습니다

"대통령 탄핵은
가장 강력한 형태의 정치적
공격이었다. 그보다 더한
정치적 공격은 없다."

───── 대통령 탄핵은 대통령에 대한 '정치적 사형'이다. 노무현 대통령은 2004년 3월 헌정사상 최초로 국회에서 탄핵을 당했다. 63일 동안 한국에는 대통령이 없었다. 고건 국무총리가 대통령직을 대행했다. 국민이 합법적으로 선출한 대통령을 국회가 끌어내리다니…. 세상이 뒤집어졌다. 청와대는 울음바다가 됐다. 노 대통령도 큰 충격을 받았다. 그때의 심정을 자서전에 가감 없이 적어 놓았다.

"대통령 탄핵은 가장 강력한 형태의 정치적 공격이었다. 그보다 더한 정치적 공격은 없다."[1]

박관용 국회의장과 최병렬 한나라당 대표, 조순형 민주당 대표가 탄핵을 주도했다. 민주당에서 분당하여 집권여당이 된 열린우리당은 탄핵을 막을 정도의 세력(의석)을 형성하지 못했다. 노 대통령은 수구기득권세력의 공격을 충분히 각오하고 있었다. 탄핵도 어느 정도 예상하고 있었다. 그러나 이렇게 빨리, 이렇게 노골적으로 이루어질 줄을 누가 알았겠는가.

수구기득권세력은 왜 노 대통령을 탄핵했을까. 근본적 이유는 무엇일까. 노 대통령 홍보수석을 지낸 조기숙 이화여대 교수는 '수구세력의 노무현 왕따'로 설명했다. 영남을 지역기반을 한 수구기득권세력은 3당 합당을 통해 '호남 왕따' 전략을 구사했다. 그런데 영남 출신의 노무현이 호남의 방어자로 나섰으니 몰매를 맞을 수밖에 없었다는 것이다. "가해자는 감히 왕따의 피해자를 방어하려 드는 최초의 방어자에게 피해자보다도 더 처절하게 응징을 가한다. 그래야 감히 너도 나도 덩달아 방어자가 되는 걸 차단할 수 있다. 노무현 대통령이 수구기득권층으로부터 왕따가 된 데에는 여러 가지 이유가 있지만 그중 하나는 그가 호남 왕따를 방어하고도 최초로 성공한 정치인이기 때문이다."[2]

탄핵의 당사자인 노 대통령은 더 근본적인 접근을 했다. 한국 정치의 위선을 지적했다. 노 대통령은 국회의 탄핵 의결 하루 전 특별기자회견을 통해 이런 말을 했다.

"정치적인 발언 한마디를 꼬투리로 잡아서 탄핵 사유를 만들었는데 그것은 어느 나라에도 없는 일입니다. 한나라당은 원래 저의 당선 자체를 인정하지 않는 입장이었고, 민주당은 열린우리당의 창당에 대해 반감을 가지고 있었기 때문에 양쪽 세력이 손을 잡고 탄핵을 발의한 것입니다."

노 대통령은 국회에서 탄핵이 가결된 3월 12일, 경남 창원(산업 시찰)과 진해(해군사관학교 졸업식)를 방문하고 있었다. 탄핵 소식을 듣고 귀경길에 윤태영 대변인을 불러 말했다.

"보고를 받은 뒤 나의 첫 일성은 '이것이 변화의 진통'이라고 해주게. '고통을 헛되이 하지 않겠다. 국민도 혼란과 고통을 겪고 있고 나 또한 고통스럽다. 정치적 판단과 법적 판단은 다를 것이다. 역사상 가장 불법적인 선거운동이 탄핵의 결이다.' 그렇게 해주게."[3] 그러나 윤 대변인은 기자들에게 "노 대통령은 (탄핵)보고를 받고 별다른 언급을 하지 않았다."고 말했다.

노 대통령은 청와대에 도착하여 관저로 들어서며 나지막한 소리로 혼잣말을 했다. "밀가루를 뒤집어쓴 기분이로군."[4]

**두 번의 대선 승리
실력이었습니까
우연이었습니까**

"힘내세요.
역사에는 우연이란 게
있습니다."

민주주의
어디까지
왔습니까

─── 김대중은 '하늘이 내린 대통령'이었다. 천운을 타고나야 대통령이 된다고들 하지만, DJ는 '슈퍼 천운'을 타고난 것 같다. DJ를 생각할 때마다 '하늘'이라는 말이 저절로 머릿속에 떠오른다. 인품도 훌륭하고 학식과 지혜도 출중하고 노력도 많이 하신 분이지만, '하늘의 도움'이 없었다면 과연 꿈을 이룰 수 있었을까.

'하늘의 도움'을 달리 말하면 '기적' 또는 '우연'이다. 인과관계를 논리적으로 설명하기 어려운, 어느 누구도 인위적으로 기획하거나 연출할 수 없는, 중요한 사건이 뜬금없이 발생하여 역사의 물줄기가 바뀐 사례가 적지 않다. DJ가 그런 경우다.

김영삼은 행운이 따르지 않은 대통령이었다. 김일성 사망으로 인한 남북정상회담 무산은 지금 생각해도 아쉬울 것이다. 김일성이 그렇게 허망하게 죽을 줄 누가 알았겠는가. 만약 김일성이 죽지 않아서 남북정상회담이 예정대로 진행됐다면, 한반도평화에 기여한 공로는 YS에 돌아갔을 것이고 YS는 아마도 노벨평화상을 받았을 것이다. YS는 그 여세를 몰아 정국을 주도했을 것이다. 그랬다면 DJ에게 차례가 돌아갔을까. YS는 불행히도 임기 말에 IMF 사태를 맞았다. 그는 졸지에 국가경제를 망친 대통령이 되고 말았다.

노무현 대통령은 1997년 DJ의 승리도, 2002년 자신의 승리도 '우연'이었다고 늘 말했다. "당연한 승리가 아니었다. 일회적인 승리, 의외의 승리였다. 김대중 대통령의 당선도 나의 당선도, 모두 이례적이고 특수한 조건이 결합되어 만들어진 사건이었다."[5] 이인제가 제3 후보로 출마하지 않았어도 DJ가 당선될 수 있었을까. 노무현과 정몽준의 단일화는? DJ나 노무현이나 실력으로 이긴 게 아니니, 정신 똑바로 차리자는 의미로 '우연의 승리'를 강조했다.

2009년의 정치 상황은 정말 암울했다. 민주당 정동영 후보의 대선 참패(2007년), 민주진보진영의 총선 대패(2008년), 노무현에 대한 검찰수사, 이명박 정권의 폭정. 눈앞이 캄캄했다. 민주진보진영에는 패배주의가 짙게 깔려 있었다. 2010년 6월 지방선거를 앞둔 상황에서 서울시장과 경기도지사 후보도 눈에 보이지 않았다.

노무현도 우울한 정세 판단을 내놓았다. "한나라당은 의회에 확고한 과반수를 장악하고 있고 보수 언론의 지원을 받고 있다. 20년 만에 처음 있는 가장 강력한 정권이다."[6]

2009년 4월 30일 아침, 노무현은 검찰 소환을 앞두고 봉하마을 사저 응접실에서 옛 참모들과 지인들을 만났다. 그들은 험한 길 떠나는 대통령에게 "힘내시라."고 응원했지만 모두 풀이 죽어 있었다. 노무현이 담배를 한 개비 피운 다음 또렷하게 말했다. "여러분들이 기를 펴고 살게 했어야 했는데…. 미안합니다. 그러나 힘내세요. 역사에는 우연이란 게 있습니다."

지금도 그날 아침을 추억할 때마다, 그리고 한국 정치의 중요 승부처를 생각할 때마다, '우연'이라는 말이 떠오른다. 승부의 세계는 객관적 전력만으로 결과를 예단할 수 없다. 아무도 예상하지 못한 우연이 자주 발생하고, 때로는 그것이 승패를 좌우한다.

아직도
정치 보복의 시대에
살고 있습니다

"저는 여러 번 죽었다 살아났고,
쓰러졌다 일어났다.
이번에도 다시 살아나고
일어날 것이다."

───── 노무현의 '정치 지갑'은 언제나 텅 비어 있었다. 은행 통장으로 치면 잔액이 항상 제로였다. 채워지면 비워지고, 비워지면 또 채워졌다. 노무현은 정치적으로 죽었다가 살아나고, 살아나면 또 죽었다. 생의 마지막에는 노란 나비가 되어 국민의 희망으로 부활했다.

노무현 대통령은 자신의 '정치적 운명'을 예언이라도 했던 것일까. 2002년 10월 '아세안+3' 정상회담 참석차 싱가포르를 방문했을 때 동포간담회를 하면서 이런 말을 했다. 대선자금 문제에 대한 국민의 재신임을 묻겠다고 전격 발표한 뒤였다.

"저는 여러 번 죽었다 살아났고, 여러 번 쓰러졌다 일어섰습니다. 이번에도 다시 살아나고 일어날 것입니다."

이명박 정권은 비열했다. 치졸했다. 잔인했다. 이명박 대통령은 당선자 시절 문재인 청와대 비서실장에게 "전직 대통령을 잘 예우하는 문화를 만들겠다."고 먼저 말했다. 그것이 새빨간 거짓말이었음이 드러나는 데는 며칠 걸리지 않았다. 이명박은 무엇 때문에 '실패한 대통령'을 무서워했을까. 이명박은 왜 '실패한 대통령'에 대해 말기적 증오심과 맹목적 적대감을 갖고 있었을까. 이명박은 왜 '실패한 대통령'에게 '극단적 선택'을 강요했을까.

심리학자 김태형이 이명박의 심리적 메커니즘을 이렇게 분석했다. "정의로운 인물에 대한 대중의 사랑과 존경이 깊어지면 깊어질수록 그에 대한 악인들의 증오심과 질투심은 더욱 강렬해지고, 그를 죽이고 싶어하는 광기 또한 끝없이 증폭된다. 먼 옛날 예수를 기어이 십자가에 못 박아 죽인 악인들의 심리적 메커니즘이 바로 이러하다. 노무현이 활짝 웃는 그 순간부터, 노무현이 행복한 표정을 지은 그 순간부터, 그리고 그 모습을 보기 위한 순례행진이 시작된 그 순간부터, 그의 부활을 막기 위한 공격은 시작되었다. 노무현의 부활을 막을 수 있는 유일한 방법은 그를 파렴치범으로 모는 것이었다."[7]

한나라당은 물론이고 '대통령의 시녀'로 유턴한 권력기관(국정원, 검찰, 경찰, 국세청), '대통령의 나팔수'를 자처한 정치언론이 노무현과 그 주변 인물들을 무자비하게 물어뜯었다. 그들은 노무현을 정의의 탈을 쓴 위선자, 시정잡배만도 못한 파렴치범으로 몰아갔다.

한나라당의 대변인 성명이 그 실상을 잘 보여주고 있다. 국가기록물 문제로 이명박 정권과 봉하마을이 실랑이를 벌이고 있을 때였다. 현역 국회의원 신분의 차명진 대변인은 2008년 7월 16일 '노무현 전 대통령님께 드리는 편지'라는 제목의 성명을 발표했다. 역사에 기록될 '명문'이다.

"노무현 전 대통령님! 한 국가를 운영했던 큰 지도자께서 재직 때 기록이 뭐가 그리 아쉽습니까? 재임 시절 기록 중에 혹시나 부담스러운 내용이 있는가요, 아니면 그 기록이 쫓기듯 퇴임한 노 전 대통령님의 정치적 재기를 위한 발판이 된단 말입니까? 그래서 법을 위반해 가면서 슬쩍하셨나요? 전직 대통령 예우, 해드려야지요. 그렇다고 국가 기록을 슬쩍하신 범법 행위까지 없던 것으로 치부할 수는 없지요. 장물을 돌려달라고 하는 행위를 정치 게임으로 몰아붙이는 것도 참 궁색합니다."

대한민국 집권여당 대변인의 공식 성명이라고 누가 생각이나 하겠는가. 참으로 무서울 것 없는 조롱이고 저주였다. 집권여당의 대변인이 '쫓기듯 퇴임', '법 위반', '슬쩍', '장물' 등의 표현을 동원하여 퇴임한 지 5개월도 채 되지 않은, 청와대에 그의 발자국이 아직 그대로 남아 있을 전임 대통령을 잡범 취급했다. 더구나 "전직 대통령 예우, 해드려야지요."라고 비아냥대기까지 했다.

노무현은 2009년 5월 23일 새벽 한국 민주주의의 십자가를 매고 부엉이바위에 올라갔다. 인간의 법정을 거부하고 역사의 법정을 선택했다. 유시민은 노무현 자서전의 에필로그에 "**자신이 사라지는 것 말고는 모두를 이 수렁에서 건져낼 방법이 없었다. 그래서 떠나버린 것이다.**"고 써놓았다. 노무현의 죽음은 치졸한 정치 보복의 결과였다. 명백한 '정치적 타살'이었다.

정치는
증오와 분노를
해소하는 것입니다

"어려운 사람들과
함께하는 데 내 인생을 걸겠어.
내 정치의 출발도 끝도 이것이야.
그때 나는 처음으로 정치하길
잘했다는 생각을 했다네."

───── 청문회 스타로 유명세를 타고 있던 노무현 의원은 원진레이온 독가스(이황화수소) 피해 현장을 조사하고 온 후 큰 충격을 받았다. 독가스에 중독되어 사지가 마비된 노동자가 노무현을 보고 주룩주룩 눈물을 흘렸고, 노무현도 같이 울었다. 노 의원은 그 일이 있은 후 보좌관들에게 다짐했다.

"어려운 사람들과 함께하는 데 내 인생을 걸겠어. 내 정치의 출발도 끝도 이것이야. 그때 나는 처음으로 정치하길 잘했다는 생각을 했다네."[8]

노무현을 키운 건 7할이 분노였다. 분노, 사람을 사람대접하지 않는 사회에 대한 분노가 노무현을 정치판으로 끌어들였다. 그리고 대통령까지 올라가게 했다. 노무현은 대통령 취임 초기 참모들에게 정치 입문의 동기를 말했다. "청문회 스타가 되었을 때 정치를 왜 시작했느냐는 물음에 '분노 때문에 시작했고 지금도 식지 않아서 한다.'고 대답했다. 그러나 **대통령이 된 지금의 나에게 주어진 어려운 과제는 한국 사회에 있는 '증오와 분노'를 해소하는 것이다.**"

돈 잘 벌고 있던 조세전문변호사 노무현을 아스팔트 길바닥으로 끌어내린 것은 분명 분노였다. 노무현은 1981년 부림사건 변호를 맡았을 때, 부조리한 세상에 대해 처음 분노했다. "모진 고통 속에서도 눈빛만은 형형하게 빛나던 청년들, 어느 한 사람 예외 없이 학교 성적이 우수하고 부모님에게는 효성이 지극했던 모범적이고 성실한 청년들, 도대체 그들이 무슨 죄를 지었는가? 무슨 죽을죄를 지었기에 사람을 이 모양으로 만들어 놓았단 말인가? 수십

일 동안 밀실에 가두어 놓고 개, 돼지처럼 차고 때리고 물고문하면서 만들어 놓은 조서의 내용으로 치부한다 하더라도 내 눈에 그들은 아무런 죄가 없었다."[9]

　노무현은 분노했고, 분노한 노무현의 양심은 그 가엾은 상처를 덮어두어서는 안 된다는 결론을 내렸다. 그리고 재야운동에 투신했다. 그때 얻은 자랑스러운 별명이 '노변'이다. 노변은 노동사건과 시국사건을 주로 맡았다. 정치 입문의 실질적인 동기도 여기에 있었다. "처음 정치를 시작하던 당시에는 '우리 사회 민주화'라는 일반적인 인식이나 의지도 물론 있었지만, 좀 더 구체적으로는 노동자들에게 대한 지원활동을 자유롭게 할 수 있는 신분을 취득하려는 목적도 있었다."[10]

좋은 정치인의
좌절은
국민의 불행입니다

"정치하지 마라! 농담이 아니라
진담으로 하는 말입니다.
얻을 수 있는 것에 비하여
잃어야 하는 것이 너무 많습니다."

―― 정치 선진국인 미국에서도 정치는 아직 '혐오의 대상'인가 보다. 버락 오바마 대통령은 민권변호사 시절인 1996년 시카고에서 일리노이주 상원의원에 출마했다. 첫 출전이었다. 오바마는 자서전에 선거운동 때의 일화 한 토막을 소개했다.

> 나는 어디에서나 거의 비슷한 내용의 두 가지 질문을 받았다.
> "그런 별난 이름을 누가 지어 주었습니까?"
> "꽤 괜찮은 사람 같은데, 무엇 때문에 정치판처럼 더럽고 추잡한 곳에 뛰어들려고 합니까?"[1]

미국 국민들은 오바마를 신뢰했고 오바마는 국민들의 신뢰를 저버리지 않았다. 미국은 그로부터 12년 후 훌륭한 진보적 대통령을 탄생시켰다. 노무현은 대통령 퇴임 후 봉하마을에서 '정치하지 마라'는 글을 홈페이지에 띄워, 국민들을 어리둥절하게 했다. 이명박 정권의 정치 보복이 최고조에 달했던 2009년 3월이었다.

"'정치, 하지 마라.' 이 말은 제가 요즈음 사람들을 만나면 자주 하는 말입니다. 농담이 아니라 진담으로 하는 말입니다. 얻을 수 있는 것에 비하여 잃어야 하는 것이 너무 크기 때문입니다.

정치를 하는 목적이 권세나 명성을 좇아서 하는 것이라면, 어느 정도 성공을 할 수도 있을 것입니다. 그래도 성공을 위하여 쏟아야 하는 노력과 감수해야 하는 부담을 생각하면 권세와 명성은 실속이 없고 그나마 너무 짧습니다. 이웃과 공동체, 그리고 역사를 위하여, 가치 있는 뭔가를 이루고자 정치에 뛰어든 사람이라면, 한

참을 지나고 나서 그가 이룬 결과가 생각보다 보잘 것 없다는 것을 발견하게 될 것입니다. 열심히 싸우고, 허물고, 쌓아 올리면서 긴 세월을 달려왔지만, 그 흔적은 희미하고, 또렷하게 남아 있는 것은 실패의 기록뿐, 우리가 추구하던 목표는 그냥 저 멀리 있을 뿐입니다."

사실 노무현의 이 말은 모순이다. 노무현은 자서전에 "정치가 발전하지 않은 나라가 선진국에 진입한 예가 없다."[12]고 강조했다. 대통령까지 한 분이 한국의 정치 발전을 원하지 않는다는 말인가. 그렇다면 정치는 누가 하란 말인가. 부도덕하고 부패한 무리들에게 국정운영을 통째로 넘겨주란 말인가. 아니다. 노무현의 이 글은 좋은 정치 제대로 하자는 적극적인 메시지였다. 노무현이 '정치하지 마라.'고 한 것은 측근 참모들과 지지자들에 대한 '정치금지령'이 아니었다. 노무현은 한국 정치가 좀 달라지기를 바라는 마음에서 '정치인을 위한 변명'으로 이 글을 썼다. 정치인에 대한 시민사회의 인식을 바꾸고자 하는 마음이 있었다. 노 대통령 퇴임 후 봉하마을에서 그를 보좌했던 이송평 박사의 의견이다. "그는 이렇게 묻고 싶었던 것 같다. **정치인은 좋은 정치인도 있고, 나쁜 정치인도 있다. 그렇다면 모든 정치인을 나쁘다고 매도했을 때 누가 이득을 보고, 누가 손해를 보는가?**"[13]

정치인을 비판할 때는 옥석을 가려 정확하게 꼬집어야 한다. 무턱대고 모든 정치인을 도매금으로 매도해 버리면 나쁜 정치인만 이득을 보게 된다. 좋은 정치인은 좌절할 수밖에 없다. 이들의 좌절은 누구의 손해인가. 결국 국민이 모든 덤터기를 쓰게 된다.

노무현은 정치 지망생들에게도 분명히 경고했다. 정치를 하는 목적이 권세와 명예를 얻기 위한 것이라면 그것이 얼마나 허망한 일인지를 알아야 하고, 세상을 정의롭게 바꿔보려는 것이라면 그것이 얼마나 어려운 일인지를 알아야 한다. 이 두 가지 사실을 알고 정치를 해야지 그렇지 않고 정치를 하면 안 된다고 강조했다.

정치인에 대한
신뢰는
어디서 생깁니까

"대권에 도전하겠다고요?
'정치판 흙탕물'에 들어갈
용기가 있습니까? 흙탕물에
들어가서 살아남은 모습을
보여줄 수 있습니까?
그래야 정치인으로서 신뢰를
얻을 수 있습니다."

─── 정치인은 선망의 대상이다. 그러나 정치를 아무나 할 수 있는 것은 아니다. 인품이 훌륭하다고 가능한 것도 아니고, 학식이 풍부하다고 가능한 것도 아니다. 돈이 많다고 가능하지도 않고, 화려한 스펙만으로도 안 된다. 유시민 전 보건복지부 장관의 글을 보자.

"정치는 위대한 사업이다. 짐승의 비천함을 감수하면서 야수적 탐욕과 싸워 성인의 고귀함을 이루는 것이기 때문이다."[14]

정치는 '짐승의 비천함'과 '야수적 탐욕', 그리고 '성인의 고귀함'으로 구성되어 있다. 뭇사람의 눈에는 성인의 고귀함만 보인다. 그래서 뭇사람들은 화려한 무대 위의 정치인을 선망한다.

문제는 권력 쟁취다. 성인의 고귀함도 권력을 잡았을 때에만 가능하다. 바로 여기에 짐승의 비천함과 야수적 탐욕이 숨어 있다. 뭇사람의 눈에는 잘 보이지 않는다. 권력을 얻기까지의 과정은 험난하다 못해 비참하다. 피바람이 불기도 한다. 정치권력의 생리는 옛날이나 지금이나, 동양이나 서양이나 똑같다. 2000년 전의 사마천도, 500년 전의 마키아벨리도, 정치의 생리에 대해 같은 말을 했고 그들의 말은 지금도 유효하다.

각계의 저명인사들이 정치 시즌이 되면 '권력게임(대통령선거)'에 뛰어든다. 대부분이 정치권과 멀리 떨어져 '고결하게' 살아온 명망가들이다. 큰 꿈을 갖고 대권에 도전하는 '신인'들도 있다. 국민들은 개인적 명망이나 인기만 보고 국가 지도자를 뽑을까? 아니다. 국가 최고지도자에 거는 신뢰는 다른 차원의 문제다. 노무현의 말을 들어보자.

"어떤 정치인에게 국민이 신뢰감을 가지려면 '정치판 흙탕물' 속에서 살아남은 모습을 보여줘야 합니다. 결국 신뢰의 문제입니다. 정치판 흙탕물에서 엎치락뒤치락하고 때가 묻은 정치인은 크게 두 부류가 있습니다. 흙탕물을 씻어보니까 다 씻기는 사람이 있고, 씻어도 씻어도 안 씻기는 사람이 있지요. 국민은 누구를 신뢰하겠습니까. 이른바 정치판이라는 이 흙탕물 속에 들어와서도 그래도 비교적 때가 덜 묻은 사람을 신뢰하지 않겠습니까? 그런 것이지 구정물 옆에 와보지도 않았던 사람을 어떻게 신뢰하겠습니까?"[15]

정치는 살벌한 권력투쟁이다. 정치판 흙탕물에 들어갈 용기가 있는가? 흙탕물 속에서 살아남은 모습을 보여줄 수 있는가? 정치판 흙탕물에 살아남는 모습을 보여주었을 때 정치인으로서 신뢰를 얻게 된다. 노무현이 고건 전 국무총리, 정운찬 전 서울대 총장, 문국현 전 유한킴벌리 대표 등 '대권 신인'들에게 하고 싶은 말이었다.

**연대하고
연합해야 합니다**

"부족한 그대로
동지가 되면 좋겠습니다."

─── 한국 정치는 지금 강 하나를 사이에 두고 두 개의 세력이 대치중이다. 진보 진영과 보수 진영이 '역사의 흐름'을 놓고 한판 승부를 벌이고 있다. 객관적 전력을 놓고 보면, 진보 진영이 크게 불리하다. 노무현 대통령은 이를 축구 경기에 비유하여 설명했다. "대한민국 정치는 기울어진 운동장에서 하는 축구 경기와 비슷하다. 보수 세력은 위쪽에, 진보 세력은 아래쪽에서 뛴다. 진보 세력은 죽을힘을 다해도 골을 넣기 힘들다. 보수 세력은 뻥 축구를 해도 쉽게 골을 넣는다. 나는 20년 정치 인생에서 이런 현실을 뼈저리게 체험했다."[16]

한국은 지독한 '보수의 나라'다. 해방 후의 남노당 좌익운동과 6·25전쟁의 아픈 상처가 아직도 남아 있다. 보수 진영의 기반은 튼튼하다. 인구가 많고 산업시설이 집중된 영남을 지역 기반으로 하고 있다. 중앙의 거대 언론사, 재벌 대기업, 주요 종교단체와 연구기관, 수많은 거대 관변단체 등이 끈끈한 이해관계로 얽혀 있다. 어마어마한 기득권 구조다. 보수 진영의 실체는 '기득권 복합체'라고 해야 할 것이다.

진보 진영의 기반은 상대적으로 약하다. 지역 기반인 호남의 인구는 영남의 절반도 되지 않는다. 이념적으로 분화되어 있다. 진보적 시민단체나 진보적 언론사가 활발하게 활동하고 있지만, 규모에서 보수 진영과 비교조차 할 수 없을 정도다.

역사의 흐름을 바꿀 싸움에서 진보 진영이 이길 수 있는 방법은? 현실을 인정하는 토대 위에서 전략과 전술을 선택해야 한다. 그것은 연대·연합이다. 서로의 존재를 인정하며, 각자의 세력을 긍정하는 토대 위에서, 연대의 손을 맞잡아야 한다. 연대와 연합은 선거 승리의 필요조건이다.

노무현 대통령은 "1997년 김대중의 대선 승리와 2002년 노무현의 대선 승리는 실력으로 이긴 게 아니었다. 보수의 분열이 결정적 승인이었다. 이 점을 착각하면 안 된다."고 늘 강조했다. 민주화 이후의 대선에서 보수 진영의 후보(노태우, 김영삼, 이명박, 박근혜)는 항상 넉넉하게 이겼지만, 진보 진영의 후보(김대중, 노무현)는 간신히 당선되었다. '기울어진 운동장', 즉 진보 진영의 구조적 취약성 때문이다.

노무현은 퇴임 후 격려도 받았지만 질책도 받았다. 2007년 대선의 참담한 결과 때문이었다. 책임이 없을 수 없었다. 한 지지자가 2008년 3월 '사람 사는 세상' 홈페이지에 격려의 글을 올렸다. 노무현이 답글을 썼다. "부족한 그대로 동지가 되면 좋겠습니다."라고. 사람은 누구나 부족하다. 상대방의 부족한 점, 나쁜 점, 고칠 점을 지적하기보다는 그 상태에서 일단 연대·연합을 하여 역사의 물줄기를 바꿔놓자는 것이다.

'기울어진 운동장'에서 이기는 방법은 하나 밖에 없다. 후보를 단일화하여 싸우는 것이다. 노무현은 "부족한 그대로 하나가 되어 싸우라."고 독려했다. 민주진보진영은 단일화 전략을 구사, 2010년 6월 지방선거와 교육감선거에서 의외의 대승을 거두었다. 2012년 대선에서는 아깝게 졌지만 '원칙 있는 패배'였다. 진보 진영과 보수 진영이 일대일로 대결하는 구도에서 문재인 후보는 얻을 수 있는 최대한의 득표를 했다. 앞으로 과제는 외연 확장이다.

강물은
바다를
포기하지 않습니다

"나는 20년 정치 생애에서
여러 번 패배했지만,
한 번도 패배주의에 빠진 일은
없습니다."

─── 노무현은 평생 청년으로 살았다. 청년은 생물학적 나이의 개념이 아니다. 젊더라도 꿈이 없다면 청년이 아니다. 나이가 들었더라도 꿈이 있다면 청년이다. 노무현은 꿈 많은 청년이었다. 노무현 자서전 《운명이다》를 정리한 유시민 전 보건복지부 장관은 에필로그에 이렇게 썼다.

"2009년 5월 23일 아침 우리가 본 것은 '전직 대통령의 서거'가 아니라 '꿈 많았던 청년의 죽음'이었는지도 모른다. 1987년 6월 항쟁은 우리 민주주의의 청춘이었다. 양김 분열과 3당 합당, 정치인들의 기회주의와 시민들의 정치적 무관심을 거치며 모두가 중년으로 노년으로 늙어 가는 동안, 그는 홀로 그 뜨거웠던 6월의 기억과 '사람 사는 세상'의 꿈을 가슴에 품고 씩씩하게 살았다. 잃어버린 청춘의 꿈과 기억을 시민들의 마음속에 되살려냈기에 그는 대통령이 되었다. 대통령이던 시절에도 대통령을 마친 후에도 그는, 꿈을 안고 사는 청년이었다."[17]

노무현은 시험 실패, 사업 실패, 선거 실패 등 패배의 경험은 많았으나 결코 꿈을 포기한 적이 없었다. 불굴의 의지로 다시 일어섰다. 오마이뉴스 오연호 대표와의 특별인터뷰에서도 말했다. "나는 20년 정치 생애에서 여러 번 패배했지만, 한 번도 패배주의에 빠진 일은 없습니다."[18] 패배주의는 자포자기다. 강자에 대한 굴종이다. 노무현에게는 그런 패배주의가 전혀 없었다.

노무현 대통령은 퇴임을 하루 앞둔 2008년 2월 24일 저녁 참여정부 전·현직 장차관들과 함께 저녁식사를 하면서 회포를 풀었다. '실패한 대통령'을 모시느라 고생이 많았던 분들에게 희망의 메시지를 던졌다.

"산간 지역은 물론 평지에서도 강은 반드시 똑바로 흐르지는 않습니다. 굽이치고 좌우 물길을 바꾸면서 흐릅니다. 세상 사는 이치가 그런 것 같습니다. 어떤 강도 바다로 가는 것을 포기하지 않습니다."

'강물은 바다를 포기하지 않는다.' 봉하마을 초입에 영화인 명계남이 큰 글씨로 써놓았다. 이 말에는 패배주의를 거부한 노무현 정신이 담겨 있다.

우리는 일제시대를 잘 기억하고 있다. 만주벌판에서 풍찬노숙하며 독립운동을 한 애국자들이 있었는가 하면, 패배주의에 빠져 친일을 했던 창백한 지식인들이 있었다. 시인 서정주는 자신의 친일행위에 대해 훗날 "그렇게 빨리 해방될 줄 몰랐다."고 고백했다. 패배주의자의 전형이다.

역사의 패배주의자에게는 정의가 없다. 오직 자신의 영달만 있을 뿐이다. 노무현은 이렇게 말했다. "역사로부터 물려 받은 패배주의, 편의주의, 기회주의 이런 문화들을 해소하지 못하면 우리의 새로운 미래를 열 수 없다."[19]

국민통합은
우리 정치의
최우선과제입니다

"통합 부분은
아직까지 한 발도 못 나가고
있습니다."

─── 정치인 노무현의 최종 목표는 국민통합이었다. 3당 합당에 반대한 것도, 지역구였던 종로를 포기하고 부산에 출마한 것도, 대통령이 된 것도, 대통령 재임 때 대연정을 시도한 것도, 모두 국민통합을 위한 몸부림이었다. 노무현은 통합을 위해 결정적으로 필요한 일이라면 정치 생명까지 걸었다. 국민통합은 필생의 과제였다.

영화인 문성근은 2002년 2월 민주당 대선 후보 경선을 앞두고 열변을 토했다. "문익환 목사는 '민주주의는 민중의 부활이요, 통일은 민족의 부활이다.'라고 말했습니다. 자! 그런데, 그 '민중의 부활'도, '민족의 부활'도 먼저 '지역 통합'이 이루어져야 가능하다는 것을 우리는 지난 15년 동안 뼈저리게 확인했습니다. 노무현은 지난 15년 우리 역사에서 '지역 통합'을 위해 자신을 희생해온 유일한 정치인입니다."[20]

노무현은 그러나 대통령 5년 동안 통합을 위한 실질적인 진전을 이루지 못했다. 정치적 격랑 속에서 노무현의 꿈은 표류하고 말았다. 그는 2007년 3월 국무회의에서 정치인으로서의 회한을 털어놨다. 최고 권력의 자리에 올랐으면서도 필생의 정치적 목표를 달성하지 못한 데 대한 아쉬움이었다.

"참여정부에서 개혁은 이전부터 해왔던 것을 거의 다 마무리 지은 것 같습니다. 그러나 통합 부분은 아직까지 한 발도 못 나가고 있습니다. 노사정 대타협도 못했고, 지역 간 통합도 잘하지 못했습니다. 저는 통합에 대해 '나누어서 서로 대결하고 경쟁해서 하나로 통합되어 나가는 과정이 민주주의의 제도와

기술이다.', 이렇게 얘기했었습니다. 얼마 전 어떤 책을 보니까, 1787년 미국 헌법을 만들 당시 메디슨이라는 사람이 연방헌법 제정에 아주 주도적인 역할을 했다고 합니다. 그 사람의 기록 속에 정당에 관한 내용이 나와 있는데 '민주주의는 필연적으로 정당을 나누어서 서로 대립·투쟁하고, 그 과정을 통해 국가적 통합을 이루어나가는 것이다.' 이렇게 썼다고 합니다. 민주주의는 그런 것입니다. 나누어서 서로 비판하고 갈등하고 투쟁하고 경쟁하면서 국가라는 공동체의 목표를 통합시켜 나가는 이 과정이 민주주의의 필연적인 과정입니다. 이것을 우리가 이해하고 실천할 수 있어야 합니다."

국가보안법은
낡은 유물입니다

"국가보안법은 한국의
부끄러운 역사의 일부분이고
지금은 쓸 수도 없는 독재 시대의
낡은 유물입니다.
낡은 유물은 폐기하고
칼집에 넣어 박물관으로 보내는 게
좋지 않습니까."

─── 엄혹했던 박정희·전두환 정권 시절, 한국에는 특수한 직업이 하나 있었다. '반공업(反共業)'이다. '반공'으로 먹고사는 업종이다. 중앙정보부(국가정보원 전신), 보안사령부(국군기무사령부 전신), 검찰(공안부), 경찰(대공분실) 등이 반공업을 담당했다. 국가보안법은 반공업자들의 강력한 무기였다. 민주화 이후 반공업이 뒷전으로 밀려나면서 국가보안법이라는 무기는 낡은 유물이 되었다.

노무현 대통령은 국가보안법 폐지를 놓고 진보와 보수, 여당과 야당 간에 격한 논쟁이 벌어지고 있을 때, MBC(2004년 9월)와의 인터뷰를 통해 폐지 입장을 분명하게 밝혔다.

"국가보안법은 한국의 부끄러운 역사의 일부분이고 지금은 쓸 수도 없는 독재 시대의 낡은 유물입니다. 낡은 유물은 폐기하고 칼집에 넣어 박물관으로 보내는 게 좋지 않습니까."

'막걸리 보안법'이라는 말이 있다. 일반 시민이 막걸리 한잔 걸치고 술김에 토로한 울분이나 말조차도 국가보안법으로 처벌한 데서 생긴 말이다. '막 거는 보안법', 툭하면 보안법 적용이었다. 이런 일도 있었다. 도시 빈민이 강제로 집을 뜯어내는 철거반원에게 "김일성보다 더한 놈들"이라고 욕을 했다가 보안법으로 구속된 것이다. 김일성의 학정을 겪지 못한 사람들에게 북한이 한국보다 살기 좋다는 것을 암시했다는 이유였다.

노무현은 인권변호사 시절 법정에서 이런 변론을 한 적이 있다. "알리하고 포먼하고 권투시합을 하는데 김일성이 알리 편을 들었을 때 피고인도 알리 편을 들었다면 그것도 이적행위냐?"고 따져 묻자 당시 최병국 검사(전 한나라당 국회의

원)가 "북괴를 찬양하는 발언을 자제해주십시오."라고 소리쳐 폭소를 자아내기도 했다.[21]

민주진보진영은 '국가보안법'에 관한 한 입이 열 개라도 할 말이 없다. 최선이 아니면 차선이라도 택해야 했는데 그러지 못했다. 청와대 민정수석을 지낸 문재인은 국가보안법 문제가 가장 뼈아팠던 일이었다고 술회했다. "당시 여당(열린우리당)은 과반수에 가까운 의석을 가지고도 당내 충분한 논의와 공감대를 형성하지 못했다. 야당(한나라당)과의 협상도 부족했다. 국민들에게 제대로 호소하지 못해 여론으로 압도하지도 못했다."[22]

조국 서울대 교수는 국가보안법 폐지를 관철시키지 못할 것 같으면 최대 독소조항인 제7조(고무·찬양죄)라도 없앴어야 했다고 아쉬워했다. "사실 제7조를 폐지하면 국보법의 95퍼센트 이상이 사라지는 효과를 낳습니다. 국보법 전면 폐지는 사회·경제적 민주화의 '말뚝'을 박은 후 다음 기회에 하면 되잖아요. 열린우리당, 민주노동당 그리고 시민사회단체 안에 일종의 '국보법 폐지 근본주의'가 있었던 것이 아닌가 해요."[23]

정통진보를 자처했던 민주노동당의 경우 10석의 의석을 갖고 있었지만 '기술적으로' 비협조적 자세를 취했다. 당시 민주노동당 대변인이었던 박용진(현 민주통합당 대변인)의 성찰이다. "진보정치 세력은 무엇보다 역사적 책임에 대해 오만했다. 예컨대 2004년 열린우리당에 의해 국가보안법 개정 및 폐지론이 제기되었을 때 진보정당은 국가보안법 '개정'은 사이비 개혁이며 국보법 '폐지'만이 올바른 것이라고 주장했다."[24]

국민참여경선이
기적을
만들었습니다

"청와대에 그런 분이
 한 사람이라도 있다니
 놀랍네요."

------ 2000년 한국 정치판으로 달력을 거꾸로 돌려보자. 여당(새천년민주당)에서는 이인제가, 야당(한나라당)에서는 이회창이 차기 대통령을 놓고 결선을 벌일 것이라는 대세론이 압도적이었다. 하지만 정치는 그렇게 단순하지 않은 것 같다. 이런 대세론에 '강한 안티'를 걸고 나온 전략가가 있었다. 철옹성 같았던 대세론이 거짓말처럼 허물어졌다. 이병완의 '노무현 대통령 만들기'는 흥미진진한 한 편의 정치 드라마다.[25]

2000년 9월 중순, 서울 인사동 조그만 밥집 '청기와'에서 노무현과 이병완이 식사를 했다. 노무현은 해양수산부 장관이었고, 이병완은 김대중 대통령의 청와대 비서관이었다. 이날 자리는 이병완의 요청으로 이루어졌다. 단순히 음식만 먹는 자리가 아니었다. 운명의 첫 만남이었다. 초면의 대화 치고는 분위기가 무거웠다. 평생 일면식이 없었던 두 사람의 이날 회동이 '운명의 도화선'이 될 줄은 본인들도 미처 몰랐을 것이다. 노무현의 대선 출마는 예상되는 일이었지만 '대통령 당선'은 그때까지만 하더라도 '희망사항'이었다. 노무현이 말문을 열었다. 단도직입적으로 핵심을 물었다.

"왜 저를 보고 싶다고 했습니까?"

이병완도 결론을 먼저 말했다.

"장관님이 다음 대통령이 되셔야 한다는 생각과 믿음이 생겨서입니다."

노무현이 너털웃음을 보였다. '가당키나 한 이야기냐'는 모습이었다.

두 사람의 대화가 이어졌다.

"청와대 비서관 중에도 저를 그렇게 생각하는 사람이 있습니까?"

"다른 사람들은 모르지만 저는 그렇게 생각합니다."

"청와대에 그런 분이 한 사람이라도 있다니 놀랍네요."

그랬다. 당시 청와대의 분위기에 노무현은 없었다. '이인제'가 이미 똬리를 틀고 있었다. 민주당 사정도 마찬가지였다. 국민 여론도 그랬다. 노무현인들 그걸 몰랐겠는가. 한동안 말이 끊겼다. 침묵이 흘렀다. 청와대 현직 비서관이 현직 장관, 그것도 지지도가 아주 미미한 정치인에게, '다음 대통령을 하시라'고 하니 얼마나 생뚱맞은 일인가. 노무현은 적이 당황했다.

노무현이 이병완에게 다시 물었다.

"왜 그렇게 생각하시나요?"

이병완은 '노무현이 왜 대통령이 되어야 하는가'라는 상투적 당위론을 말하지 않았다. 대신 '**노무현이 왜 대통령이 될 수 있는가**'라는 희망을 던졌다. 노무현의 시대정신, 노무현의 희생과 헌신, 노무현의 개인적 매력을 설명했다. 한참 말없이 듣고 있던 노무현이 담뱃불을 붙이며 계면쩍은 표정으로 입을 열었다.

"그렇습니까? 그런데 부산시장도 떨어졌습니다."

"지역주의가 지배했던 3김 시대가 사라질 다음 대선은 다르리라고 봅니다."

"글쎄, 지역주의가 쉽게 사라질까요. 그전에 민주당 후보가 될 수 있을까요. 정치판을 너무 낭만적으로 보는 것 같군요."

맞다. 민주당 후보가 되는 것이 더 어려운 문제였다. '이인제 대세론'을 어떻게 넘어설 것인가. 노무현은 무슨 뾰족한 비책이라도 있기에 그런 말은 하느냐는 투였다.

이병완에게는 '비책'이 있었다. 그것은 바로 국민참여경선이다. 이병완은 청와대에 사표를 냈다. 그리고 새천년민주당으로 달려갔다. 민주당 부설 국가전략연구소 상임부소장에 임명되어 국민참여경선을 만들어 나갔다.

정치인은
유권자를 탓할 수
없습니다

"농부가
밭을 탓할 수
있겠습니까?"

─── 가톨릭 기도문 '고백기도'에는 가슴을 치며 "제 탓이요, 제 탓이요, 저의 큰 탓이옵니다."라는 구절이 있다. 노무현은 독실한 가톨릭 신자는 아니었지만 이 기도문을 몸소 실천했다. 모든 잘못에 대해 '제 탓이요'라고 했다. 남을 탓하는 법이 없었다. 누구도 원망하지 않았다. 항상 자신의 업보라고 생각했다.

검찰 소환에 응하여 서울행 버스를 타던 2009년 4월 30일 아침, 봉하마을 사저 응접실. 청와대 시절 참모와 지인 30여 명이 노무현 대통령과 차를 마시면서 "힘내시라."고 응원했다. 노무현은 그 자리에서 문제의 인물, 박연차 회장 이야기를 스쳐 지나가듯 잠깐 했다.

"3당 합당을 거부한 후 선거에 자주 떨어지니 후원이 뚝 끊겼어요. 돈이 다 떨어졌어. 그때 박 회장이 도와주시더라고요. 구세주 같았습니다." 한동안 침묵이 흘렀다. 노무현은 박 회장에 대해 더 이상 말을 하지 않았다.

정치검찰은 잔인했다. 특별 조사실에서 노무현과 박연차의 대질심문을 하려 한 것이다. 전직 대통령에 대한 예우가 아니었다. 노무현이 거부했다. 노무현은 조사가 완료되기 직전 특별 조사실에서 박연차와 조우했다. 노무현은 박연차에게 "고생이 많다. 자유로워지면 한번 만나자."고 위로했다.

노무현은 2000년 4월 16대 총선에서 당선이 확정적이었던 서울 종로 지역구를 포기하고 부산 북강서을 지역구에 출마했다. 선전했으나 결과는 '예상대로' 낙선이었다. 전국의 노무현 지지자들이 부산 유권자들을 원망했다. 노무현은 홈페이지에 감사의 글을 올리면서 부산 시민들을 비난하지 말 것을 부탁했다. "이 아픔 잊는 데는 시간이 약이겠지요. 또 털고 일어나야지요. 농부가 밭을 탓할 수 있겠습니까?" 노무현은 이때 '바보'라는 별명을 얻었다. 노무현은 '부산 시민들을 욕하지 마십시오'라는 언론 기고문을 통해, 오히려 부산 시민들을 옹호했다.

"승리니 패배니 하는 이야기는 하지 않았으면 합니다. 저는 누구와 싸운 적이 없습니다. 상대 후보와 싸운 일도 없고, 부산 시민들과 싸운 일도 없습니다. 정치인이라면 당연히 추구해야 할 목표에 도전했다가 실패했을 뿐입니다. 제 홈페이지에 많은 글이 올라와 있습니다. 대부분이 부산 시민들을 비난하는 글들이었습니다. 저 또한 부산 시민들이 야속하고 원망스럽지 않은 것은 아니지만, 외마디로 부산 시민들을 비난하는 데는 동의하기 어렵습니다. 지역주의가 어디 부산만의 문제인가요? 지역주의가 이기주의와 편견 또는 독선에서 비롯된 것이라고 한다면, 우리 누구도 그로부터 자유롭지 않다는 사실을 인정해야 합니다."[26]

정치와 언론이
손잡으면
괴물이 탄생합니다

"나는 언론과의 관계에서
두 가지를 감당하려고 했다. 하나는
정치권력과 언론의 유착관계를
단절하는 것이었다.
다른 하나는 언론이 누리는
부당한 특권을 인정하지 않는
것이었다."

─── "언론이 문제다, 언론 때문에 나라 망하겠다는 말을 주변에서 자주 듣는다. 밖에서 듣기 전에 언론인들 자신이 위기감을 느끼고 있다. 30여 년이나 계속된 군사독재 아래 생존하기 위해 침묵했던 대다수 언론인들은 자나 깨나 언론의 자유를 갈망했지만, 자유의 바다를 바르게 헤엄치는 훈련을 받지는 못했다. 자유에 따르는 책임의식도 키우지 못했다. 정론지를 표방하는 신문의 사설이 격문이나 삐라로 전락한다면 신문의 격을 누가 되살려주겠는가."[27]

한국의 언론 현실에 대한 비판이 날카롭고, 언론자유에 대한 애정이 깊고 넓다. 누구의 글일까. 언론개혁운동을 하고 있는 시민운동가? 아니다. 진보와 보수를 떠나 가장 존경받는 언론인 가운데 한 명이었던 장명수 전 한국일보 주필의 글이다. 장명수는 이 칼럼에서 "언론은 지금 군사독재 시절보다 더 심각한 위기에 빠졌다."는 결론을 내렸다. 2009년 장명수의 이 판단은 지금도 유효하다.

노무현 대통령은 취임하자마자 언론 개혁에 착수했다. 언론 개혁에도 큰 원칙이 있었다. 그것은 법치주의였다. 권위주의 시대의 초법적 조치는 그의 머리에 없었다. 진보 진영의 일부 인사들은 "문제의 언론을 왜 방치했느냐. 최고 권력을 갖고 있었으면서 그것 하나도 해결하지 못했느냐."고 비판했다. 법치주의의 근간을 흔드는 발상이다. 노 대통령은 이렇게 말했다. "나는 언론과의 관계에서 두 가지를 감당하려고 했다. 하나는 정치권력과 언론의 유착관계를 단절하는 것이었다. 다른 하나는 언론이 누리는 부당한 특권을 인정하지 않는 것이었다."[28] 노 대통령의 언론 개혁은 엄격히 말해 '정부와 언론과의 관계 개혁'이었다.

시민단체는 언론사의 소유 구조와 편집권을 개혁하라고 요구했다. 언론사 소유 구조는 사유재산권의 영역이고, 편집권은 언론 자유의 영역이다. 언론 개혁이 아무리 중요하다고 해서 사유재산권과 언론의 자유를 침해할 수는 없는 일이다. 왜 언론 개혁이 필요한가. 노 대통령의 말이다. "가장 막강한 권력은 언론이다. 선출되지도 않고 책임지지도 않으며 교체될 수도 없다."[29] 강자끼리 타협하면 특권층의 카르텔이 형성된다. 언론권력과 정치권력이 '야합'하는 순간 '괴물'이 탄생하는 것이다. 강자의 카르텔이 출현하지 않도록 하는 상호견제 시스템이 만들어져야 한다. 언론이 개혁되어야 할 이유다. 노무현은 '강자의 야합'을 철저히 거부했다.

노 대통령은 언론과 '건전한 긴장 관계'를 유지하려 했다. 그러나 그것은 '전쟁'으로 비화되고 말았다. 2008년 1월 공직자 신년인사회에서 소회를 밝혔다.

"5년 동안 내내 어떤 경우에는 전쟁처럼, 어떤 경우에는 싸움처럼, 또 어떤 경우에는 씨름처럼 특권과 반칙과 유착과 기득권과의 갈등 속에서 살아왔습니다. 그중에서 제일 컸던 것이 언론과의 갈등이었습니다. 이것은 전쟁이었습니다. 전쟁과 씨름의 차이는, 씨름에는 룰이 있고 전쟁에는 룰이 없습니다. 그래서 룰 없이, 규칙 없이 언론과 사생결단의 싸움을 해왔던 것 같습니다. 정말 힘들었습니다."

한국 언론은 참여정부 때 자유를 만끽했다. 국제언론감시단체인 '국경없는기자회(RSF)'는 2006년 한국의 언론자유를 아시아 1위, 세계 31위로 평가했다. 일본은 세계 51위, 미국은 53위였다. 한국 언론은 언론의 자유를 주체하지 못할 정도였다. 자유가 방종으로 변질되기도 했다. 언론의 자유를 '언론사 사주의 자유'로 착각하는 언론인들도 적지 않았다.

**언론은
진실도 거짓으로
만들 수 있습니다**

"현대중공업 사건을 계기로
나는 언론으로부터
거의 떡이 되도록 얻어맞는
홍역을 치렀다."

―― 언론은 사회를 비추는 거울이다. 국민들은 거울(언론)에 나타난 노무현을 보고, 노무현을 판단했다. 노무현은 정상이 아니었다. 무책임한 대통령, 은혜를 모르는 배신자, 경박한 정치인, 철 없는 소영웅주의자, 뻔뻔한 위선자, 알량한 의인…. 오물이 묻은 일그러진 거울이었다. 왜곡편파, 침소봉대, 거두절미는 한국 언론의 3대 지병이다. 노무현의 진의가 완전 왜곡된 대표적인 사례를 몇 개 들어본다.

청와대 정책실장이었던 김병준 국민대 교수는 2005년 청와대 브리핑에 기고한 글에서 "노무현 대통령이 '왜곡의 유리벽'에 갇혀 있다."고 개탄했다.

"대통령직 못해먹겠다"

노무현 대통령은 2003년 5월 21일 무척 어려운 손님들을 접견했다. 광주 5·18기념재단 이사장을 비롯한 5·18 행사 관계자들과 만난 것이다. 이들은 광주 5·18 행사 때 있었던 불미스러운 일에 대해 사과하러 온 것이었다. 분위기가 무거웠다. 한총련 대학생들이 노 대통령의 5·18 행사장 입장을 방해하는 기습시위가 있었고 대통령은 하는 수 없이 후문으로 입장하는 초유의 '의전 사고'가 발생했다. 대통령은 그렇잖아도 이라크 파병 반대, 화물연대 파업, 전교조 집회, 공무원노조 집회 등의 집단행동으로 골머리를 싸매고 있었다.

실제 발언

5·18 관계자 "예의에 어긋나는 일로 누를 끼쳐 죄송합니다. 마음이 아픕니다. 젊은 학생들이 다소 실수를 했습니다. 너그럽게 생각하셔서…."

노 대통령 "(마음이) 넓고 좁고의 문제가 아닙니다. 기분이 상하고 안 상하고의 문제도 아닙니다. 요 근래 제가 부닥치는 문제가 너무 어렵습니다. 모두가 힘으로 밀어붙이려고만 하니…. 이러다 대통령직을 못해먹겠다는 위기감이 듭니다."

노 대통령은 비공개, 비공식 자리였던 만큼 직무상의 고충을 솔직하게 털어놨다.

언론보도

"전부 힘으로 하려고 하니 이러다 대통령직을 못해먹겠다는 생각이 든다."

참석자 가운데 한 사람이 언론에 이야기를 했던 모양이다. 언론은 거두절미하고 '대통령직 못해먹겠다'고 보도했다. 온 나라가 발칵 뒤집혔다. 노무현은 창졸지간에 무책임한 대통령이 되고 말았다.

"호남 사람들이 내가 예뻐서 찍었나요?"

노무현 대통령은 2003년 9월 17일 광주에서 지역 언론인들과 대화모임을 가졌다. 비보도(오프 더 레코드)를 전제로 한 간담회였다. 정치인은 물론이고 기업인들도 언론과 비보도 간담회를 수시로 개최하여 배경 설명을 하는 게 관례다.

실제 발언

"나를 대통령으로 만들어준 호남에 대해 반드시 의리를 지키겠다. 호남 사람들이 나를 선택한 것은 전략적으로 볼 수 있으며, 사실 내가 유일한 대안이 아니었나. 호남 사람들의 당시 정서는 이회창 후보에 대해 극도의 거부감을 갖고 있었고, 지역 구도를 타파하기 위해 경상도 사람인 나를 선택하게 된 것 아니냐."

언론보도

"호남 사람들이 나를 위해 찍었나요? 내가 예뻐서라기보다 이회창 후보가 싫어서 찍은 것 아니냐."

언론의 왜곡보도는 '호남 비하 발언'으로 둔갑하여 호남 사람들의 마음을 갈기갈기 찢어놓았다. 특히 입에 담지도 않았던 '예뻐서', '싫어서' 등의 자극적인 말까지 동원하여 민심을 헤집었다. 대통령은 졸지에 배신자가 되고 말았다.

현대중공업 연설

노무현은 초선 국회의원 시절 언론의 뜨거운 맛을 봤다. 1988년 12월 26일 현대중공업 파업 때 했던 연설이 발단이 되었다.

실제 발언

"노동자 대표 20명만 있으면 화끈하게 한번 해보겠는데, 정말 답답합니다. 이제 노동자는 노동자 대표를 뽑아야 합니다. 그런데 울산 동구 말고 노동자 대표를 뽑을 만한 곳이 또 어디 있습니까. 바로 여기서는 여러분이 노동자 대표 한 분 뽑아 주시고, 저는 딴 데 어디 가면 또 안 되겠습니까?"

언론보도

"나 같은 사람 20명만 있으면 국회도 흔들 수 있다. 나는 대한민국 어디에서 출마해도 당선된다."

항의 전화가 빗발쳤다. 청문회 스타 노무현은 삽시간에 철없는 소영웅주의자가 되어야만 했다. 노무현은 이때 한국 언론의 민낯을 처음 확인했다. 나중에 술회했다. "현대중공업 사건을 계기로 나는 언론으로부터 거의 떡이 되도록 얻어맞는 홍역을 치렀다."[30] 언론의 '노무현 죽이기'는 이때부터 시작되었다.

언론의 왜곡보도는 기괴한 힘을 발휘한다. 청와대 홍보수석이었던 조기숙 이화여대 교수는 이를 마법이라고 했다. 어제오늘의 이야기가 아니다. 수천 년 전에도 있었다. 중국 고사인 삼인성호

(三人成虎)가 여기에 해당된다. 영향력이 조금 있는 세 사람만 작당을 하여 '시장 바닥에 호랑이가 나타났다.'고 소리치면 사람들은 그것을 믿게 된다.

현대에서는 마법이 과학적으로 입증되기도 했다. 폴란드 출신의 미국 사회심리학자 솔로몬 애쉬의 '동조이론'은 유명하다. 명백한 거짓이라도 힘 있는 집단이 입을 맞춰 반복적으로 사실이라고 주장하면 대중은 그들의 의견에 동조한다는 것이다. 개를 늑대로, 사이다를 소주로 둔갑시키는 것은 식은 죽 먹기다. 노무현은 동조이론의 최대 피해자였다. 노무현도 말했다. "그들(언론)이 아니라고 하면 진실도 거짓이 된다. 아무리 좋은 일도 언론이 틀렸다고 하면 틀린 것이 된다."[31]

언론은
제자리로
돌아가야 합니다

"진정한 의미에서
현재 언론이 서 있는 자리는
어디입니까?
정치권력입니까? 시장권력입니까?
시민권력입니까?"

─── 중국의 마오쩌둥은 "권력은 총구에서 나온다."고 했다. 공산주의 혁명 때 이야기다. 선거로 권력자를 선출하는 현대 민주주의 사회에서는? 여론이 권력을 결정한다. 여론은 누가 만드는가. 언론이 좌우한다. 여론은 TV, 신문, 인터넷 등 언론보도의 반영이다. 민주주의에서 언론의 역할이 소중한 이유가 바로 여기에 있다.

정치인들은 권력을 쟁취하기 위해 한 치도 양보할 수 없는 게임을 벌인다. 선거에서 이겨야 권력을 손에 쥘 수 있다. 선거는 이 전투구의 혈전이다. 여론의 향배에 따라 승부가 결정되곤 한다. 피 튀기는 선거전을 '민주주의의 축제'로 승화시키기 위해서는 언론의 엄정중립이 필수적이다. 미국 신문의 경우 사설로는 특정 후보에 대한 공개지지를 표명하면서도 취재와 보도는 엄정중립을 취하고 있다.

노무현 대통령은 '언론의 자유'를 누구보다도 소중히 여기는 정치인이었다. 문제는 '언론의 일탈'이었다. 노 대통령은 언론이 운동장에 뛰어들어 특정 선수의 발목을 잡는 반칙행위를 용납할 수 없었다. '타락한 언론'을 바로잡기 위해 정치 생명을 걸고 싸웠다. 정치 거물들도 외면하는 '언론과의 전쟁'을 겁도 없이 초선 국회의원 때부터 시작했다. 생을 마감하는 그 순간까지 언론 개혁의 끈을 놓지 않았다. 스스로 당랑거철(螳螂拒轍)이니, 우공이산(愚公移山)이니 해가면서 외로운 길을 걸었다. 노 대통령은 2007년 11월 한국정책방송(KTV)에 출연하여 자신의 언론관을 피력했다.

"진정한 의미에서 현재 언론이 서 있는 자리는 어디입니까? 정치권력입니까? 시장권력입니까? 시민권력입니까? 이것이 제가 묻고 싶은 것입니다. 제대로 된 언론이 시민권력으로서 제자리를 잡고 역할을 할 수 있도록 하고 또 그렇지 못한 언론은 시장권력의 대리인이나 정치권력의 대리인으로 자신의 본질을 드러내도록 사회를 투명하게 만들어가는 것, 이것이 제가 바라는 결과입니다."[32]

정치권력(국가권력)은 국민의 생사여탈권을 쥐고 있는 최고 권력이다. 시장권력은 시장을 좌지우지하는 경제 권력이다. 한국에서는 재벌이 시장권력을 장악하고 있다. 시민권력은 정치권력과 시장권력을 견제하고 감시하는 시민(국민)의 힘이다.

노 대통령은 언론에 호소했다. "**언론은 본래의 자리로 돌아와야 합니다. 국민의 편에서 국민의 권리와 이익을 대변하는 시민의 권력이 되어야 합니다. 약자의 권력이 되어야 합니다.**"[33]

노 대통령은 본분을 상실한 일부 보수 언론에 대해, "당신들은 선수가 아닙니다.", "스탠드로 좀 올라가시오."라고 질타했다. 노 대통령은 그런 언론을 '정치언론'이라 불렀다.

잘못하지 않았으면
굴하지 않았다

무릎 꿇고 사느니, 차라리 서서 죽기를 원했다. 불의와 적당히 타협하지 않았다. 정의롭지 못한 강자에게 비굴하지 않았다. 그러나 자신의 잘못이나 과오에 대해서는 군말 없이 시인하고 정중하게 사과했다.

노무현 대통령 탄핵의 주인공 박관용 전 국회의장은 "다시 탄핵이 와도 나는 의사봉을 잡겠다."고 했다. 어이가 없다. 박관용은 자서전에서 해괴망측한 음모론을 제기했다. "그때 느낀 것이 '아, 이 사람들이 파국을 원하고 있구나.' 하는 것이었다. 좀 더 거슬러 올라가 '이들이 탄핵이라는 절망적인 사태를 일부러 불러왔구나.', '국가를 벼랑에 세워놓고 정치적인 목표를 거머쥐려는 책략일 수도 있겠구나.' 하는 느낌을 강하게 받았다."[34]

> "교무실에서 종일 벌을 섰다. 그러나 반성문은 쓰지 않고 경위서만 냈다."

고대 로마시대의 율리우스 카이사르는 "대부분의 사람은 자신이 보고 싶어 하는 것밖에 보지 못한다."고 말했다. 박관용이 딱 여기에 해당되는 인물이다. 탄핵음모론은 노무현을 몰라도 한참 모르는 소치다.

노무현이 중학교 1학년 다닐 때 있었던 일이다. 당시의 '백지동맹 사건'을 보면, 노무현의 천성과 기개를 알 수 있다. 노무현은 이 사건과 관련된 당시의 상황을 자서전에 써놓았다.

"괘씸죄에 걸려 교무실에서 종일 벌을 섰다. 그러나 반성문은 끝내 쓰지 않고 경위서만 냈다."[35]

부정선거가 있던 해인 1960년 2월이었다. 학교는 '우리 이승만 대통령'이라는 제목으로 작문을 하라고 했다. 어린 나이였지만 부정한 일로 여겨졌다. 친구들에게 글을 쓰지 말고 백지로 내자고 선동했다. 교무실로 끌려가 하루 종일 벌을 받았다. 나중에는 주임 선생님에게 말도 하지 않고 집으로 도망가버렸다. 다음 날 다시 학교에 갔다. 주임 선생님은 잘못을 시인하고 용서를 비는 반성문을 쓰라고 했다. 노무현은 백지동맹의 자초지종만 적고 잘못했다는 말을 한 마디도 쓰지 않았다. 주임 선생님은 여러 번에 걸쳐 반성문을 쓰라고 달랬지만, 노무현은 끝까지 버티었다. 이 일화는 징후적 해석이 가능하다. 후일에 보여줄 결벽증에 가까운 당당한 처신을 예견해주고 있다.

국회와 야당은 노무현 대통령을 탄핵하기 전 모종의 '거래'를 제안해왔다. 박관용 국회의장, 최병렬 한나라당 대표, 조순형 민주당 대표, 야당 정치인들이 노 대통령에게 사과하거나 사과하는 모양새만 갖춰 달라고 요구했다. 중학교 시절 '백지동맹 사건' 때 반성문을 쓰라고 강요한 주임 선생님을 연상케 하는 일이 벌어진 것이다. 노 대통령은 국회의 탄핵 의결을 하루 앞둔 2004년 3월 11일 비장한 각오로 특별기자회견을 했다.

"'사과하라'는 여론이 많은 것으로 알고 있습니다. 잘못이 있어 국민에게 사과하라면 언제든지 사과할 수 있습니다. 그러나 잘못이 뭔지 잘 모르겠는데 시끄러우니까 그냥 사과하고 넘어 가자거나 그래서 탄핵을 모면하자는 뜻이라면 받아들이기 어렵습니다."

　노무현은 끝내 '사과문'이나 '반성문'을 쓰지 않았다. 결국 돌아온 것은 탄핵이었다.

대책 없이
솔직한 정치인

노무현의 성격을 한 마디로 말하라면 '대책 없이 솔직한 사람'이다. 함께 있는 사람들이 당혹스러울 정도로 자기 속내를 그대로 표현하곤 한다. 예를 들면 이런 식이다. 2002년 3월 대통령선거 출마를 앞두고 출간한 책에 들어 있는 내용이다. 1975년 사법고시에 합격한 후 고시잡지에 기고했던 글을 그대로 게재해놓았다.

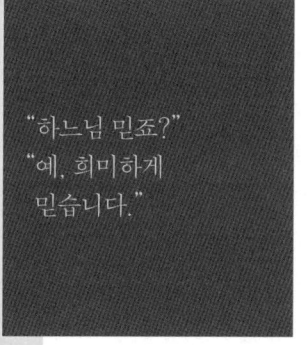

"하느님 민죠?"
"예, 희미하게 믿습니다."

"1차 시험 직전에야 겨우 처녀의 마음을 함락시키고는 안도했는데, 이제 그녀가 결혼 적령을 넘었다는 사실과 고시와 연애는 양립할 수 없다는 중론 사이에서 그녀와 나는 고민의 연쇄 반응을 일으켰고…73년 1월에는 예년의 시험 대신에 그녀와 결혼했고 5월에는 아들도 낳았으니…."[36]

솔직함도 좋지만 아무리 그래도 그렇지, 신혼부부 시절의 '속도위반'을 공개적으로 밝히다니, 이것은 아닌데, 하는 느낌을 갖게 하는 대목이다. 대통령 후보 당내 경선을 앞둔 2002년 2월 시사평론가 유시민과의 대담에서도 그의 솔직성이 가감 없이 드러났다.

"일생에서 가장 잘한 선택과 잘못한 선택을 하나씩만 이야기해주십시오."

"제일 나쁜 선택은 정치를 선택한 것이 아닌가…. 제일 잘한 것은… 모르겠고."

유시민이 촌평을 했다.

"노무현은 무척 순진한 사람이다. 대통령이 되겠다는 사람이 정치 시작한 걸 일생 최악의 선택으로 꼽는 걸 보라. 제일 잘한 선택에 대한 답변도 그렇다. 모르겠다니? '아내한테 청혼한 겁니다.' 참모들이 이런 대답을 건의했을 게 빤한데도 도대체 요지부동이다. 이런 사람은 대중에게 아부하지 않는다. 표를 구걸하지도 않는다. 한마디로 마음에 없는 말이나 행동을 하지 못하는 성격이다."[37]

민주당 대통령 후보로서 한나라당 이회창과 치열한 접전을 벌이고 있던 2002년 6월, 노무현은 김수환 추기경을 예방했다. 대화 장면이 동영상으로 공개되면서 잔잔한 화제를 불러일으켰다. 김수환 추기경이 물었다. "하느님 믿죠?" "예, 희미하게 믿습니다."

노무현은 마치 꾸중을 듣는 학생처럼 고개를 숙인 채 쑥스러운 표정으로 '마음속의 신앙심'을 사실대로 고백해버렸다. 당시의 동영상을 지금 봐도 배시시 웃음이 나온다. 현장에 배석했던 사람들도, 그것을 TV뉴스로 봤던 사람들도 "추기경 앞에서 '표'를 구걸해야 할 정치인이 어떻게 저럴 수가 있을까." 하고 노무현의 '담백한 솔직성'에 놀라움을 나타냈다. 한명숙 전 국무총리는 말했다. "그 장면을 보고 저는 판단했어요. 이분은 천성적으로 거짓말 못하는 맑은 분이구나."

정치에 희망은 있습니까

한국 정치는 지역주의의 감옥에 갇혀 있다. 감옥의 열쇠는 무엇인가. 기득권이다. 새누리당, 재벌, 보수 언론 등이 기득권을 놓치지 않기 위해 똘똘 뭉쳐 있다. 거대한 '기득권 복합체'다. 지역주의가 존속되는 한 새누리당의 권력 기반은 무너지지 않을 것이다. 지역주의는 그들에게 기막힌 장기집권 전략이다.

우리 정치의 구조적 악행은 지역주의에 뿌리를 두고 있다. 정의가 실종된 기회주의, 패거리 정치, 다수(새누리당)의 폭정, 불복 문화… 보수 진영은 기득권을 지키는 일이라면 물불을 가리지 않는다. 민주주의도, 국익도, 평화도, 인권도, 환경도 그다음의 문제다. 지역주의에는 희망이 없다. 지향해야 할 이념도 없고, 추구해야 할 가치도 없다. 오로지 퇴행적 기득권만 있을 뿐이다. 국민의 가치를 정치 구조에 반영하고, 정책을 중심으로 경쟁하고 협력하며 연합하는 정치는 먼 선진국의 이야기인가.

**주류 비주류로
세상을
가르고 있습니다**

"상대가 나를 대통령으로
인정하지 않았다."

─── 한국의 기득권층은 처음부터 노무현을 대통령으로 인정하지 않았다. 2002년 대선 결과를 사실상 수용하지 않았다는 이야기다. 합법을 가장한 '노무현 흔들기'와 '노무현 죽이기'가 5년 내내 진행됐다. 아니, 퇴임 이후까지 이어졌다. 2004년 '노무현 탄핵'과 퇴임 후의 '검찰수사'는 그 연장선상에 있다. '노무현 서거'는 그 끝이다. 노무현 대통령은 취임 초의 심정을 자서전에서 이렇게 밝혔다.

"서로 다른 정치적 지향과 가치관을 가진 사람들이 서로 존중하고 대화하고 타협하는 성숙한 민주주의 시대를 열고 싶었다. 하지만 막상 대통령이 되고 보니 마음먹은 대로 되지 않았다. 우선 상대가 나를 대통령으로 인정하지 않았다. 나름대로 노력했지만 대화의 문을 열기가 어려웠다. 집권당인 민주당 안에서도 선거 기간에 생겼던 '후단협'(후보단일화추진협의회)의 갈등이 해소되지 않았다."¹

노무현이 여기서 말한 '상대'는 정치적으로 한나라당이지만, 실질적으로는 보수 진영과 민주진보 진영을 망라한 한국의 기득권층이다. 보수 기득권층만 노무현을 대통령으로 인정하지 않았던 게 아니라, 민주진보 진영의 기득권 세력도 노무현을 대통령으로 인정하지 않았다는 말이다. 민주당의 '후단협'이 대표적 사례다. 심지어는 민주화 운동권과 노동 운동권에서 주류를 자처하는 세력도 노무현을 인정하려 하지 않았다.

한국의 기득권층은 틈만 나면 노무현을 물고 늘어졌고 흔들었으며 기어이 죽음에 이르게 했다. 그들은 노무현에게 '실패'를 미리 낙인찍어 놓고, '완벽한 지도자'가 되어야 한다고 채찍질했다. 세상에 완벽한 지도자가 어디 있는가.

시인 도종환이 노무현 서거 후 서럽게 추도했다. "당신은 비록 이 나라의 대통령이었지만 철저한 비주류였습니다. 야당 국회의원을 해도 주류가 있고 비주류가 있으며, 대통령을 해도 비주류 대통령이 있는 나라에서 우리는 살고 있습니다."[2]

**정치에
적당한 타협은
있을 수 없습니다**

"헌법재판소장 임명동의안을
 철회했습니다.
 대통령이 굴복했습니다."

─── 현직 대통령이 국무회의 석상에서 '굴복했다'는 표현을 썼다. 그것도 노무현 대통령이. '굴복'은 최고 권력자가 결코 사용해서는 안 될 금기어다. 대통령까지 한 정치인 치고 자존심 강하지 않은 사람이 어디 있겠느냐마는 그중에서도 노무현은 둘째가라면 서러워 할 정도로 자존심이 강한 사람 아닌가. 노무현은 한 번도 아니고 4번이나 '굴복'이라는 어휘를 내뱉었다. 아마 생애 처음일 것이다.

한나라당은 2006년 가을 무려 3개월이 넘게 전효숙 헌법재판소장 인준 문제를 놓고 청와대와 실랑이를 벌이고 있었다. 사실상 대통령 발목잡기였다. 전효숙은 전남 순천 출신으로 이화여대 법대를 졸업하여 사법고시에 합격한 흠잡을 데 없는 후보였다. 한나라당 등 야당은 코드인사니, 절차상 하자가 있느니 하면서 인준 절차를 밟지 않았다. 막판에는 표결 처리도 방해했다. 게다가 헌법재판소장 공백 사태라는 헌정사상 초유의 일이 발생했다. 각종 개혁입법에 대한 국회의 보이콧으로 국정이 마비될 지경이었다.

노 대통령이 굴복을 선언했다. 2006년 11월 28일 국무회의 모두발언을 통해 "굴복했다"고 말한 것이다. 청와대 출입기자들 앞에서 말이다(노 대통령은 청와대에서 국무회의를 주재할 때 모두발언은 기자들에게 공개했다). 전효숙을 헌재 소장 후보로 지명한 지 꼭 103일 되는 날이었다.

"국회에서 표결을 거부하고 표결을 방해하는 것은 헌법을 위반하는 불법행위입니다. 그런데 어제 헌법재판소장 임명동의안을 철회했습니다. 현실적으로 상황이 굴복하지 않을 수 없는 상황이라서 굴복했습니다. 이제 대통령 인사권에 사사건건 시비가 걸리고 있어서 대통령의 권한 행사가 대단히 어려운 상황입니다. 임기 동안 직무를 원활히 수행하자면, 이런저런 타협과 굴복이 필요하면 해야 되는 것 아닌가 생각합니다."

말로만 굴복한 게 아니었다. 실질적인 굴복이었다. 한나라당에 굴복한 게 아니었다. 여소야대의 횡포에 굴복했고, 지역주의에 항복한 것이었다. '사과'는 잘못을 시인하고 재발 방지를 약속하는 행위다. '굴복'은 잘못한 것이 없는데도 잘못했다고 사과하는 행위다. 굴복은 잘못은 없으나 힘이 없기 때문에 당하는 굴욕이다.

정치인들은 "굴복했다"라는 말을 공개석상에서 절대 하지 않는다. 설령 내용적으로는 굴복했다 할지라도 말은 그렇게 하지 않는다. 노무현 대통령은 달랐다. "굴복했다"고 솔직히 말했다. 잘못한 것이 없는데도 여소야대 구도에서 야당에 밀려 대통령이 잘못한 것처럼 되어버렸으니 그것은 굴복이다.

2004년 탄핵 때 한나라당과 민주당은 노 대통령에게 사과를 요구했다. 사과 발언이나 사과로 간주되는 발언을 하면 탄핵하지 않겠다고 제의한 것이다. 노무현은 이 요구를 거절했다. **잘못한 것이 없는데 사과하는 것은 굴복이었다. 노무현은 '굴복하는 모습'을 보여주지 않아 탄핵을 당하고 말았다.**

적당한 타협은 노무현의 언어가 아니다. 2004년 4월에는 적당히 타협하지 않아 탄핵을 당했고, 2006년 11월에는 적당히 타협하지 않았다는 의미에서 '굴복'이라는 말을 썼다. 노무현은 어떤 경우에도 적당히 타협하지 않았다.

과거 정부에 대한
평가 기준은
무엇입니까

"참여정부 실패론은
절대로 사실이 아니다.
어떤 평가 기준을 대더라도
반박할 수 있다.
사실이 아니다."

─── 오마이뉴스 오연호 대표는 2007년 가을 퇴임을 얼마 남겨두지 않은 노무현 대통령과 청와대에서 3번에 걸쳐 '역사적인' 특별인터뷰를 했다. 책을 한 권 쓸 정도의 내용이었다. 오 대표는 참여정부 실패론에 대해 끈질기게 물고 늘어졌다. 당시 야당(현 새누리당)은 '잃어버린 10년', '경포대(경제를 포기한 대통령)' 운운하면서 참여정부 실패론을 기정사실화했다. 더 큰 문제는 여당(현 민주통합당)에 있었다. 당시 열린우리당도 참여정부 실패론을 기정사실화했다. 열린우리당 지도부는 노 대통령이 당에 있으면 선거(2007년 대선)에 도움이 되지 않는다고 판단, 탈당을 요구했고 노 대통령은 이를 수용했다. 인터뷰 당시에는 법적으로 무소속 대통령이었다. 대통령은 인터뷰 내내 '문초'를 당하는 기분이었다. 말미에 흥미 있는 일이 벌어졌다. 당하고만 있던 대통령이 오연호 대표의 급소를 찌른 것이다.

"오 대표, 근데 한번 물어봅시다. 내가 뭘 잘못했어요? 뭐가 틀렸어요?"[3]

오연호 대표는 아무 말도 하지 못했다. 정서적으로는 참여정부 실패론을 쉽게 말할 수 있을지 모르지만, 구체적 사례를 놓고 이야기하면 사정이 달라진다.

노 대통령은 참여정부 실패론에 대해 무척 섭섭해 했다. 2007년 6월 원광대 특강에서 자신의 이런 심정을 여과 없이 털어놨다. 오연호 대표와 인터뷰하기 3개월 전이다.

"나보고 자꾸 국정 실패, 이렇게 말하는 사람들, 나는 납득 가지 않습니다. 제가 민주주의를 어느 정권보다 잘못했습니까. 나라

경제가 어느 정권에 비해서 잘못됐다는 것입니까. 한번 그렇게 꼼꼼히 따져 보면, 뭐 그리 크게 자랑할 일은 없을지 모르지만, 그렇다고 실패라고 매도될 만큼 그렇게 실패하지는 않았습니다."

노무현은 비록 '대통령 노무현'의 평가에 대해서는 '실패한 대통령'이라고 규정했지만, 참여정부의 국정운영 평가에 대해서는 실패를 인정하지 않았다. 노 대통령은 참모들에게 말하곤 했다. "참여정부가 실패했다고들 하는데…. 그 평가 기준은 무엇인가. 과거 어느 정부에 비해 잘못했다는 것인가. 세계 어느 나라와 비교하여 실패했다는 것인가. 평가는 상대적인데…."

퇴임 후 봉하마을에 가서도 같은 생각이었다. "잃어버린 10년, 참여정부 실패론, 이런 이야기가 나오면 기분이 좋을 리가 없다. 실패가 사실이라 해도 기분이 좋을 리가 없는데 그것이 사실이 아닐 때에는 정말 기분이 더 안 좋다. 참여정부 실패론은 절대로 사실이 아니다. 어떤 평가 기준을 대더라도 반박할 수 있다. 사실이 아니다."[4]

성공과 실패의 판단 기준은 상대적이다. 과거 정부에 대한 평가는 어떠했고, 그 평가 기준은 무엇인가. 그리고 참여정부의 평가를 묻는다면 그 결과가 어떠할까.

정치 개혁은
여전히 과제로
남아 있습니다

"나는 정치적 소망이
성취된 게 없는 사람이다.
대통령을 하는 내내 좌절을
이야기하는 사람이 된 것이다.
성공은 무엇이고,
실패는 무엇인가?"

───── 노무현은 '실패한 대통령'이었다. 스스로 '실패한 대통령', '성공하지 못한 대통령'이라고 평가했다. 한국 민주화를 이끈 정치 거목 김영삼, 김대중 대통령은 자서전을 통해 청와대 시절을 영광과 성공이라고 표현했다. 그러나 YS와 DJ를 이은 노무현은 좌절과 실패를 되뇌었다. 노무현은 왜 이런 평가를 내렸을까. 노무현의 목표는 무엇이었는가. 성공과 실패의 평가 기준은 무엇인가. 대통령 노무현의 목표는 "정치적 성공이 아니라 정치 자체를 바꾸는 것이었다. 정치 문화, 권력 문화를 바꾸는 것이었다."[5]

노무현은 대통령의 사명을 보편적 사명과 특수한 사명, 두 가지로 나누었다. 보편적 사명은 어느 정부라도 실천해야 할 국가의 운영이고, 특수한 사명은 참여정부가 특별히 구현해야 할 가치를 실현하는 것이다. 노무현은 보편적 사명의 수행, 즉 참여정부의 업적에 대해서는 상대평가 기준을 적용하여 "실패하지 않았다"고 말했다. 그러나 특수한 사명, 즉 '대통령 노무현'의 업적에 대해서는 절대평가 기준을 적용하여 "실패했다"고 밝혔다. 유독 자기 자신의 평가에 있어서는 인색하기 그지없었던 것이다.

노무현은 무엇이 '성공한 대통령'일까 수없이 자문했다. 인기가 높은 대통령? 역사에 이름을 남긴 대통령? 직무를 잘 수행한 대통령? 자기가 이루고자 하는 소망을 이룬 대통령? 노무현은 지역구도 해소를 통한 국민통합을 필생의 정치 목표로 삼았다. 여기에 모든 것을 걸었다. 이것으로 대통령이 되었으나 정작 이 목표를 풀지 못했다. 따라서 성공한 대통령이 아니라는 것이다. 마치

올림픽에 출전하여 금메달을 목에 거는 것을 필생의 목표로 삼았던 운동선수가 금메달을 따지 못한 것과 같다고나 할까.

노무현 대통령 비서실장을 지낸 이병완의 설명이다. "노무현은 역대 대한민국 대통령 가운데 스스로 '실패한 대통령'으로 규정한 첫 대통령이다. 그가 자신에 대한 평가를 실패로 규정한 것은 그가 평소 즐겨 사용했던 어법상의 역설이 아니다. 그는 진정으로 자신을 실패한 대통령으로 못 박았다."[6]

노무현은 자신의 회고록《성공과 좌절》에서 실패한 대통령에 대한 심경을 담담하게 적어놓았다. "절반의 성공도 하지 못했다. 시작한 것도 거의 미완성이다. 그래서 절반의 성공도 못되는 절반의 미완성이다."[7] "나는 정치적 소망이 성취된 게 없는 사람이다. 대통령을 하는 내내 좌절을 이야기하는 사람이 된 것이다. 성공은 무엇이고, 실패는 무엇인가?"[8] "실패한 대통령이라는 것은 조금 가혹하고 '성공하지 못한 대통령'이라고 말하는 것이 낫지 않은가 싶다."[9]

대한민국에서 '성공한 대통령'으로 평가된 정치인은 과연 누구인가. 그런 대통령이 있다면 어느 시점에서 어떤 기준에 의해 그런 평가가 내려졌는가.

행복한
퇴임 대통령이 나오면
좋겠습니다

"역대 대통령들을 한번 봐보세요.
한 사람도 무사히 청와대를
나가지 못했습니다. 청와대는
대통령의 무덤입니다."

── 한국의 역대 대통령들은 모두 불운한 말기를 보냈다. 박수를 받고 청와대를 나간 사람은 한 사람도 없었다. 초대 대통령 이승만은 장기독재를 획책하다 4·19혁명으로 하야했다. 미국 하와이에서 망명 생활을 한 후 죽어서 돌아왔다. 내각책임제를 한 윤보선 대통령과 장면 총리는 5·16쿠데타로 쫓겨났다. 박정희는 총탄을 맞고 18년 장기집권을 마감했다. 전두환은 퇴임 후 백담사에서 유배 생활을 했고, 내란죄와 수뢰죄로 감옥 생활을 했다. 노태우도 전두환과 같이 구속되었다. 김영삼과 김대중은 각각 '소산 게이트', '홍삼 트리오'라고 불린 아들 문제가 터져 정치적으로 반신불수가 되고 말았다. 사실상의 식물 대통령이었다.

　2006년 8월이었다. 노무현 대통령의 심기가 좋지 않았다. 정치적으로는 5·31 지방선거 참패의 후유증이 너무 컸고, 개인적으로는 아무 근거도 없는 '바다이야기 사건'으로 속이 타들어갔다. 노 대통령은 푸념하듯 말했다. 그리고 다짐했다. "역대 대통령들을 한번 봐보세요. 한 사람도 무사히 청와대를 나가지 못했습니다. 청와대는 대통령의 무덤입니다. 저는, 두 발로 걸어서 나갈 것입니다."

　노 대통령은 그즈음 청와대에서 열린우리당과 청와대 수녀부들이 참석한 가운데 오찬모임을 갖고 한국 대통령이 넘어야 할 '다섯 가지 고개'를 설명했다. 임기 말 대통령의 고뇌를 간접적으로 토로한 것이다.[10]

　첫째 여소야대, 둘째 지역감정, 셋째 '정치언론'의 공세, 넷째 여당의 차별화 공세, 다섯째 권력기관(검찰)의 이반. 이 가운데 임기 말에 두드러지게 나타나는 것은 여당의 차별화 공세와 권력기관의 이반이다. 둘 다 대통령 입장에서는 배신행위다. 여당은 자기만 살자고 대통령을 내동댕이치고, 검찰은 하이에나가 되어 대통령을 인정사정없이 물어뜯는다.

노 대통령은 두 발로 생생하게 청와대를 걸어 나갔다. 국정 지지율이 남북정상회담의 성공 등으로 40퍼센트 내외를 기록했다. 노무현이 청와대 문턱을 넘어선 순간, 이명박 정권의 잔인한 정치 보복이 시작됐다. 퇴임한 대통령이 시골에서 행복하게 사는 모습을 질투했던 것일까. 노무현은 청와대 문을 잘 걸어 나왔으나 문 밖에서 쓰러졌다. 정의가 성공하는 역사를 만들고 싶었다는 그의 꿈은 '절반의 성공'이 되고 말았다.

청와대에는 기품이 있는 주목 한 그루가 서 있다. 수령이 700년이 넘지만 가지와 나뭇잎이 우람하고 싱싱하다. 청와대 지킴이로 손색이 없다. '천하제일복지(天下第一福地)'라는 청와대가 대통령의 무덤이라니…. '살아 천 년, 죽어 천 년'이라는 그 주목은 한국 최고 권력의 부침을 알고 있을까.

시대가 바뀌면
법과 제도도
바뀌어야 합니다

"토론 한번 하고 싶은데…
그놈의 헌법 때문에…."

정치에
희망은
있습니까

─── 대한민국 대통령에게는 정치 선진국에는 없는 '특별한 의무'가 하나 있다. 선거 중립이다. '선거관리 중립'이 아니고 '선거 중립'이다. 공직선거법(9조)은 대통령에 대해 선거 중립을 의무화하고 있다. 이 조항이 만들어진 배경을 알 필요가 있다. 오시영 숭실대 교수는 이를 "박정희 대통령과 전두환 대통령 등 독재 권력이 대통령직을 이용하여 엄청난 정치 불법을 저질렀기 때문에 이를 막기 위해 생겨난 조항""이라고 지적했다. 박정희와 전두환은 정부 조직과 정당 조직을 통해 노골적으로 선거에 불법 개입했다.

과거 독재 정권은 관권선거와 금권선거를 청와대(대통령)에서 총괄 기획했다. 국가정보원, 검찰, 경찰, 국세청 등 권력기관은 물론이고 동사무소, 면사무소에 이르기까지 모든 정부 행정 조직이 일사불란하게 불법선거에 동원됐다. **공무원법은 대통령에게 정치 중립을 요구하지 않고 있는데(정치활동 허용), 선거법은 선거 중립을 의무화하고 있다. 모순이다.**

노무현 대통령이 정면으로 문제 제기를 하고 나섰다. 대통령의 선거 중립 의무는 세계에 유례가 없는 위선적 제도라고. 대통령이 반드시 지켜야 할 사항은 '선거 중립'이 아니라 '선거관리 중립'이다. 대통령이 대통령직을 정치적으로 악용하여, 즉 정부의 행정 조직을 불법적으로 동원하여 선거에 개입해서는 안 된다는 것이다. 그러나 대통령의 정치 활동이나 선거운동은 허용해야 한다. 미국, 영국 등 정치 선진국에서는 현직 대통령이나 총리가 특정 후보를 위해 지지연설을 하거나 후원 활동을 할 수 있다.

노 대통령은 2007년 6월 참여정부 평가포럼 특강에서 한나라당 이명박 후보의 감세론(복지 축소)과 한반도 대운하 건설을 강도 높게 비판하면서 "이명박의 감언이설에 속지 말라."고 강조했다. 현직 대통령과 유력한 차기 대통령 후보와의 정책 논쟁이었다. 그러나 정치 현안에 대한 언급은 극도로 자제했다. 그러면서 한마디 했다. "토론 한번 하고 싶은데…그놈의 헌법 때문에…."

한나라당과 보수 언론은 기다렸다는 듯이 "대통령이 헌법 비하 발언을 했다."고 포문을 열었다. 신성한 헌법을 상스럽게 '놈'으로 지칭했다는 것이다. 달을 보지 않고 손가락만 본 것이다. 대통령 발언의 핵심 메시지는 무시하고 엉뚱하게 말꼬리를 물고 늘어졌다.

더구나 '그놈의 헌법'이라는 표현이 왜 헌법 비하인지 기가 막힐 일이었다. 탄핵 사태와 신행정수도건설 위헌 판정이라는 엄청난 트라우마를 갖고 있는 노 대통령으로서는 충분히 할 수 있는 말인데도 말이다.

우리는 일상적으로 '그놈의 돈 때문에', '그놈의 사랑 때문에' 등의 표현을 곧잘 쓴다. '돈'과 '사랑'을 비하해서 이런 말을 하는가? 아니다. 무척 귀중한 것이지만 일이 뜻대로 되지 않을 때 애정의 표시로 이런 표현을 쓴다.

우리 사회
경계를 긋고
살고 있습니다

"저는 호남인도 아니고
영남인도 아닙니다.
그 경계 위에 서서
양쪽으로부터 공격받는,
이런 정치적 토대 위에서
대통령이 일을 하자면…."

─── 노무현은 경계인이었다. 지역의 경계인이었고, 이념의 경계인이었고, 시대의 경계인이었다. 좁은 평균대 위에 서 있는 체조선수와 같았다. 평균대 한쪽이 경상도라면 다른 한쪽은 전라도였고, 한쪽이 진보라면 다른 한쪽은 보수였다. 한쪽이 권위주의 시대라면 다른 한쪽은 탈권위주의 시대였다.

노무현은 영호남을 아우르는 지역 통합을 목표로 삼았고, 진보와 보수를 넘나드는 실용주의를 지향했지만 세상은 색안경을 끼고 노무현을 쳐다봤다. 양쪽에서 박수를 쳐주어도 어려운 상황이었는데 외려 서로 자기편을 들지 않는다고 뺨을 때렸다.

평균대에서 내려와야 할 위기에 몰렸다. 취임한 지 불과 8개월이 지난 시점이었다. 국민들에게 재신임을 묻겠다고 전격 발표한 뒤 국회에서 속사정을 털어놨다. 2003년 10월 정기국회 시정연설의 한 대목이다.

"언론 상황도 좋지 않습니다. 지역 정서도 좋지 않습니다. 저는 호남인도 아니고 영남인도 아닙니다. 그 경계 위에 서서 양쪽으로부터 공격을 받는, 이런 정치적 토대 위에서 대통령이 일을 하자면 그래도 양심에 부끄러움이 없고 떳떳해야 어려움을 무릅쓰고 극복을 해나갈 텐데 지금 이 상황으로서는 자신이 없었습니다. 이대로는 앞으로 4년, 국정을 아무리 발버둥 쳐도 제대로 하기 어렵다는 생각을 하게 됐습니다."

노무현은 재신임 위기를 벗어났지만 '경계인의 위상'은 그대로였다. 전라도에서는 '경상도 대통령'으로 불렸고, 경상도에서는 '전라도 대통령'으로 통했다. 호남 사람들은 그의 얼굴에서

'경상도적인 요소'만 보려 했고, 영남 사람들은 '전라도적인 현상'만 찾으려 했다. 노무현의 진면목을 보려는 사람은 드물었다.

진보 진영에서는 노무현에게 '짝퉁 진보', '사이비 진보', '진보의 탈을 쓴 보수'라고 폄훼했고, 보수 진영에서는 '빨갱이', '친북좌파', '반미주의자'라는 딱지를 붙였다. 형용모순의 '좌파신자유주의'라는 말도 그래서 나왔다.

지역주의는
국가 발전을 가로막는
전족입니다

"지역 구도를 해소하고
대화와 타협의 정치 문화를
만드는 데 필요하다면 권력을
반이 아니라 통째로
내놓겠습니다."

───── 노무현 대통령의 목표는 단순히 '정치적 성공'이 아니었다. 그의 목표는 한국의 정치 구조와 정치 문화, 권력 문화를 바꾸는 것이었다. 노무현 필생의 꿈은 국민 대통합이었다. 대통합을 위해서는 지역주의를 타파해야 했다. 지역주의를 근본적으로 해소할 수만 있다면 무엇인들 못하겠는가. 어떤 대가도 지불하고 싶었다. 국민 대통합과 지역주의 타파에 대한 목표가 그토록 간절했다. 대연정 구상은 여기서 나왔다. 노 대통령은 정권을 내놓고 한나라당은 기득권(지역주의)을 내놓은 담판이었다.

노 대통령은 2005년 8월 KBS 특별프로그램 '참여정부 2년 6개월, 대통령에게 듣는다'에 출연, 한나라당과 박근혜 대표에게 대연정을 공식 제안했다.

"지역 구도를 해소하고 대화와 타협의 정치 문화를 만드는 데 필요하다면 권력을 반이 아니라 통째로 내놓겠습니다. (한나라당이) 연정 그 정도로 얽혀서는 골치 아프니까 권력을 통째로 내놓으라면 (그것도) 검토해 보겠다는 뜻입니다. 연정을 받기 싫으면 지역 구도 극복을 위한 정치 협상이라도 하자, 이것이 한나라당에 대한 내 요구입니다."

정치권은 물론이고 대한민국 전체가 발칵 뒤집어졌다. 민주 진영은 "당신 혼자 잡은 권력인가?", "독재자의 딸하고 연정을 할 수 있느냐."고 차갑게 돌아섰다. 보수 진영도 "연정은 위헌이다.", "꼼수가 있는 것 아니냐."고 평가절하 했다.

연정은 합당이 아니다. 많은 사람들이 연정과 합당을 혼동하여, 열린우리당과 한나라당의 합당을 추진하는 것으로 오해하고 있었다.

노 대통령이 대연정을 제안할 때는 대전제가 있었다. 그냥 권력을 넘겨주겠다는 것이 결코 아니었다. 그것은 지역주의 해체를 위한 선거제도 개혁이었다. 현재의 선거제도(소선거구제)는 국민의 정치적 욕구를 제대로 수렴할 수 없다. 영남 지역을 기반으로 한 한나라당에게는 엄청난 기득권이다. 개혁이 아무리 좋기로서니 자신의 기득권을 그냥 내려놓는 정치인은 동서고금에 없다. 적절한 대가를 주어야 한다. 노무현은 그 대가로 대통령 권력을 제시한 것이다. 한나라당 기득권과 대통령 권력을 바꿔서라도 지역 구도를 근본적으로 해소하고 싶었다. 그것이 대연정 구상이었다.

대연정 구상은 아닌 밤중에 홍두깨가 아니었다. 노 대통령은 수차례에 걸쳐 연정 구상을 암시하기도 하고 공개적으로 밝히기도 했지만, 다들 관심도 갖지 않았고 고민도 하지 않았다. 대통령 선거를 할 때마다, 국회의원 선거를 할 때마다, 정치인들은 지역 구도 혁파를 약속하지만 구체적인 실천 방안은 내놓지 않는다. 선거 때가 지나면 고민도 하지 않는다. 노무현은 달랐다. 선거 때는 지역주의 해소를 공개적으로 약속했고, 대통령을 할 때는 이 공약을 너무나 우직하게 실천하려 했다.

노 대통령은 후보 시절 선거를 며칠 앞둔 2002년 12월 민주당 중앙선대위에서 "지역 대결 구도를 깨기 위해서는 대통령의 권한을 절반으로 줄이더라도 무엇이든 양보할 생각이 있다."고 말했다. 지역주의 해소를 위한 권력양보론을 공식 제기한 것이다. 노 대통령은 당선자 시절에도 "2004년 4월 총선에서 국회 과반을 확보한 다수당에게 국무총리직을 주겠다."고 밝혔다.

노무현은 대통령에 취임하고 나서는 이를 더욱 구체화시켜 나갔다. 2003년 4월 임시국회 국정연설에서 한나라당과의 연정을 사실상 제안했다. "특정 정당이 특정 지역에서 3분의 2 이상 의석을 독차지할 수 없도록 선거법을 개정해주십시오. 이런 제안이 내년 총선에서 현실화되면 과반수 의석을 차지한 정당 또는 정치연합에 내각의 구성 권한을 이양하겠습니다."

노 대통령은 고민 끝에 어렵게 정치 혁신 방안을 내놓았지만, 여야 정치인들이나 언론은 한번도 귀담아 듣지 않았다.

정치가
기회주의 판이 되면
안 됩니다

"3당 합당은 두 가지의
큰 충격을 주었습니다. 하나는
호남 지역을 정치적으로
고립시켰다는 것이고, 다른 하나는
한국 정치를 통째로
'기회주의 판'으로 만들어버렸다는
점입니다."

─── 3당 합당은 좋은 싫든 한국의 현대정치사에 큰 획을 그은 사건이다.

첫째는 지역주의가 공식화되고 노골화되었다는 점이다. 노태우의 민주정의당은 대구경북(TK), 김영삼의 통일민주당은 부산경남(PK), 김종필의 신민주공화당은 충청을 지역 기반으로 하고 있었다. 김대중의 평화민주당(호남)을 완전히 따돌려버렸다. 한국의 정치판이 '호남 대 비호남'으로 짜이면서 DJ는 자연스럽게 고립되었다. 지역 구도가 돌이킬 수 없을 정도로 고착화됐다. 3당 합당은 '호남 왕따'를 합법적으로 영속화시킨 엄청난 정치 폭력이었다.[12]

둘째는 기회주의의 판이 '국회의원급'에서 '대통령급'으로 왕창 커졌다는 사실이다. 3당 합당은 정당(정파)의 보스들이 정당을 통째로 놓고 흥정한 기회주의 정치의 결정판이었다. **권력만을 좇아 원칙 없이 이곳저곳 기웃거리는 철새 정치인들은 그동안 잘해야 국회의원 정도였으나, 3당 합당으로 대통령까지 할 수 있게 됐다.** YS는 실제로 대통령이 되었다. YS의 '성공'을 계기로 한국 정치판에 기회주의가 창궐했다.

노무현 대통령은 3당 합당을 한국 민주주의를 후퇴시킨 대재앙으로 규정했다.

"3당 합당은 두 가지의 큰 충격을 주었습니다. 하나는 호남 지역을 정치적으로 고립시켰다는 것이고, 다른 하나는 한국 정치를 통째로 '기회주의 판'으로 만들어버렸다는 점입니다."[13]

"3당 합당이라는 것이 이름은 합당이지만, 그 내용은 국가적 분열이고 민주 세력의 분열입니다. 저의 정치는 지금까지 '분열주의와의 투쟁' 또는 '기회주의와의 투쟁' 그 두 가지로 간단히 정리할 수 있습니다."[14]

정치에도
원칙이
우선입니다

"이의 있습니다!
　반대토론 해야 합니다!"

───── 노무현의 가슴 속에 화석처럼 굳어버린 장면이 있다. 3당 합당을 위한 통일민주당 임시전당대회. 통일민주당은 1990년 1월 30일 마포당사에서 3당 합당을 위한 임시전당대회를 열었다. 9시 정각에 시작된 전당대회의 분위기는 무겁다 못해 처연했다. 김상현 부총재, 김정길 의원, 노무현 의원 등 민주당 사수파의 결기가 회의장 곳곳에 배어 있었다. 긴장감이 감돌았다.

정상구 전당대회 의장이 개회를 선언했다. 정 의장은 "총재의 위대한 결단을 받아들여 총재에게 힘을 모아주자."며 김소월의 〈진달래〉 구절까지 인용하며 "사뿐히 즈려 밟고 가시옵소서."라고 만장일치에 의한 합당 결의를 유도했다. 이에 민주당 사수파 대의원들이 "연애편지 쓰고 있느냐."고 야유를 보냈다.

김영삼 총재가 연단에 섰다. 떨리는 목소리로 치사를 시작했다. "어젯밤 잠을 이루지 못했다. 4당 체제로는 이 나라를 유지할 수 없다. 역사 이래 집권당이 간판을 내린 일은 없다. 3당 통합은 구국적 차원의 위대한 결단이다." 옹색한 변명이었다. 전당대회는 사전에 마련한 각본에 따라 착착 진행되었다.

황병수 부총재가 안건을 상정하고 동의를 구했다. "총재의 기적에 가까운 결단을 수용하자. 모든 절차와 권한을 총재에게 위임하자. 착잡한 심정이나 이 길 밖에 없다." 대의원들에게 만장일치 가결을 주문했다. 대회장이 이때부터 소란해졌다. 정 의장은 황 부총재의 동의에 재청 삼청 여부를 확인한 뒤 "찬성하는 사람은 박수를 쳐달라."고 요구했다. 그리고 서둘러 "이의 있습니까?"라고 물은 뒤 숨도 쉬지 않고 "만장일치로 통과됐다."고 의사봉을 두드렸다.

날치기였다. 박수 소리와 고함 소리가 뒤엉켰다. 회의장이 삽시간에 아수라장이 되고 말았다. 노무현 의원이 자리에서 벌떡 일어나 오른손을 들고 외쳤다. "이의 있습니다! 반대토론 해야 합니다!" 정 의장은 끝내 토론 기회를 주지 않았다. 민주당 사수파의 거센 항의가 이어졌다. 당권파 청년당원들이 사수파 대의원들을 제압했다. 정 의장은 허겁지겁 "거의 만장일치로 가결됐다."며 결과를 정정한 뒤, 즉각 산회를 선포했다. 통일민주당이 회의 시작 35분 만에 역사 속으로 영원히 사라졌다.

노무현은 YS와 영원히 결별했다. 노무현은 YS에 대해 권력욕에 눈이 멀어 자신의 신념을 버린 변절자라고 비판했다. YS 측은 노무현을 배신자라고 비난했다. 노무현은 YS의 배신자는 될 수 있어도 역사의 배신자가 될 수 없었다. 노무현은 금빛 찬란한 '주류의 길'을 버리고 스스로 풍찬노숙의 길을 선택했다. 세상에 따뜻한 양지를 버리고 차가운 음지로 가는 배신자가 있었던가.

**지역주의 타파는
전체 국민을
위한 것입니다**

"지역주의 극복 못하면
 호남은 계속 고립됩니다."

─── 김영삼과 김대중이 정면으로 맞붙은 1992년 14대 대통령 선거는 여러 면에서 연구 가치가 있다. 3당 합당으로 영호남 지역주의가 최고조에 달했던 시점에 영남과 호남을 대표하는 정치 거물이 한판 승부를 벌인 격전이었다. 결과는 YS의 완승이었다. YS는 42.0퍼센트를 득표해 33.8퍼센트에 그친 DJ를 193만 6,048표(8.2퍼센트) 차이로 따돌렸다. 눈여겨봐야 할 대목은 YS가 영남에서 얻은 득표수(474만 7,185표)와 DJ가 호남에서 얻은 득표수(281만 4,218표)의 차이(193만 2,967표)다. YS와 DJ의 총 득표수 차이와 영호남 득표수 차이가 거의 일치한다는 사실, 바로 여기에 중요한 정치적 함의가 있다.

193만 표는 영호남 지역주의를 수치로 계량화한 결과다. 193만 표의 벽을 어떻게 허물 것인가. 2012년 대선에서 민주당 문재인 후보가 선전했지만 193만 표의 벽에 갇히고 말았다. 현재와 같은 지역주의가 계속되는 한 호남은 정치적으로 고립될 수밖에 없다. 청와대 권력과 의회 권력 장악은 그저 꿈일 뿐이다. 호남을 지역 기반으로 한 민주당은 대통령을 배출하기 어렵고, 특히 호남 출신 대통령 배출은 더욱더 어렵다. 민주당은 국회에서 과반 의석을 얻기도 힘들다. 제1야당에 만족해야 한다.

노무현 대통령은 2007년 6월 원광대에서 명예정치학 박사학위를 받은 후 '민주주의 똑바로 하자'라는 주제로 특강을 했다.

"그 사람들이 믿는 게 있어요. 지역주의 하나만 부추기면 언제든지 안방에서 당선된다 이거지요. 안방 정치 하겠다는 거 아니겠습니까? 이 지역주의를 우리가 극복하지 못하면요, 계속해서 호남은 고립됩니다. (대통령선거에서) 호남 정치인들 다 보태도 '이인제' 씨가 나오지 않으면 못 이기거든요. 1997년에 이기니까 호남 충청 손잡아 이겼다는 이런 공식을 가지고 있는데, 숫자가 알아요. 간단한 전자계산기로 두드려 보면 이인제 씨가 동쪽에서 약 500만 표를 깨주지 않았으면 죽었다 깨어나도 이기지 못하는 거 아닙니까? '이인제' 씨가 또 나올 수 있나요?"

누구를 원망하겠는가. 선거의 당락은 사람 수로 결정되는데. 인구통계를 보면 해법을 찾을 수 있다. 영남 인구는 호남 인구의 2.7배에 달한다. 지역주의 타파와 선거제도 개혁이 없는 한, 영남과 호남의 정치적 균형은 구조적으로 불가능하다. 정치인들이 선거 때마다 외치는 대통합은 그냥 구호일 뿐이다. 지역주의 고착은 새누리당(한나라당의 후신)의 장기집권 전략이다. 호남이 여기에 말려들면 안 된다.

노무현은 국민 대통합을 필생의 과업으로 여기고, 지역주의 타파를 위해 정치 생명을 걸었다. 국회의원 시절의 3당 합당 반대와 대통령할 때의 대연정 시도가 대표적인 사례다. 노무현은 '호남'에 대한 애증이 깊다. 호남에 대한 부채의식이 많았다. 호남의 전폭적인 지원이 없었다면 2002년 대통령 당선은 절대적으로 불가능했다. 1995년 부산시장 선거와 2000년 16대 총선(부산 출마) 때는 호남 때문에 눈물을 삼켜야 했다. 노무현은 'DJ의 양자'다, 노무현이 당선되면 DJ가 살아난다, 라는 마타도어(흑색선전)를 당해낼 수 없었다.

노무현은 대통령 때 대북송금 특검, 대연정 등으로 많은 오해를 받았다. 호남은 노무현에 대한 섭섭한 감정을 숨기지 않았다. 그러나 노무현은 지역주의 극복의 길을 뚜벅뚜벅 걸어갔다. 문익환 목사의 남북통일운동이 남북한 전체를 위한 운동이었지 북한만을 위한 운동이 아니었듯이, 킹 목사의 인종차별금지 운동이 모든 인종을 위한 운동이었지 흑인만을 위한 운동이 아니었듯이, 링컨의 국민 대통합 정치가 미국 전체를 위한 정치였지 북부만을 위한 정치가 아니었듯이, 노무현의 지역주의 타파 정치도 모든 지역을 위한 정치였지 호남만을 위한 정치가 아니었다.

지난 5년은
어떤 시간이었습니까

"만일 한나라당이 정권을 잡으면
어떤 일이 생길까?
이게 좀 끔찍해요."

─── 작가 공지영이 말문을 열었다. 이명박 정권의 야만적 폭정에 대해. 이명박 대통령의 임기 마지막 해인 2012년의 상황이다.

"이명박 정권이 처음 촛불집회 시위자들을 구속했을 때 '설마' 했지만, 이후 미네르바가 구속되면서 '어어!' 했지만, 드디어 아침 출근시간에 삶의 터전을 잃고 항의하는 시민 다섯과 젊은 경찰 한 사람을 불태워 죽이는 것을 보고 '이제 생각보다 끔찍한 사회가 올지도 모른다' 불길하게 직감했지만, 그래도 내가 가만히 있어도 사회가 다시 이성을 회복하겠거니 믿었다. 그런데 죽음의 행진은 그 후로도 지치지 않고 계속되고 있고…."[15]

문재인은 확실하게 기록해두었다. 이명박 정권의 잔인한 정치 보복에 대해. 이명박 대통령의 임기 첫 해인 2008년의 상황이다. "정치 보복의 시작은 참여정부 사람들에 대한 치졸한 뒷조사였다. 이해찬 전 총리, 한명숙 전 총리에 대한 뒷조사가 이뤄지고 있다는 얘기가 들려왔다. 이병완 전 비서실장과 김병준 전 교육부총리는 아예 주변 인물들을 대놓고 잡아들이며 약점을 캐고 있다는 얘기도 속속 들려왔다. 그분들뿐이 아니었다. 386 출신 몇몇 비서관들까지 꼬투리를 잡으려고 혈안이 돼 있다는 말도 전해졌다. 본인들에게서 흠이 잡히지 않으면 주변 사람들을 마구잡이로 잡아들이거나 쥐어짜내기 시작했다. 칼끝은 슬슬 대통령에게 겨눠지기 시작했다."[16]

민주사회의 기본권인 집회·결사의 자유도 크게 위협받았다. 정연주 전 KBS 사장의 증언이다. "촛불집회에 참여한 시민 1600

여 명이 법적 제재를 당했고 1840개 단체가 '불법시위단체'로 통보받았으며, 이들 단체를 대상으로 각종 손해배상소송이 진행되었다. 시국선언을 한 전교조 교사들과 전공노 회원들은 해임·사법처리 등 겁박을 당했다"[17]

민간인 사찰은 얼마나 끔찍한가. 지금이 군사독재를 한 박정희 시대도 아니고, 철권을 휘두른 전두환 시대도 아닌데. 내 핸드폰과 집 전화를 누군가가, 그것도 국가정보기관이 도청한다고 생각하면 얼마나 소름 끼치는 일인가. 노동 탄압은 극에 달했다. 노동자의 기본권이 무차별적으로 짓밟혀버린 유성기업 사태가 모든 것을 말해주고 있다. 헌법적 권리인 파업권을 행사하려는 노동자들이 갈 곳은 감방 밖에 없었다.

노무현 대통령은 이런 끔찍한 일이 일어날 것이라고 내다봤던 것일까. 2007년 6월 참여정부 평가포럼 특강에서 한나라당이 집권했을 때의 모습을 예견했다.

"만일 한나라당이 정권을 잡으면 어떤 일이 생길까? 민주주의의 일반 원리로 보면 정부는 왔다 갔다 해야 합니다. 그럴수록 민주주의가 점차 발전하는 것이지요. 그런데 막상 그렇게 되면 어떤 일이 생길까 생각해 봅니다. 이게 좀 끔찍해요."

정말 기우이기를 바랐다. 설마, 설마, 했다. 그러나 그것은 순진한 착각이었다.

국가 지도자는
시장의 실패자를
챙겨야 합니다

"특권과 특혜로 돌아가던 시절에
유능했던 CEO입니다.
공정경쟁이 요구되는
요즘 시대에는 안 맞습니다."

─── 오마이뉴스 오연호 대표가 노무현 대통령과 '마지막 인터뷰'를 할 때에는 민주진보 진영이 지리멸렬한 상태였다. 모든 언론이 이명박을 유력한 차기 대통령으로 거론하고 있었다. 이명박 본인도 '예비 대통령'으로 행보했다. 2007년 9월, 10월이었다.

"CEO는 자기 집에, 자기 호주머니에 부(돈)를 끌어 모으는 사람입니다. 그런데 정치 지도자는 여러 사람의 호주머니에 관심을 가져야 합니다. 경제 분야로 따진다면, 부자들의 호주머니에서 돈을 꺼내서 그들이 가난한 사람들과 더불어 살게 만드는 역할을 해야 합니다."[18]

"(이명박 씨는) 구시대, 특권과 반칙 시대의 CEO거든요, 시장이 공정하던 시대의 CEO가 아닙니다. 특권과 특혜로 돌아가던 그 시절에 유능했던 CEO니까, 그 사람은 공정경쟁이 요구되는 요즘 시대에도 안 맞고, 그야말로 (약자를 배려하는) 사회투자 국가에도 안 맞는 거죠."[19]

노무현과 이명박, 이명박과 노무현. 나란히 대한민국 제16대 대통령과 제17대 대통령을 지낸 인물이지만 국가 최고지도자로서의 DNA구조가 완전히 달랐다. 한 사람은 자신의 정치철학을 갖고 있었고, 다른 한 사람은 정치철학이 없었다. 노무현은 대의를 위해 자신의 이익을 버린 한심한 바보였지만, 이명박은 대의에는 아랑곳하지 않고 자신의 이익을 챙긴 영악한 천재였다. 노무현은 2006년 이명박이 서울시장을 마치고 '경제 대통령'을 자처하며 대선에 본격 뛰어들었을 때 착잡한 심정을 가누지 못했다.

"이명박은 특권과 반칙이 활개를 치던 시대에 능력을 발휘했는데…. 이명박은 왕회장(정주영)의 유능한 심부름꾼에 불과했는데…. 이명박은 '샐러리맨의 성공신화'를 만들었지 '오너(주인)의 성공신화'를 만든 게 아닌데…. 국민들이 '샐러리맨의 성공'과 '대통령의 성공'을 일치시키는 착시현상이 생기지 않을까? 그러면 한국 민주주의는 위기에 빠질 텐데…."

불행하게도 노무현의 우려는 현실이 되고 말았다. 불행히도 '구닥다리 CEO' 이명박과 정면으로 한판 붙어볼 선수가 민주진보 진영에는 없었다. 기회주의자와 구닥다리 CEO가 대결하면 기회주의자가 기를 펴지 못한다. 구닥다리 CEO가 더 영악하기 때문이다. 노무현은 2007년 6월 참여정부 평가포럼 특강에서 이런 말을 했다.

"(이명박 후보가) 한반도 대운하를 민간투자로 한다고 하는데 어디 제정신 가진 사람이 대운하에 민자 투자하겠습니까?", "막연하게 경제를 살리겠다, 경제 대통령이 되겠다. 이렇게 말하는 것은 전략이 없는 공허한 공약입니다.", "경제는 경제 정책만으로 되는 게 아닙니다. 종합적인 국가발전 전략이 있어야 합니다."

'CEO 지도자론'은 이명박 대통령이 나오기 전인 2002년에도 핫이슈였다. CEO는 시장에서 자기이익을 추구하는 사람이고, 정치인은 공공의 이익을 추구하는 사람이다. 노무현은 당시 시사평론가 유시민과의 대담에서 CEO 지도자론에 대해 말했다.

"경제 기술자가 대통령이 되어야 한다는 생각은 좀 고쳤으면 좋겠습니다. 그것은 큰 착각입니다. 기술적 정책은 전문가에게 맡기고 대통령은 그 경제가 잘 굴러갈 수 있도록 정치를 잘 관리하고 사회를 잘 통합하고 갈등을 조정해 나가는 일을 해야 합니다. 정치 지도자와 CEO는 역할이 다릅니다. 정치에도 경영적 요소가 있기는 하지만, 크게 봐서 정치가 할 역할은 시장이 시장대로 잘 돌아가게 하면서 시장이 실패하는 영역을 추슬러 나가는 것이죠. CEO에게 패배자라는 건 무의미한 것이지만 정치가에게는 패배자야말로 중요합니다. 정치가는 패자들을 챙겨서 함께 데리고 앞으로 나아가야 하는 사람입니다."[20]

라면을 무척 좋아했던
대통령

노무현 대통령은 지독한 '라면 마니아'였다. 출출할 때마다 간식으로 '얼큰한 라면'을 즐겨 들었다. 정상회담을 위해 외국에 나갈 때에는 꼭 라면을 한 보따리 갖고 갔다. 정상회담 만찬 때는 보통 그 나라에서 가장 유명한 요리가 나온다. 노 대통령은 그런 진수성찬도 별로 달가워하지 않았다. 권양숙 여사와 둘이서 호텔 방에서 라면 한 봉지를 끓여 나눠 먹은 다음, 공식 만찬에 참석하곤 했을 정도다. 라면이 에피타이저였던 셈이다.

> "달리는 열차에서
> 먹는 라면 맛이
> 어떻습니까? 맛있지요?
> 대통령 빽 아니면
> 이런 맛 볼 수 없어요!"

2006년 10월 '열차 라면 파티' 장면이 지금도 눈에 선하다. 노 대통령은 경북혁신도시 건설현황을 보고 받고 제87회 전국체육대회에 참석하기 위해 경북 김천에 갔다가 귀경하는 길이었다. 그날은 모처럼 대통령 전용열차인 '경복호'를 이용했다. 경복호의 시설과 성능은 새마을열차 수준으로 열차여행의 운치를 느낄 수 있다. 귀경길 도중에 저녁식사 시간이 되었다. 수행 참모 모두 출장 뒤끝의 출출함을 느끼고 있었다. 시장기도 들었다. 그때 대통령이 수행참모들에게 특별메뉴가 준비되었다고 귀띔해줬다. 열차에서의 식사라는 게 도시락 아니면 김밥으로 뻔하지 않은가. 그런데 특별메뉴라니, 다들 기대가 컸다. 진수성찬은 아니더라도 평소 먹지 못하는 별미가 나오지 않을까 생각하면서 군침을 삼켰다. 그런데 웬걸, 식탁에 놓인 음식은 라면이었다. 김이 모락모락 나는 팔팔 끓인 라면! 다들 놀란 표정이었다. 실망의 빛이 역력했다. 왜 이것이 특별메뉴인지 영문을 알 수 없었다. 대통령의 설명을 듣고 나서야 특별메뉴의 의미를 비로소 알 수 있었다.

"달리는 열차에서 먹는 라면 맛이 어떻습니까? 맛있지요? 대통령 빽 아니면 이런 맛 볼 수 없어요! 오늘 따라 라면이 먹고 싶어서…. 서울 올라올 때에는 열차에서 저녁식사로 라면 먹을 수 없냐고 물었더니, 경호실에서 안 된대요. 그래서 사정했지요. 한 번만 봐달라고…."

대통령은 마음씨 좋은 시골 아저씨처럼 너털웃음을 웃으며 수행참모들에게 '큰 선심'을 썼다. 경호원의 설명을 들어보니 달리는 열차에서 컵라면 정도는 허용할 수 있지만 '팔팔 끓는 라면'은 허용할 수 없다는 것이다. 안전상 매우 위험하다고 했다. 다들 고개를 끄덕였다. 설명을 듣고 보니, 그날의 라면은 특별메뉴임에 틀림없었다. 가을 공기를 가르며 달리는 열차에서 팔팔 끓는 라면 맛을 보다니…. 대통령과 함께한 그날의 즐거운 라면 파티를 지금도 잊을 수 없다. 라면을 싫어할 사람들을 위해 김밥이 추가로 제공되었지만, 모두 라면을 들었다. 언제 이런 라면을 먹어볼 수 있겠는가, 하는 마음이었을 것이다.

노무현 대통령은 음식을 가리지 않고 잘 들었다. 따라서 청와대 운영관(주방장)은 일하기가 무척 편했다. 아니다. 정확히 말하면 대통령이 운영관을 배려하여, 그리고 편식을 방지하기 위해, 자신의 선호음식을 말해주지 않았다. 전속 요리사였던 신충진 씨의 술회다.

"삼계탕, 붕어찜 등 서민 음식 종류를 좋아했다. 한번은 막창구이를 해드렸더니 '내가 이 음식을 좋아하는데 진작 해달라고 할 걸.'이라고 했다. 하지만 대통령이 특별히 음식을 주문하는 일은 없었다."[21]

노 대통령은 간식으로 고구마, 감자, 옥수수 등을 즐겨 먹었고, 여름철에는 당근, 오이, 무, 생야채 등을 들었다.

자신의 잘못에서 즉각
돌아서는 사람

어릴 적 노무현은 '비행 청소년'이었다. 학교 친구의 필통을 슬쩍 바꿔치기 했고, 어머니의 호주머니에도 손을 댔다. 청년 시절에도 손가락질 받을 만한 짓을 종종 저질렀다. 닭서리, 배서리로 남의 재산을 건드렸고, 과수원을 만든답시고 김해농업시험장에 들어가 감나무 묘목을 훔쳐 오기도 했다. 잠깐 막노동을 할 때는 공사장 식당(함바집)의 밥값을 떼먹고 야반도주하기도 했다.

> "나는 눈물로써
> 부모님께 용서를 구했다.
> 그리고 다시는
> 그런 짓을 하지 않았다."

사실 아주 특별한 '비행'은 아니었다. 사흘 굶어 담장 안 넘는 사람 없다고 했다. 가난이 죄였다. 당시에는 누구나 저지를 수 있는 비행이었고 관행이었다. 노무현에게는 보통 사람들과는 다른 점이 하나 있었다. 스스로 '이것은 아니다'라고 판단하는 순간, 생각 없이 저질렀던 비행과 잘못 또는 나쁜 타성을 미련 없이 '뚝' 끊어버렸다. 기독교식으로 말하면 노무현은 '잘못을 뉘우치고 고친다'는 회개를 철저히 실천했다. 그에게는 초등학교 시절의 눈물 어린 사건이 있다. 현직 장관 시절 공개했던 이 일화는 '노무현의 회개'를 잘 설명해준다.

"밖에서 도둑질을 한 적은 없었지만 나는 가끔 어머니의 주머니를 뒤지는 나쁜 버릇이 있었다. 어머니의 묵인 속에 몇 번인지는 몰라도 도둑질에 성공한 나는 과수원 복숭아를 판 돈을 훔쳐 하모니카를 샀다. 돈은 없어지고 나는 하모니카를 불고 있었으니 범인은 누가 보아도 명백했다. 그런데도 내가 잡아떼니까, 부모님은 어쩔 수 없이 나와 작은형에게 혐의를 두고 다그치기를 계속했다. 작은형이 억울하겠다는 생각을 하면서도 나는 시치미를 뗐고, 이것이 부모님의 마음을 더욱 아프게 만들었다. 안방에 누워 있던 내가 자는 줄 알고 부모님은 상처 입은 마음을 풀어놓았다.

'영감, 우리 막내가 훔치는 버릇만 해도 문젠데, 형이 뒤집어쓰는 마당에 저렇게 시치미를 떼니 큰 도둑놈이 되지나 않을까 걱정이에요.'

마흔이 넘어 막내를 본 어머니의 안타까운 푸념에 나는 정신이 번쩍 들었다. 훌륭한 사람이 될 거라는 희망과 기대를 말씀하시던 부모님의 입에서 흘러나온 애정 섞인 걱정은 나를 부끄럽게 만들었다. 다음 날 아침 나는 눈물로써 부모님께 용서를 구했다. 그리고 다시는 그런 짓을 하지 않았다."[22]

평화는
어떻게 지킬 수
있습니까

평화 없이 경제 없다. 평화는 돈이다. 어떤 이유로도 한반도에서 전쟁을 하면 안 된다. 만에 하나 한반도에 전쟁이 일어날 경우 승자도 패자도 없는 민족 공멸의 재앙이 될 것이다. 한반도 전쟁의 최대 수혜자는 누구인가. 세계시장에서 한국 기업과 치열한 경쟁을 하고 있는 미국, 일본, 독일, 중국 등의 대기업들이다. 미국의 군수업체는 말할 필요도 없다.

평화 지키기는 선악의 문제가 아니라 존망의 문제다. 북한은 정상적인 국가가 아니다. 그렇다고 남북문제를 전쟁으로 해결할 수는 없다. 해법은 포용 정책에 있다. 초점은 '싸우면 이길 수 있느냐'가 아니라 '한반도의 평화가 깨지느냐 유지되느냐'에 있다. 북한이 흡수통일에 극도의 경계감을 갖고 있는 상황에서 인위적인 북한 정권의 붕괴와 흡수통일 시도는 북한의 도발을 야기할 수 있다. 안보는 0.1퍼센트 이하의 가능성에도 대비해야 한다. 북한의 이판사판식 대응을 초래할 수도 있는 북한붕괴 유도정책은 바람직하지 않다.

한반도 문제를
누가 주도해야 합니까

"백악관 안보보좌관
스티브 해들리에게 전해라.
만약 럼스펠드가 입을 열면
한미정상회담이고 한미동맹이고
없다고 이야기해라."

─── 부시 행정부의 네오콘(신보수주의자) 가운데 초강경파였던 도널드 럼스펠드 국방장관은 한반도 정책에서도 호전성을 여지없이 드러냈다. 부시 대통령이 럼스펠드를 리드하는 것이 아니라, 럼스펠드가 부시를 리드하는 형국이었다.

2006년 6월 10일 미국 워싱턴. 노무현 대통령은 부시 대통령과의 4번째 정상회담을 준비하고 있었다. 국내외 안보 상황이 불안하기 짝이 없었다. 미국의 주요 언론들은 북한에 대한 미국의 군사적 행동을 한국이 결국 동의하지 않겠느냐는 압박성 보도를 쏟아내고 있었다. 그 배후에 럼스펠드가 있었던 것이다. 노 대통령은 건곤일척의 결단을 해야 하는 상황으로 몰리고 있었다.

노 대통령은 '말이 통하는' 부시와 담판을 벌일 생각이었다. 부시를 설득할 자신이 있었다. 그런데 정상회담 전날 저녁 비상사태가 벌어졌다. 불길한 정보가 박선원 안보비서관에게 포착된 것이다. '럼스펠드가 정상회담에 배석하여 노무현에게 항의성 질문을 할 것'이라는 내용이었다. 당초 배석자 명단에서 빠져 있던 럼스펠드가 돌연 정상회담에 배석하겠다는 것은 '판을 깨버리겠다'는 의도로 밖에 해석되지 않았다. 미국의 북한 폭격 저지를 목표로 한 4차 한미정상회담이 물거품이 될 수 있는 상황이었다.

박 비서관은 정상회담 4시간 전인 아침 7시 참모회의에서 노 대통령에게 이 사실을 직접 보고했다. 대통령의 얼굴이 순간적으로 일그러졌다. 대통령은 8시 30분 권진호 국가안보보좌관과 박비서관을 긴급 호출했다. 그리고 특별명령을 내렸다. "백악관 안보보좌관 스티브 해들리에게 전해라. 만약 럼스펠드가 입을 열면 한미정상회담이고 한미동맹이고 없다고 이야기해라. 이것은 정상회담이다. 정상회담에서 정상 이외에는 일체 발언을 해서는 안 된다고 전달해라."[1] 살 떨리는 초긴장의 순간이었다.

지시를 받은 두 사람이 통역을 대동하고 긴급히 해들리를 만났다. 백악관의 국가안보보좌관이 어떤 자리인가. 세계 안보를 쥐락펴락하는 자리 아닌가. 해들리가 마음먹기에 따라서는 한반도에 어떤 불똥이 떨어질지 알 수 없는 노릇이다. 권진호가 떨리는 목소리로, 그러나 단호한 어조로 말했다. "우리 대통령은 이 짧은 정상회담을 위해서 미국에 왔다. 부시 대통령하고만 이야기하고 싶다. 다른 사람이 일체 이 대화에 끼어들어서는 안 된다."[2] 권진호 보좌관은 너무 긴장되어 말을 제대로 하지 못했다고 한다. 외교부의 전문 외교관 출신인 통역은 권진호보다 더 더듬거렸다.

해들리는 노 대통령의 메시지를 어떻게 받아들였을까. 부시에게는 뭐라고 전달할까. 공은 해들리에게 넘어갔다. 10분간의 짧은 만남은 긴장과 초조, 그 자체였다. 노 대통령은 전쟁터에 나가는 장수처럼 비장한 각오로 백악관 회담장으로 향했다. 회담장 안쪽에서 기다리고 있던 부시가 노 대통령에게 "웰컴, 웰컴."을 연발하면서 반갑게 악수를 청했다. 노 대통령이 영어로 "Nice to see you."라고 인사를 하자, 부시가 "당신의 영어 실력이 나의 한국어 실력보다 낫다."고 화답했다. 초반의 회담 분위기는 화기애애했다.

한국 대표들은 럼스펠드를 계속 주시했다. 해들리가 사전 정지작업을 잘한 덕분이었을까. 럼스펠드는 단 한마디도 하지 않고

머쓱한 표정으로 앉아 있기만 했다. 럼스펠드 못지않은 강경파인 딕 체니 부통령도 침묵으로 일관했다. 정상회담은 성공적으로 마무리되었다. 양국 정상은 만족스러운 모습으로 공동기자회견을 했고, 부시는 이 자리에서 "한미 간에 이견이 없었다."고 천명했다. 정상회담이 끝나자마자 양국의 NSC(국가안전보장회의) 관계자들이 후속조치를 위한 실무회의를 했다. 그때 미국 측 인사가 전해준 말이 의미심장하다. 부시가 럼스펠드에게 이런 언질을 했다는 것이다. "노 대통령 하는 말이 다 맞다. 왜 당신이 끼어들려고 했느냐. 당신이 과한 것이다."³

박정희 대통령 때에도 내용은 다르지만 비슷한 성격의 한미 갈등이 있었다. 1979년 6월 청와대에서 카터 대통령과 정상회담을 할 때였다. 쟁점은 주한 미군 철수 문제. 카터를 수행하여 회담에 참석했던 사이러스 밴스 국무장관은 자신의 회고록에 긴박했던 상황을 이렇게 묘사했다. "우리의 경고에도 불구하고 박정희는 정상회담에서 주한 미군 철수 정책에 대해서 45분간 성명을 읽어나갔다. 나는 카터 대통령이 자신의 분노를 자제하고 있는 것을 느낄 수 있었다. 청와대에서 험악한 정상회담을 마치고 나온 카터 대통령의 리무진과 수행원들은 곧바로 창덕궁 대문 안으로 들어가서 차문을 닫은 채 30분간 긴급 차량 토론을 하였다. 원래 예정되어 있던 창덕궁 산책 일정은 취소되었다."⁴ 카터는 한미정상회담 3주일 후 주한 미군 철수 보류계획을 발표했다.

정상회담은 '외교의 꽃'으로 불린다. 약소국의 정상은 치밀한 전략을 세우지 않으면 낭패를 볼 수 있다. 때로는 두둑한 배짱으로 밀어붙여야 한다. 노무현과 박정희 사례가 좋은 본보기다. 노무현은 사실 역대 어느 대통령 못지않은 '외교 대통령'이었다. 문정인 연세대 교수의 평가다. "임기 내내 악몽처럼 노 전 대통령을 괴롭혔던 2차 북핵 위기만 해도 그렇다. 그의 예지, 담력, 그리고 결단이 아니었다면 한반도는 군사적 충돌이라는 재앙을 피하기 어려웠을 것이다. 북에 대해 군사행동도 불사하겠다는 미국에 정면으로 맞서 6자회담을 통한 협상타결 방안을 도출했고, 방코델타아시아은행(BDA) 문제로 6자회담이 파국의 위기에 몰리자 정상회담의 의전 관행을 깨면서까지 당시 부시 미국 대통령을 압박해 사태의 반전을 가져왔다."[5]

평화를 위한
불가피한 선택도
있습니다

"이라크 파병 문제는,
당시에도 그렇고 지금 생각해봐도
역사의 기록에는 잘못된 선택으로
남을 것으로 생각합니다.
그러나 대통령을 맡은 사람으로서는
회피할 수 없는, 불가피한
선택이었다고 생각합니다."

─── 노무현 대통령이 취임하자마자 이라크 전쟁이 터졌다. 미국은 한국에 1만 명 이상의 전투병 파병을 요청했다. 국내의 보수 진영도 미국에 동조했다. 그러나 진보 진영은 극렬히 반대했다. 국군통수권자인 노 대통령이 최종 결정을 해야 했다. 파병을 할 것인가, 말 것인가. 그것이 문제였다. 이라크 파병보다 더 위중한 안보 현안이 있었다. 바로 북핵 문제가 발등의 불이었다. 자칫 한반도가 불바다가 될 수 있는 사안이었다. 미국의 네오콘은 크루즈미사일의 발사 버튼을 만지작거리고 있었다.

노 대통령은 이라크 파병과 북핵 문제를 놓고 밤잠을 이루지 못했다. 북핵 문제 해결에는 미국의 협조가 절대적으로 필요했다. 청와대 참모들 사이에서도 의견이 엇갈렸다. 당시 대통령의 의전비서관으로 대통령을 그림자처럼 수행했던 서갑원(전 열린우리당 의원)의 회고다.

"모 방송국에서 제작한 다큐멘터리 프로그램을 보고 노 대통령은 큰 충격을 받았다. 그는 참모들에게 '북한에 대해 비교적 온건한 정책을 취했던 클린턴의 민주당 정부 때도 실제로 북한 폭격을 준비했었고 마지막 결행만 남았었는데…. 하물며 북한에 강경한 부시 행정부는 마음만 먹으면 언제든지 한 방에 북한을 칠 수 있지 않겠나.'라며 충격과 우려를 표명했다."[6]

노 대통령은 고민 끝에 "파병하겠다."고 결정했다. '대통령 노무현'의 무거운 결단이었다. 대신 조건을 달았다. 전투를 하지 않는다는 조건으로 3천 명만 보내기로 한 것이다. 이종석 국가안전보장회의(NSC) 사무차장의 아이디어였다. 미국에게는 '전투병 1만

명' 파병 요청을 들어주지 못한 데 대해 정중하게 양해를 구했다. "6·25전쟁 때 미국은 한국에서 얼마나 많은 피를 흘렸나. 미국의 입장을 충분히 이해한다. 그러나 전투병 1만 명 파병은 불가능하다. 대신 비전투병 3천 명을 파병하겠다." 비전투병 3천 명 파병은 우방에 대한 최소한의 도리였다. 부시 대통령은 "감사하다."면서 이 제안을 받아들였다. 파병 규모를 놓고 미국과 더 이상의 갈등이 없었다. 다행스러운 일이었다. 자이툰 부대는 이렇게 탄생했다.

군대를 외국에 파병할 경우에는 반드시 국회의 동의를 얻어야 한다. 노 대통령은 2003년 4월 임시국회 국정연설에서 이라크 파병의 현실적 불가피성을 절절하게 설명했다. 노 대통령은 정치를 하면서 대의명분을 중요시해왔고, 1990년 3당 합당과 2002년 후보 단일화 등 중요한 정치적 고비마다 불이익을 감수하면서도 이 원칙을 지켰으나, 이라크 파병만은 그렇게 하지 않았다고 말했다. "대통령선거에서 낙선하는 것은 제 개인의 문제이고 더 나가더라도 동지들의 문제일 뿐입니다. 그러나 대통령이 된 지금 저의 선택은 제 개인의 선택일 수 없습니다. 그 결정에 나라의 운명이 달려 있기 때문입니다."

노 대통령은 그러고 나서 국민들에게 고해성사를 했다. 2004년 8월 국무회의를 주재하면서 대통령으로서의 고뇌를 솔직하게 털어놨다. "이라크 파병 문제는, 당시에도 그렇고 지금 생각해 봐도 역사의 기록에는 잘못된 선택으로 남을 것으로 생각합니다. 그러나 대통령을 맡은 사람으로서는 회피할 수 없는, 불가피한 선택이었다고 생각합니다. 당시 저는 대통령이 역사의 오류를 기록하고 싶지 않다고 해서 그럴 수 있는 것이 아님을, 즉 스스로 역사의 오류로 남을 것으로 생각하면서도 부득이 그렇게 할 수밖에 없는 경우가 있음을 새삼 느꼈습니다. 대통령이라는 자리가 참으로 어렵고 무겁다는 생각을 했습니다."

우리의 군대를
누가 통제하고 있습니까

"자기 나라 군대의 작전 통제도
제대로 할 수 없는 군대를
만들어 놔놓고, 나 국방장관이오
나 참모총장이오 하고,
그렇게 별들 달고 거들먹거리고
말았다는 얘기입니까."

─── 한미 관계는 정상인가? 현재의 한미동맹 관계는 1인당 국민소득 1백 달러 시대에 만들어진, '수직적 일방 의존'형이다. 한국은 현재 세계 10대 경제권에 들어섰고 1인당 국민소득이 2만 달러를 넘었다. 한미동맹 관계를 '수평적 상호존중'형으로 발전시켜야 한다. 그 첫 번째 작업이 전시작전통제권 환수였다. 작통권 환수는 동맹 파탄인가, 동맹 재조정인가. 노무현 대통령이 작통권 환수에 나서는 등 한미동맹 관계를 재조정하려 하자, 한나라당 등 보수 진영에서는 동맹 파탄이라면 극렬히 반대했다.

좋은 자동차는 갖고 있는데 자동차 키를 다른 사람이 갖고 있다면, 온전한 자동차 주인이라고 할 수 없다. 한국은 60만 대군을 확보하고 있는 군사강국이지만, 전시작전통제권이 없다. 군대는 확보하고 있지만 전투를 할 권한이 없다는 의미다. 자동차 키를 갖고 있지 않은 자동차 주인과 같은 처지다. 한국군을 통제할 권한은 미국이 갖고 있다. 세계에서 전시작전통제권을 갖고 있지 않은 나라는 한국이 유일하다. 6·25전쟁이 발발한 지 20일 만인 1950년 7월 14일 이승만 대통령이 맥아더 유엔군 사령관에게 편지를 써서 넘겨준 이후 지금까지 미국이 전시작전통제권을 행사하고 있다.

노 대통령은 취임하자마자 전시작전통제권 환수를 추진했다. 작통권을 넘겨준 지 53년만이다. 작통권 확보는 자주국가로서의 정당한 권리다. 문제는 보수 진영에 있었다. 육해공군의 군 원로장성들은 물론이고 한나라당과 보수 언론이 일제히 반대하고 나섰다. 노태우 정부가 평시작전통제권을 환수할 때는 '제2의 창군'이라고 박수를 쳤던 보수진영이 왜 이렇게 돌아섰을까. 겉으로 내세우는 이유는 많았지만 옹색하기 그지없었다. 실제로는 '노무현이 하니까' 반대한 것이다.

보수 진영은 정치 쟁점화를 시도하면서 '장외투쟁'을 벌였다. 작통권을 넘겨주지 말라고 미국 부시 정부에 주문하기도 했다. 외교적 추태였다. 그러나 부시 대통령은 2006년 9월 노 대통령과 정상회담 후 가진 기자회견에서 "It should not become a political issue(그것은 정치쟁점이 될 수 없다)."라고 보수 진영의 주문을 공개적으로 일축해버렸다.

한나라당과 보수 진영은 부시의 결정에도 아랑곳하지 않고 국내 정치에서 쟁점화를 계속 시도했다. 특이한 것은 작전통제권 환수를 가장 먼저 주장해야 할 육해공군 원로장성들이 계급장과 훈장을 주렁주렁 매달고 나와 가두시위를 벌였다는 점이다. 짠하다기보다 서글퍼 보일 정도였다. 노 대통령이 2006년 12월 민주평화통일자문회의 상임위원회 연설에서 작통권 환수에 반대하는 원로장성들에게 한마디 했다.

"우리가 작전을 통제할 실력이 없냐. 나도 군대 갔다가 왔고, 예비군 훈련 다 받았는데…. 그 윗사람들은 뭘 했냐. 자기 나라 군대의 작전 통제도 제대로 할 수 없는 군대를 만들어 놔놓고, 나 국방장관이오, 나 참모총장이오 하고, 그렇게 별들 달고 거들먹거리고 말았다는 얘기입니까. 그래서 작통권 회수하면 안 된다고 몰려가서 성명을 내느냐. 자기들 직무유기 아닙니까. 부끄러운 줄 알아야지요…."

참여정부는 2012년 4월 17일 작통권을 환수하기로 미국과 최종 합의했다. 미국과의 작통권 환수 협상은 김장수 국방부 장관(현재 박근혜 대통령 국가안보실장)이 주도했다. 당시 김 장관은 작통권 환수 날짜도 '역사적 의미'를 고려하여 결정했다고 밝혔다. 왜 4월 17일인가. 7월 14일 넘겨줬으니 날짜를 거꾸로 하여 4월 17일 받기로 했다는 것이다. 이명박 정부는 이를 3년 연기했다.

**국가 안보는
우선순위의
개념이 아닙니다**

"주한 미군은 안정추이자
균형추입니다."

평화는
어떻게 지킬 수
있습니까

────── 주한 미군은 한반도 군사 안보에서 핵심 현안이다. 노무현은 대통령 후보 시절 주한 미군 문제에 대한 입장을 확실하게 밝혔다. 민주당 후보 가운데 가장 진보적이었던 노무현은 자신에 대한 오해를 불식시키기 위해서라도 필요한 조치였다. 주한 미군 철수를 공식 당론으로 채택하고 있는 진보 정당 관계자들로서는 귀를 의심케 하는 발언이었다.

"저는 유럽에도 미군이 주둔하고 있다는 사실에 주목합니다. 그럼에도 이것이 유럽의 자주권이라든지 자유로운 발전에 아무런 장애가 되지 않고 있습니다. 저는 일본과 중국 사이에 존재하고 있는 상호견제 관계, 이런 것들이 혹시 어떤 의미에서 갈등과 긴장으로 발전할 수 있는 위험성이 있다고 보기 때문에 균형추로서 미군의 역할은 의미 있는 것이라고 봅니다. 주한 미군은 안정추이자 균형추입니다. **지금은 전쟁을 방지하는 안정추로서의 기능을 담보하고 있다면, 미래에는 균형추로서의 기능을 담당할 수 있을 것으로 생각합니다.**"

노무현 후보가 대통령선거가 한창 달아오르기 시작하던 2002년 10월 뉴맨하탄호텔에서 열린 '동아시아 경제협력을 위한 국제포럼 초청 강연'에서 한 연설이다. 국가 안보는 국정 운영의 우선순위 개념이 아니다. 최고통치자에게 주어진 제1의 책무다. 안보가 무너지면 모든 게 무너지기 때문이다. 주한 미군 문제가 선거 때마다 뜨거운 정치 이슈로 등장하는 것은 보수 진영의 색깔론 때문이다.

한국에서 주한 미군 문제는 복잡한 '역사성'과 함께 강한 '현실성'을 갖고 있다. 남북 분단, 6·25전쟁, 심심찮은 북한의 도발, 한반도의 지정학적 위상, 미국의 동북아 전략 등을 고려할 때 미군 주둔은 불가피하다. 대안 없는 미군 철수 주장은 국민적 저항에 부딪힐 수 있다. 김정일 국방위원장도 2002년 김대중 대통령과 정상회담에서 미군 주둔을 양해했을 정도다.

　미군 문제는 국제적 현실이다. 영국, 독일, 일본, 이탈리아, 스페인 등 선진국에도 미군이 주둔해 있다. 여기에는 주둔국의 주권을 침해하지 않는다는 전제가 깔려 있다. 한국도 이런 방향으로 가야 한다. 노무현 대통령은 후보 시절 밝힌 "주한 미군은 안정추이자 균형추"라는 기조를 재임 기간 내내 변함없이 유지했다.

한반도 전쟁은
어떤 일이 있어도
막아야 합니다

"한국 대통령의 동의 없이는,
미국이 북한을 폭격할 수
없습니다."

―― 듣기만 해도 소름이 끼치는, 무시무시한 시나리오였다. 미국이 북한의 핵시설을 선제공격하겠다는 게 아닌가. 2003년 초 한국에는 북한을 폭격해야 한다는 '전쟁 불사론'과 전쟁은 절대 안 된다는 '전쟁 불가론'이 팽팽히 대립하고 있었다. 워싱턴 발 외신은 하루가 멀다 하고 북 폭격설과 전쟁 불사론을 타전했다. 국내 보수 진영도 덩달아 춤을 추었다. 미국이 북한에 미사일을 쏘면, 북한은 가만히 당하고만 있겠는가? 한반도가 삽시간에 불바다가 되어버릴 것이다.

노무현 대통령 당선자는 깊은 고민에 빠졌다. 어떤 일이 있어도, 어떤 대가를 치르더라도, 전쟁을 막아야 했다. 그것보다 더 중요한 우선순위의 정책은 없었다. 노무현은 대통령 취임 첫날부터 '전쟁 관리'에 들어갔다. 노 대통령은 2003년 2월 25일 축하 사절로 방한한 미국의 콜린 파월 국무장관이 청와대를 예방한 자리에서 분명하게 전쟁 불가론을 전달했다. 반응이 신통치 않았다. 3월 20일에는 제임스 레이니 전 주한 미국대사가 청와대에 왔다. 미국의 이라크 공격이 임박한 시점이었다. 사실상의 부시 대통령 특사였다. 노 대통령은 레이니에게는 더 분명하게 밝혔다.

"미국이 북한을 공격하는 것은 남한까지 전쟁이 확대되는 것을 의미합니다. 한국 대통령의 동의 없이는, 미국이 북한을 폭격할 수 없습니다. 나는 한국의 대통령으로서 한국인의 안전을 위해 내가 할 도리를 다할 것입니다. 한국 국민의 안전이 우방과의 동맹보다 더 중요합니다."

노 대통령은 부시와의 정상회담을 위해 5월 미국을 방문했다. 부시로부터 공개적인 확약을 받았다. 부시는 공동기자회견에서 "나는 노 대통령에게 '평화적 해결'을 보장했다."고 천명한 것이다. 노 대통령은 퇴임 후 긴박했던 순간을 회고했다. "2002년 말 북핵 문제가 터졌을 때 국내외에서 '칠 수 있다'라는 말까지 나왔습니다. 이렇게 했을 때 북쪽이 할 수 있는 대안이 무엇이겠습니까? '항복할 수 없다', 즉 죽기 아니면 살기로 할 수밖에 없는 것입니다. 그래서 칠 수 있다는 이야기가 나왔을 때 분명히 반대한다고 했습니다. 미국 일각의 무력 공격설을 차근차근 잠재워가기 시작했던 것이지요."[7]

아는 사람은 안다. 1994년 6월의 '한반도 사태'를. 전쟁 일보 직전이었다. 클린턴 대통령은 북한 폭격 준비를 다 해놓고 발포명령 시간만 재고 있었다. 하지만 카터 전 대통령의 중재로 전쟁을 피할 수 있었다. 카터는 6월 15일 평양을 전격 방문하여 김일성을 만나 클린턴의 메시지를 전달했다. 김영삼 대통령은 그때까지만 해도 사태의 심각성을 잘 모르고 있었다. 김 대통령이 숨 가빴던 상황을 회고했다.

"6월 16일 오전 안보수석으로부터 내게 이런 보고가 올라왔다. '레이니 주한 대사가 내일 기자회견을 합니다.' 그 내용인즉 '회견 직후 주한 미군 가족과 민간인 및 대사관 가족을 서울에서 철수시킨다'는 것이었다. 나는 깜짝 놀랐다. 미군 가족이나 직원들을 철수하는 것은 미국이 전쟁 일보 직전에 취하는 조치였다. 더욱이 레이니 대사도 딸과 손자, 손녀에게 한국을 떠나라고 지시해두었다는 것이었다."[8]

국가 안보를
정략적으로 이용하면
안 됩니다

"만약 북측에서 너무
 까다롭게 나오면,
 '다음 정부에서 하라'고 하세요."

──── 김장수 국방부 장관은 2007년 11월 남북국방장관회담을 위해 평양으로 떠나기에 앞서 청와대를 방문했다. 노무현 대통령이 회담 지침과 훈령을 주기 위해 특별히 김 장관을 부른 것이다. 김 장관은 대통령을 만나고 나서 깜짝 놀랐다. 청와대 들어가기 전에는 혹시 대통령이 '친북 지침'을 주지 않을까 내심 걱정했던 게 사실이었다. 그러나 대통령은 어떤 지침도 주지 않고 소신껏 협상하고 오라고 백지 위임장을 주는 게 아닌가.

국방장관회담의 최대 쟁점은 NLL 문제였다. 10·4 남북공동선언에서 합의한 서해평화협력특별지대를 성사시키기 위해서는 NLL 문제가 어떤 식으로든지 해소되지 않으면 안 되기 때문이다. 국방부의 공식 입장은 NLL 사수였다. 당연히 김 장관도 NLL을 사수하는 전제 하에 서해평화협력지대를 건설하자는 입장이었다.

노 대통령과 김정일 국방위원장은 남북정상회담에서 NLL을 남북기본합의서(1991년)에 따라 군사 정전협정에 규정된 군사분계선과 '지금까지 쌍방이 관할하여 온 구역'으로 한다고 합의했다. 그러나 북측의 군부가 어떻게 해서든지 이 원칙을 허물려 하고 있었다.

필자는 노 대통령 홍보특보 자격으로 2008년 2월 국방부 장관실을 방문했다. 바람 잘 날 없었던 남북 관계의 뒷이야기를 들어보기 위해서였다. 김 장관은 '백지 위임장 사건'을 상기된 표정으로 술회했다. "대통령님은 어떤 지침이나 훈령도 주지 않았어요. 저에게 백지 위임장을 준 것입니다. 다소 당황했습니다. 무엇인가 거북한 지침이 있을 줄 알았는데 아무것도 없었어요. 한 술

더 떠 이런 말씀까지 하십디다. 만약 북측에서 너무 까다롭게 나오면, '다음 정부에서 하라'고 북측의 요구를 딱 잘라버리라는 것이에요."

김 장관은 특별지침이 하나 있기는 있었다고 강조했다. "평양에 가면 북측에 꼭 전하세요. 우리가 여수엑스포를 유치할 때 지원해준 데 대해 '대통령이 크게 감사해 하시더라' 이렇게 말해주세요." 이것이 국방부 장관에게 하달한 대통령의 '유일한 훈령'이었다는 것이다.

노 대통령이 NLL 문제의 쟁점을 몰라서 NLL 사수를 주장하는 김 장관에게 협상 권한을 백지 위임 했을까? 결코 그렇지 않다. 노 대통령은 국방부의 입장을 너무나 잘 알고 있었다. **김 장관에게 백지 위임장을 준 것은 남북기본합의서대로 NLL을 꼭 지키라는 의미였다.**

NLL(서해북방한계선) 문제가 2012년 12월 대통령선거 국면에서 느닷없이 핫이슈로 떠올랐다. 새누리당 정문헌 의원이 "2007년 남북정상회담 때 노무현이 김정일과 단 둘이 만나 'NLL 문제를 앞으로 거론하지 않겠다'고 비밀 합의했다."고 거짓 폭로한 것이다. 국가안보 문제를 정치적으로 악용하려는 정략적 발언이었다.

가관인 것은 참여정부 마지막 국방부 장관을 지낸 김 장관의 〈중앙일보〉 인터뷰였다. 김 장관은 정문헌의 폭로와 관련해 "개연성이 충분하다. 그러나 비밀대화록의 존재에 대해 듣거나 확인한 바가 없다."고 밝혔다. 일국의 국방부 장관을 지낸 사람이 어떻게 이런 무책임한 발언을 할 수 있는가.

호남 출신인 김 장관은 김대중·노무현 정부 10년 동안 군에서 승승장구하여 국장부 장관까지 오른 입지전적인 인물이다. 이명박 정부가 출범하자 한나라당으로 말을 갈아타는 정치적 수완을 발휘하여 국회의원을 했고 박근혜 정부에서는 청와대 국가안보실장을 하고 있다.

  노 대통령은 2007년 11월 민주평화통일자문회의 특별연설에서 남북정상회담 때의 NLL 논의에 대해 확실하게 말했다.

  "북쪽의 주장은 이렇습니다. 'NLL 그을 때 우리(북측)하고 합의한 일 없다.'고…합의 안 한 건 사실이거든요. 그리고 영해선 획정 방법에 안 맞는 것도 사실이거든요. 그렇다고 해서 '법적으로 합시다' 하고 내 맘대로 자 대고 죽 긋고 내려오면, 제가 내려오기 전에 우리나라가 발칵 뒤집어질 것 아닙니까? 내려오지도 못합니다.(일동 웃음) 아마 판문점 어디에서 '좌파 친북 대통령 노무현은 돌아오지 말라, 북한에서 살아라' 이렇게 플래카드 붙지 않겠습니까?(일동 웃음) 그러니까 NLL도 못 들어줍니다. 어떻든 NLL 안 건드리고 왔습니다."

우리나라는
동북아 평화의
균형자입니다

"동북아중심국가 전략은
민족의 팔자를 바꿀 수 있는
계기라고 생각합니다."

평화는
어떻게 지킬 수
있습니까

───── 머릿속으로 동북아 지역의 세계지도를 그려보자. 한반도는 강대국 사이에 끼어 있다. 강대국을 기준으로 보면 변방이다. 과거 중국에서 큰 정변이 일어나거나 왕조가 바뀔 때마다 한반도는 내분에 휩싸였다. 한반도는 구한말 이후 해양 세력(일본, 미국)과 대륙 세력(중국, 러시아)의 전쟁터였다. 고래 싸움에 등이 터진 새우 처지였다. 변방의 비극이다. 노무현 대통령 당선자가 야심찬 동북아 전략을 내놓았다. 2003년 2월 인천국제공항 회의실에서 열린 '동북아 경제중심국가 건설 국정토론회'에서 '동북아중심국가론'을 역설한 것이다.

"주변 변화에 의존하는 변방의 역사를 극복해야 합니다. 지역 질서를 적극적으로 주도해나가고 대등하게 참여해나가는 동북아 시대를 기대하고 있습니다. 동북아중심국가 전략은 민족의 팔자를 바꿀 수 있는 계기라고 생각합니다. 발등만 바라보지 말고 사고의 지평을 넓혀 공동체를 살펴봐야 합니다."

노무현 대통령은 동북아중심국가론의 후속 조치로 '균형자론'을 제시했다. 2005년 3월 육군3사관학교 졸업식 치사를 통해 구체적인 배경과 전략을 밝혔다.

"대한민국은 동북아시아의 전통적인 평화 세력입니다. 역사이래로 주변국을 침략하거나 남에게 해를 끼친 일이 없습니다. 우리야말로 떳떳하게 평화를 말할 자격이 있다고 생각합니다. 이제 우리는 한반도뿐만 아니라 동북아시아의 평화와 번영을 위한 균형자 역할을 해나갈 것입니다. 따질 것은 따지고 협력할 것은 협력하면서 주권국가로서의 당연한 권한과 책임을 다해나가고자 합니다."

한나라당을 비롯한 보수 진영의 비판과 비난이 봇물을 이루었다. '탈미, 배일, 친중의 정책', '동북아 판을 제대로 읽지 못하는 시대착오적 대응', '고립만 부르는 무모한 자립 외교' 등으로 폄훼했다. 균형자론이 그렇게 배척당할 만한 정책인가? 균형자론에는 패권적 균형자론, 편승적 균형자론, 화합적 균형자론 등 3가지가 있다. 노 대통령의 균형자론은 중용의 시각에서 평화 공존과 협력을 추구하는 화합적 균형자론이다. 문정인 연세대 교수의 설명이다. "균형적 실용외교에 기초를 둔 연성 균형자론이라 할 수 있다. 동북아 지역 국가들 간에 힘의 균형을 추구하는 데 우리가 주도권을 갖겠다는 것이 아니라 새로운 규범, 원칙, 규칙의 지역질서 창출을 통해 역내 국가가 대립과 갈등을 화해와 협력으로, 분열을 통합으로 변화시키고, 분쟁을 예방하며, 평화와 번영을 촉진하는 '평화의 균형자' 역할을 수행하는 것을 의미한다."[9]

한국은 지정학적으로 대륙 세력과 해양 세력을 가르기도 하고 연결하기도 하는 반도국가다. 주변의 강대국들은 남의 땅에 와서 자신들의 이익을 위해 싸웠다. 피를 흘리고 수탈당하는 쪽은 항상 한국이었다. 이대로 둘 수는 없다. 한국의 국력이 신장되어 힘을 발휘할 경우 대륙 세력과 해양 세력의 조정자 역할을 할 수 있다. 이것을 외교적으로 표현한 게 화합적 균형자론이다.

남북의 협상은
예측가능해야 합니다

"민족과 국가의 운명이 걸린
중대사를 협상할 때는, 상대방이
나의 행동을 예측할 수 있게
해주어야 한다. 그렇게 해야
나도 상대방의 행동을
예측할 수 있다."

───── 노무현 대통령이 외교 현안을 푸는 방법은 참 특이했다. 일반의 상식을 뛰어넘는 방법으로 숙제를 풀 때가 자주 있었다. 북핵 문제가 그렇다. 얼마나 살벌한 현안이었는가. 자칫 한반도가 불바다가 되느냐 마느냐, 일촉즉발의 순간이었다. 2003, 2004년 상황이다. 워싱턴의 미사일은 평양을 정조준하고 있었고, 평양은 고슴도치처럼 웅크리고 있었다. 북미 관계가 땡땡한 소시지처럼 꽉 막혀 있었다. 소시지가 터지는 순간 전쟁이다. 노 대통령이 팔을 걷어붙였다. 특유의 협상 전략이 동원됐다.

"민족과 국가의 운명이 걸린 중대사를 협상할 때는, 상대방이 나의 행동을 예측할 수 있게 해 주어야 한다. 그렇게 해야 나도 상대방의 행동을 예측할 수 있다."[10]

포커페이스를 한 채 당근과 채찍으로 조율해야 한다는 '당근과 채찍' 전략은 북핵 협상에서는 하지하책(下之下策)이다. 국내 정치의 후보 단일화 같은 협상은 당사자들이야 생사가 걸린 문제지만 국가적으로 보면 누가 되든 문제가 없는 제로섬게임이다. 그러나 북핵 협상은 국가와 민족의 운명이 걸린 문제 아닌가. 노 대통령은 오마이뉴스 오연호 대표와의 특별인터뷰에서 당시의 협상 전략을 "자랑 좀 하겠다."면서 소상하게 공개했다.

"보통 협상할 때는 내 카드를 보여주지 않는 것, 상대방이 내가 무엇을 할지를 모르게 하는 것, 이것이 하나의 협상 전략일 수 있습니다. 그런데 보통 그것은 서로 이익을 가지고 나눌 때 하는 것이지요. 북핵 문제처럼 아주 중요하고 큰 문제, 말하자면 사태의 향방에 국가의 운명이 걸려 있는 아주 중대한 문제에서는 상대방이 내가 어떤 행동을 할 수 있다는 것을 예측하게 해주어야 하는 것이지요. 내 포지션이 정확할 때 상대방이 그것을 전략적 상수로 계산하고 그다음에 행동하기 때문에 서로 예측하기가 좋은 것이거든요."[11]

북핵 문제를 성과주의로 접근했다가는 한반도의 운명이 자칫 천 길 낭떠러지로 떨어질 수 있다. 노 대통령은 남북문제의 경우 "**천 년의 역사 속에서 봐야 해결의 원칙이 생긴다.**"고 말했다. 미국과의 협상에서는 2004년 11월 칠레 산티에이고 한미정상회담이 최대 고비였다. 노 대통령은 APEC(아태경제협력체) 정상회담이 열린 산티에이고에서 부시 대통령을 만났다. 부시의 대북 기조를 '대결'에서 '대화'로 선회시키는 게 노 대통령의 목표였다.

노 대통령은 산티에이고로 가기 전에 미국 LA를 방문, 동포간담회에서 "(북핵 문제에 대한) 북한의 주장은 일리가 있다."고 말했다. 한국과 미국의 조야가 발칵 뒤집혔다. 이것이 그 유명한 'LA 폭탄선언'이다. 부시에게 내민 공개 카드였다. 사전에 '뜨거운 김'을 식히는 전략이었다. 노 대통령이 정상회담에서 부시에게 말했다. "과거 성공한 많은 협상은 서로 믿지 못하는 상대와 해서 역사적 전기를 만들고 역사에 남는 협상을 해서 훌륭한 결과를 만들어낸 것입니다. 그래서 성공이 더욱 값진 것입니다. 진정한 협상이라는 것은 원래 믿기 어려운 사람과의 대화라고 생각합니다." 부시가 화끈하게 수용했다. 노 대통령의 이 어록은 외교사에 남을 명언으로 평가되고 있다.

남북문제에는
진보 보수 양날개가
필요합니다

"진보 논리 없이 대화 없고,
보수 논리 없이 균형 없다."

―― '서울과 워싱턴의 하늘에서는 북한 인공기가 평화롭게 휘날리고, 평양의 하늘에서는 한국 태극기와 미국 성조기가 자유롭게 펄럭인다.' 김대중 대통령과 노무현 대통령이 추구했던 한반도 정책의 목표다. 두 분의 꿈이었다. 그날이 언제 올 수 있을까. 노 대통령이 남북 정책을 추진하면서 일관되게 지켰던 대원칙이 있었다. "진보 논리 없이 대화 없고, 보수 논리 없이 균형 없다." 진보 논리로 대화를 추구하면서, 보수 논리로 균형을 유지했다. 냉혹한 현실을 인정하면서 역사의 진보를 추구하는 외교 노선이었다.

외교 안보에는 에누리가 없다. 힘의 정치학(power politics)이 냉정하게 관철되는 영역이 바로 외교 안보다. 현실을 부정하는 순간 어떤 화려한 외교 노선도 사상누각이 되고 만다. 북핵 등 북한 문제를 놓고 북한과 미국을 조율하는 일은 여간 어려운 일이 아니다. <u>진보만을 추구하면 안정성이 떨어지고, 보수만을 고집하면 발전이 없다. 진보 논리와 보수 논리를 시의 적절하게 구사해야 외교안보 정책의 목표를 달성할 수 있다.</u>

국가안전보장회의(NSC)의 인적 구성을 보면 대통령의 이런 고민이 고스란히 담겨 있다는 사실을 알 수 있다. NSC의 핵심 멤버는 청와대 외교안보실장, 국가정보원 원장, 통일부 장관, 국방부 장관, 외교통상부 장관 등 5명이었다. NSC 의장은 대통령이다. 2006년의 경우 송민순 외교안보실장, 김승규 국정원장, 이종석 통일부 장관, 윤광웅 국방부 장관, 반기문 외교부 장관이 NSC 멤버였다. 진보와 보수가 절묘하게 조화를 이루고 있다. NSC의 균형추 역할은 국내외 정보를 수집하여 평가하는 국가정보원이 맡았다. 검찰 출신의 김승규 원장은 알아주는 보수 인사다. 노 대통령은 왜 그를 국정원장에 앉혔을까. 세간의 궁금증이 대단했다. 노 대통령은 이에 대해 분명하게 말했다.

"안보를 정략적으로 이용하면 국가가 불행해집니다. 국정원은 어느 한쪽에 치우쳐서도 안 되고, 국정원장은 자신의 정치적 입지를 위해 자리를 이용하면 안 됩니다. 균형 있는 업무 집행이 필요합니다. 김승규 원장? 보수적이지만 합리적인 분 아닙니까. 정치적 흥정을 하거나 장난을 치지 않을 분입니다."

노 대통령은 역지사지로 북한과 미국을 설득했다. 북한에게는 보수의 논리로 세계외교질서의 냉혹한 현실을 이야기했고, 미국에게는 진보의 논리로 한반도에서의 냉전종식을 요구했다. 보수의 나라에서 진보적인 남북 정책을 해야 하는 대통령의 숙명이었다. 노 대통령은 2006년 4월 독일동포간담회에서 남북문제의 어려움을 토로했다.

"정상회담도 하고 싶고 평화선언도 하고 싶지만…하나하나 서로가 지켜야 할 대화의 원칙이랄까 일반적 원칙이 있잖습니까. 그것을 지키면서 할 수밖에 없는 상황이라는 것을 이해해주십시오."

남북은
신뢰를 먼저
쌓아야 합니다

"상대방(북한)이 가장 불안하게 생각하는 것을 해소해주는 것이 신뢰입니다. 소위 말해서 흡수통일, 무력 공격, 이런 것 아니겠습니까?"

─── '선 신뢰 구축, 후 대화 추진', '낮은 목소리, 느린 대응'

노무현 대통령이 갖고 있었던 대북 정책의 큰 원칙이었다. '선 신뢰 구축, 후 대화 추진'은 북한과 먼저 신뢰를 쌓은 다음 그것을 기반으로 대화를 하는 전략이다. 신뢰 구축이 없이는 실질적인 대화가 불가능하기 때문이다. 북한은 미국에 대해 극도의 불안감을 갖고 있었다. 그 불안감을 해소해주는 일이 급선무였다. '낮은 목소리, 느린 대응'은 북한의 군사·외교적 돌발 행동에 대해 즉각적인 강경 대응을 자제하고 긴 호흡으로 관리해나가는 전략이다.

북한과의 신뢰 구축을 어떻게 할 것인가. 노 대통령은 정공법을 택했다. 북한이 가장 절실하게 원하는 것을 해결해줌으로써 신뢰를 얻는 방식이다. 노 대통령은 임기가 거의 끝난 시점인 2007년 11월 한국정책방송(KTV)과의 특별인터뷰에서 대북 신뢰 구축의 비화를 털어놨다.

"남북한 사이의 신뢰는 상대방의 인격에 대한 신뢰나 상대방의 도덕성에 대한 신뢰하고는 조금 다릅니다. 상대방이 가장 불안하게 생각하는 것을 해소해주는 것이 신뢰입니다. 소위 말해서 흡수 통일 무력 공격, 이런 것 아니겠습니까? 그걸 하지 않겠다고 확실하게 말해야 하고, 분명하게 믿게 해주는 것이 신뢰지요."

실질적인 열쇠는 미국의 부시 대통령이 쥐고 있었다. 노 대통령은 한미정상회담을 통해 부시를 설득했다. 부시는 공개적으로 약속했다. "북한을 침공하지 않는다.", "북핵 문제를 평화적으로 해결하겠다.", "안전보장을 문서로 제공할 수 있다.", "관계 정상화를 할 수 있다.", "종전 선언을 할 수 있다."

북한이 대외에 돌발적인 군사 행동을 했을 경우 대응 방법은 두 가지다. 과거 정부가 '높은 목소리, 빠른 대응'이었다면, 참여정부는 '낮은 목소리, 느린 대응'이었다. '낮은 목소리, 느린 대응'에는 상당한 인내심이 필요했다. 노 대통령은 2007년 6월 참여정부 평가포럼 특강에서 그동안의 어려움을 털어놨다.

"북한이 미사일을 발사했을 때, 핵 실험을 했을 때, 당시의 우리 언론, 우리 정치, 우리 국민들이 저를 죽사발 만들었습니다. 여론조사를 해보니까 '잘못했다'가 70퍼센트 이상 나왔습니다. '왜 암 말도 안 하노. 한 대 때려야지.' 새벽에 비상 안 걸었다고 야단치고…. 걸핏하면 비상 거는 거, 안보 독재 할 때 써먹던 건데, 그 때 기억이 남아 있어 가지고, 왜 안 하냐고 국회에서도 떠들고, 우리 통일부 장관이 벌겋게 닦달을 당하고 바보가 됐습니다. 그런데 국민들까지 섭섭하게 '와 그랬노?' 합니다. 우리가 절제하는 가운데 신뢰가 구축되는 것입니다. 저는 북한의 자세가 이전과 많이 달라졌다고 생각합니다. 보면 확실히 다릅니다."

보수 정권은 남북 대화를 위한 제도적 인프라를 계속 쌓아왔다. 박정희 대통령의 7·4 공동성명(1972년), 노태우 대통령의 7·7 선언(1988년)과 남북기본합의서(1991년)는 획기적인 진전이다. 그러나 없었던 것이 하나 있다. 신뢰가 없었다. KTV와의 인터뷰 내용이다.

"한나라당에게는 없고 국민의 정부와 참여정부에게는 있었던 것이 한 가지 있지요. 바로 신뢰입니다. 남북 간 제도적인 합의가 부족한 것이 아니라, 남북 간에 신뢰가 없었던 것입니다. 남북정상회담을 둘러싸고 여야 간에 무슨 많은 정책의 차이가 있는 것처럼 이해하고 그렇게 싸우는데, 실제 차이는 딱 한 가지, 신뢰성입니다."

　박근혜 대통령이 대북 정책과 관련, '한반도 신뢰 프로세스'를 구축하겠다고 밝혔다. 그 내용과 과정에 관심이 쏠리고 있다.

한미 정상 간
강력한 신뢰가
필요합니다

"부시 대통령은 참 솔직한
지도자입니다.
저하고 말이 잘 통해요.
의기투합할 때도 있고 격하게
논쟁할 때도 있지만, 만나면
친한 친구처럼 이야기합니다."

―――― 노무현 대통령은 복이 많은 지도자였던 것 같다. 재임 기간 중 세계 경제 여건이 좋았던 것도 큰 복이었지만, 더 큰 복은 한국의 비주류 대통령을 진심으로 도와주려는 영향력 있는 인물들이 예상외로 많았다는 사실이다. 그 가운데 가장 대표적인 인물이 보통 '아버지 부시'로 불리는 조지 H. W. 부시 전 대통령이다. 노 대통령은 2003년 5월 워싱턴 한미정상회담 일정을 잡아 놓고 있었다. 세계 외교무대 첫 데뷔였다. 노 대통령 개인으로나, 국가적 차원에서나, 역사적인 회담이었다. 성패의 열쇠는 '아들 부시'인 조지 W. 부시 대통령이 쥐고 있었다.

노 대통령은 '열공'에 들어갔다. 외교 전문가를 만나서 자문을 받고 부시의 성격과 외교 스타일 등을 연구했다. 뜻하지 않게 큰 행운이 찾아왔다. 한미정상회담을 한 달 정도 앞둔 시점에 '아버지 부시' 내외가 한국을 방문한 것이다. 노 대통령은 두 내외를 청와대에 초청, 저녁식사를 대접하면서 조언을 구했다. '아버지 부시' 내외는 정말 사심 없이 '아들 부시'와 소통할 수 있는 비법을 알려줬다.

"기회가 되면 우리 대통령과 일대일 대화를 하십시오. 그때가 우리 대통령에게 대통령님의 의중을 정확히 전달하는 시간이 될 것입니다. '조지 부시, 나는 당신의 친구요. 나는 한미 관계에 대해 당신과 공통의 목표를 갖고 있고, 내가 성공적인 대통령이 되기 위해 당신이 이런 것을 도와주면 좋겠소.'라고 말하십시오. 대통령님의 솔직함이 우리 대통령의 솔직함과 통하게 될 것입니다."[12]

노무현과 부시는 몇 가지 공통점을 갖고 있다. 공교롭게도 '46

년 개띠' 동갑으로 전후 세대다. 성격은 대책이 없을 정도로 너무 솔직하다. 정치 활동에서는 신뢰를 최고의 가치로 삼았다. 솔직한 노무현과 솔직한 부시. 두 정상을 연결해주는 뭔가가 있었다. 그것은 신뢰였다. 신뢰가 확인되면 마음이 통하는 법이다. 신뢰의 힘은 아무리 강한 이념의 벽도 뚫을 수 있다.

2003년 5월 14일 워싱턴 백악관. 부시 대통령은 '아버지 부시'가 말했던 그대로였다. "대통령님과 제가 남자 대 남자로 친해지길 바랍니다. 오늘 대통령께서 마음속으로 생각하고 계신 것을 자유롭게 말씀해주십시오. 그것이 친구들 간에 대화하는 방식입니다."[13]

노 대통령은 부시와 솔직한 대화를 나누었다. 정상회담 전에 노 대통령에게 쏟아졌던 국내외의 우려는 기우가 되고 말았다. 노 대통령의 워싱턴 데뷔는 그야말로 '대박'이었다. 사실 노무현과 부시 사이에는 이질성이 더 많았다. 생활환경이나 정치 활동의 경로는 극과 극이다. 부시는 미국을 대표하는 명문 정치가문이다. 석유재벌, 앵글로색슨(WASF), 예일대, 기독교 원리주의자, 정통 보수 등의 수식어가 부시를 따라다닌다. 노무현은 한국의 빈농 출신으로 진보적인 비주류 대통령이다. 게다가 미국 주류사회에 '반미주의자'로 잘못 알려져 있었다.

'아버지 부시'와 '아들 부시'는 편견을 갖지 않고 '솔직한 노무현'을 전폭적으로 신뢰했다. 중앙정보국(CIA) 국장을 지낸 정보전문가 출신의 '아버지 부시'가 '노무현의 실체'를 모르고 그런 진실어린 조언을 하면서 '아들 부시'와 친구가 되길 바랐을까. 아닐 것이다. 부시 부자는 노무현의 진정성을 정확히 파악하고 있었을 것이다.

노 대통령은 2006년 9월 한미정상회담을 마치고 귀국한 후 가진 청와대 수석보좌관회의에서 소회를 밝혔다. "부시 대통령을 만나러 갈 때마다 야당과 언론에서 야단입니다. 걱정이야 좋지만 지나치지 않습니까. 어떤 분은 코가 깨져 오길 바라기라도 하듯, 저주를 퍼붓더군요. 그런 분들에게는 기대를 만족시켜주질 못해서 미안하지만…, 부시 대통령과 만나면 큰 틀에서 수지가 맞습니다. 부시 대통령은 참 솔직한 지도자입니다. 저하고 말이 잘 통해요. 의기투합할 때도 있고 격하게 논쟁할 때도 있지만, 만나면 친한 친구처럼 이야기합니다."

종교의 가르침을
도덕적으로 실천하다

노무현 대통령이 남긴 14줄의 짧은 유언에는 그의 종교관이 짙게 배어 있다. '삶과 죽음이 모두 자연의 한 조각 아니겠는가.' 생사일여(生死一如), 즉 삶과 죽음이 다르지 않다는 의미다. 이것은 불교의 기본 철학이다. 노무현은 불교와 인연이 깊다. 어린 시절 어머니가 집에 부처님을 모셔 놓고 아침마다 독송을 해 그 소리에 잠을 깼다. 노무현의 종교적 성향은 불교였다. 자신을 '무종교'라고 밝히는 한국 사람들의 대부분이 그런 것처럼, 노무현의 사고 체계도 불교적이었다.

"삶과 죽음이
모두 자연의 한 조각
아니겠는가."

　　　　　노무현은 공식적으로는 천주교 신자였다. 노무현은 권양숙 여사와 함께 송기인 신부의 권유로 1982년 부산에서 영세를 받았다. 송 신부와 함께 민주화운동을 열정적으로 할 때였다. 노무현의 세례명은 '유스토', 권 여사의 세례명은 '아델라'다. 그러나 성당에는 나가지 않았다. 유년 시절에는 부친의 영향을 받아 읍내 교회에 다녔다. 부친이 일본에 있을 때 교회 집사였다고 한다. 중학교 때 목사가 되리라 생각하기도 했다.

　　노무현은 교회나 성당에는 잘 다니지 않았지만 어떤 크리스천보다도 예수님 뜻을 잘 지키려고 노력했고, 절에도 잘 다니지는 않았지만 어떤 불교 신자보다도 부처님의 가르침대로 살려고 했다. 그에게 종교는 신앙이라기보다는 도덕이었다. 노무현은 대통령 후보 시절인 2002년 10월 보수 성향의 목사들이 모인 자리에서 '신앙과 애국'이라는 제목으로 강연을 하면서 분위기를 철렁 가라앉게 한 적이 있다.

"기독교인들을 뵐 때마다 죄인 같은 마음입니다. 제가 아직 믿질 않습니다. 하지만 내가 대단히 인상적으로 기억하는 목사 한 분이 있습니다. 나치에 저항했던 독일인 목사 마르틴 니묄러입니다. 그는 이렇게 말했습니다. '나치가 처음에는 공산주의자를 잡아갔다. 그러나 나는 공산주의자가 아니므로 관심을 갖지 않았다. 그다음엔 노동자를 잡아갔다. 다음엔 신부를 잡아갔다. 역시 나는 노동자도 신부도 아니어서 무관심했다. 그러다 나치가 나까지 잡아가려 할 땐 아무도 도와줄 사람이 없었다.'"

노무현이 그 자리에서 니묄러를 말한 것은 '나는 니묄러처럼 정치를 하겠다. 목사님들도 니묄러처럼 목회활동을 해달라.'는 주문이었다. 대통령 재임 때에는 종교계의 현안 해결에도 많은 신경을 썼다. 한국 천주교의 최대 숙원이었던 제2추기경 탄생에 대한 일화다. 노무현의 정신적 멘토였던 송기인 신부는 회고했다.

"내 동창들 중에 바티칸에 가보지 못한 친구들이 로마 여행을 가자기에 응했는데 청와대에서 알고는 교황님께 친서를 전해달라고 했다. 대통령 특사로 교황청에 가게 된 셈이었다. 9월 하순이었는데 교황청에서는 그 답을 성탄 전에는 보내겠다고 했다. 그리고 이듬해(2006년) 2월에 우리나라에 제2의 추기경이 나왔다."[14]

진실보다
더 큰 품위는 없다

기자는 집요하게 물었다. 2001년 2월 해양수산부 장관 시절 〈월간 중앙〉과 특별 인터뷰를 했을 때다. 질문은 대통령선거에 집중되었다. 김종필(JP)은 당시에도 내각제 개헌에 대한 미련을 버리지 못하고 있었다. 노무현은 JP가 정치를 깊이 생각하지 않았다는 입장이었고, 기자는 여기에 강한 이의를 제기했다. 노무현의 반응이다.

"(답답하다는 표정으로) 참…. 태초에 정치가 태어날 때 거짓말로 태어났습니다. 나는 하늘이 내려 보낸 사람이다, 여기서 정치가 시작된 것 아닙니까? 민주주의 역사는 그 거짓말에 속아서, 지배 이데올로기에 복종해왔던 사람들이 인간의 이성에 대해 믿음을 갖고 인간의 존엄과 가치에 대한 자각을 갖고 그 거짓말에 대항해온 역사입니다. 거기서 민주주의가 싹튼 것입니다."[15]

> "태초에 정치가
> 태어날 때 거짓말로
> 태어났습니다.
> 민주주의 역사는 그
> 거짓말에 대항해온
> 역사입니다."

노무현은 '거짓말 정치'를 하지 않았다. 체질적으로 거짓말을 싫어했다. 노무현은 국민을 속이는 위정자들을 증오했다. "정치인들에게 제일 하고 싶은 얘기는 거짓말을 하지 말라는 것"이라고 말하곤 했다.

"역사를 돌이켜보면 수천 년 동안 권력자는 백성을 속여 왔고 백성들은 속아 왔다. 그러다가 민주주의가 싹트면서부터는 국민들을 속이려는 정치인과 속지 않으려는 국민들 사이에 싸움이 시작되었다. 그리고 그 싸움은 지금도 계속되고 있다."[16]

국민을 속이려는 정치인은 누구였나. 멀리 갈 것이 없다. 이승만, 박정희, 전두환, 이명박 등 국가 최고지도자인 대통령이었다. 6·25전쟁이 터졌을 때 이승만 대통령이 발표했던 '서울 사수', 5·16쿠데타에 성공한 박정희 의장의 '민정이양', 1980년 신군부의 리더였던 전두환의 '광주 폭도(5·18)', 이명박의 '행복도시(세종시) 건설'은 역사에 남을 거짓말이다.

히틀러는 "대중은 작은 거짓말보다는 큰 거짓말에 쉽게 속는다."고 말했다. 히틀러의 나팔수 괴벨스는 한술 더 떠 "대중은 거짓말을 처음에는 부정하고 그다음엔 의심하지만 되풀이하면 결국에는 믿게 된다."고 주장했다. 이게 사실일까. 상당히 사실이다. 많은 정치인들이 거짓말을 밥 먹듯이 하는 것을 보면 확실히 그렇다.

현실 정치에 후흑학(厚黑學)이란 게 있다. '거짓의 지혜'라고 해야 할 것이다. 두꺼울 후(厚), 검을 흑(黑). 후흑학의 요체는 정치에서 승자가 되려면 낯가죽이 두껍고 속마음이 검어야 한다는 것이다. 후흑에도 초보에서 달인까지 급수가 있다. 초보는 낯가죽이 철판처럼 두껍고 속마음이 숯덩이처럼 시커먼 사람이다. 후흑의 실체가 그냥 드러나서 초보다. 달인은 낯가죽이 두껍지만 형체가 없고 속마음이 검지만 색채가 없는 사람이다.

노무현에게는 이런 후흑학이 아예 없었다. 초보도 아니고 달인도 아니었다. 자신의 생각을 숨기려 하지 않고 모두 드러냈다. 낯가죽이 두꺼워야 할 필요도 없었고, 속마음이 검어야 할 이유도 없었다. 노무현에게 진실보다 더 큰 품위는 없었다. 노무현은 2002년 2월 시사평론가 유시민과의 대담에서 현실 정치의 어려움을 토로했다. 당시 유시민이 한 말이 재미있다. "생선 팔 때 이게 찌갯거리라고 팔아서 비린내가 조금 나는 것은 괜찮다. 그러나 횟감이라고 해서 샀는데 나중에 집에 와서 풀어보니 찌갯거리도 안 되더라, 이러면 문제가 달라진다."[17]

세상에는 찌갯거리도 안 되는 생선을 횟감이라고 파는 정치인들이 얼마나 많은가. 노무현은 이 대담에서 자기진단을 확실히 했다. "적어도 우리 당(민주당)에서 노무현이 거짓말쟁이다, 사기꾼이다, 이렇게 말하는 사람은 없습니다. 다들 '괜찮은데…'하면서 그다음에 토를 달죠."[18]

역사에서
배운다는 것은
무엇입니까

역사는 거울이다. '현재'를 사는 우리는 역사를 통해 '과거'를 되돌아보고 '미래'를 내다본다. 거울은 과장도 없지만 은폐도 없다. 없는 것은 보여주지 않는다. 자랑스러운 것은 물론이고 부끄러운 것도 있는 그대로 비춰준다.

시대정신은 역사의식에서 나온다. 미래의 길이 역사 속에 있다. 우리는 일제강점기의 친일반민족행위, 한국전쟁 과정에서 벌어진 양민학살, 군부 독재가 벌인 고문조작, 인권유린, 의문사 등 얼룩진 과거사를 갖고 있다. 불행한 역사를 다시 반복하지 않기 위해서는 잘못된 것은 잘못되었다고 평가하고 다시는 그렇게 하지 말자는 국민적 다짐이 있어야 한다. 아픈 상처를 건드리는 일은 고통스러운 과정일 수 있으나, 상처를 치유하지 않고 진정한 화해와 사회통합을 이룰 수는 없다. 시대를 거꾸로 살아온 사람들이 득세하고 그 사람들이 바르게 살려고 노력하는 사람들을 냉소하는 역사가 계속된다면 우리 사회는 미래가 없다.

과거사 정리 없이
새로운 미래는
없습니다

"독립운동을 했던 사람은 3대가 가난하고 친일했던 사람은 3대가 떵떵거린다는 뒤집혀진 역사 인식을 지금도 우리는 씻어내지 못하고 있습니다. 우리는 이 왜곡된 역사를 바로잡아야 합니다."

─── 역사를 부정하면 미래가 없다. 과거를 덮어두고, 역사를 알지 못한 채, 어떻게 미래를 바라볼 수 있겠는가. "The one who does not remember history is bound to live through it again." 폴란드 아우슈비츠 수용소에 적혀 있는 말이다. "역사를 기억하지 못하는 자, 다시 그 역사를 반복할 것이다."

노무현 대통령은 2004년 광복절 경축사에서 이렇게 말했다. "더욱 부끄러운 일은, 역사의 바른 길을 걸어온 독립투사와 그 후손들은 광복 후에도 가난과 소외에 시달리고, 오히려 친일에 앞장섰던 사람들이 사회지도층으로 행세하면서 애국지사와 후손들을 박해하기도 했다는 사실입니다. 심지어 한때는 **친일 인사가 독립운동가의 공적을 심사하는 어처구니없는 일이 벌어지기도 했습니다.** 독립운동을 했던 사람은 3대가 가난하고 친일했던 사람은 3대가 떵떵거린다는 뒤집혀진 역사 인식을 지금도 우리는 씻어내지 못하고 있는 것입니다. 우리는 이 왜곡된 역사를 바로잡아야 합니다. 진상이라도 명확히 밝혀서 역사의 교훈으로 삼아야 합니다."

프랑스의 과거사 정리는 '부역자 청소' 차원에서 진행됐다. 예외 없는 처벌은 처절했다. 드골 대통령은 2차 대전 때 히틀러에 협력한 부역자들을 깔끔하게 처단해버렸다. 한국의 이승만 대통령이 친일파를 청산하지 않은 것과 대조적이다. 드골은 학자, 교육자, 작가, 언론인, 영화인 등 부역 지식인(오피니언 리더)을 프랑스 정신을 병들게 한 주범으로 규정, 모조리 처형했다.

드골의 전략은 주도면밀했다. 법원, 검찰, 경찰 등 사법기관을

1차로 정리한 다음, '흠이 없는' 경찰과 검사, 판사에게 칼자루를 쥐어주고 부역자를 처리토록 한 것이다. 이 전략이 주효했다. 젊은 천재작가 로베르 브리지악의 총살형은 당시 프랑스 지식인들에게 큰 충격을 줬다. 많은 국민들이, 심지어는 일부 레지스탕스 지식인들까지도 브리지악만큼은 살려주자고 청원했지만 드골은 냉정하게 거절해버렸다. 약 12만 명의 나치 부역자가 재판에 회부됐고, 이 가운데 사형, 징역, 공민권 박탈 등의 실형을 받은 사람이 10만 명에 달했다. 《이방인》, 《시지프 신화》 등의 작가로 우리들에게 잘 알려진 프랑스의 지성 알베르 카뮈는 당시 이렇게 말했다. "과거의 죄를 처벌하지 않는 것은 내일의 죄를 부추기는 것이다."

참여정부가 과거사 정리에 나섰다. 과거 정부가 했어야 할 일을 늦게나마 시작했다. 일제 강점 하 반민족행위 진상규명 특별법, 친일 반민족행위자 재산환수에 관한 특별법, 진실·화해를 위한 과거사정리기본법 등을 제정한 뒤 집행했다. 유력 인사들의 친일행위를 규명했고 친일파들이 부역의 대가로 받은 재산을 몰수했다.

지도자는
역사적 과제를
풀어나가야 합니다

"국가적 지도자가 되려는 사람은
국민의 눈높이만으로는 부족하다.
역사의 눈높이를 가져야 한다."

역사에서
배운다는 것은
무엇입니까

─── 정치인에게 '국민의 눈높이'는 상식이다. 그렇다고 매사를 '국민의 눈높이'에 맞추는 것이 항상 옳은 것은 아니다. 때로는 '역사의 눈높이'로 멀리 보고 크게 볼 필요도 있다. 노무현 대통령은 2007년 11월 한국정책방송(KTV)과 가진 특별인터뷰에서 자신의 국가 지도자론을 소개했다.

"<u>국가 지도자에게 가장 중요한 것은 '역사적으로 이 시기에 우리가 해야 할 일이 뭐냐?'라는 것을 아는 것입니다. 역사에 대한 인식이 가장 중요한 것이지요.</u> 저는 어떤 정치인을 평가할 때 가장 중요한 요소로 그 사람이 그 시기의 역사적 과제를 어떻게 이해하고 있었으며, 그 역사적 과제를 풀기 위해 어떤 노력을 했는가를 가장 중요한 잣대로 삼고 있습니다."¹

노 대통령은 2007년 가을 청와대에서 오연호 오마이뉴스 대표와 특별인터뷰를 하면서 자신의 정치철학에 대해 많은 이야기를 했다. 그중 하나가 역사의 눈높이다. 노 대통령 임기가 사실상 거의 끝나는 시점이었다. 대통령은 국민의 눈높이와 역사의 눈높이를 구분했다.

"국민의 눈높이는요, 이승만 독재 시절엔 거기 다 찍어주고, 박정희 쿠데타 있고 나니까 거기 다 찍어주고, 또 삼선개헌, 국민투표 해주고, 유신 또 지지해주고…다 지지했습니다. 그러나 그것은 국민의 눈높이였지만, 국민의 눈높이 그 밑바탕에 흐르고 있는 진짜 국민의 눈높이가 있습니다. 그렇지요? 개인 개인 눈높이가 아니라 하나의 역사적 실체로서의 국민의 눈높이는 4·19에 있었고, 1979년 부마항쟁, 1980년 광주항쟁, 1987년 6월항쟁에 있었잖습니까. 이것은 역사의 눈높이거든요."[2]

노 대통령은 재임 중 국민의 눈높이를 넘어서는 정치·사회적 의제를 적지 않게 던졌다. 한미 FTA, 대연정, 권력기관 독립, 전시작전통제권 환수 등이 여기에 포함된다, 많은 논란을 불러 일으켰다. 특히 지지층의 반대는 깊은 상처를 남겼다. 대다수의 국민들이 국민의 눈높이에 맞는 정치를 하라고 아우성을 쳤다. 노무현은 다른 시각을 갖고 있었다.

"저는 일개 국회의원이라면 국민의 눈높이 수준으로도 그리 모자람이 없을 수 있다, 그러나 국가적 지도자가 되려는 사람은 국민의 눈높이로는 부족하다, 역사의 눈높이를 가져야 한다고 봅니다."[3]

노 대통령은 그러면서 백범 김구 선생의 어록 '대붕역풍비(大鵬逆風飛) 생어역수영(生魚逆水泳)'을 들었다. 큰 새는 바람을 거슬러 날고, 살아 있는 물고기는 물을 거슬러 헤엄친다는 뜻이다. 노 대통령이 김영삼의 3당 합당에 반대한 것은 분명 바람을 거슬러 날고 물을 거슬러 헤엄친 행위였다. 세찬 바람과 거센 물결을 각오하지 않으면 안 되는 결단이었다.

국민의 눈높이만을 좇다 보면 '축록자불견산(逐鹿者不見山)'의 어리석음을 범할 수 있다. '사슴을 쫓는 자는 산을 보지 못한다.'는 뜻이다. 사슴 잡기에만 급급한 포수가 어찌 큰 산의 자태를 볼 수 있겠는가. YS는 사슴(권력)은 잡았지만, 산(역사)은 보지 못했다. 최고 권좌에는 올라갔지만, 큰 지도자의 반열에는 오르지 못했다.

독도는
역사의
땅입니다

"한 뼘의 영해 침범도
허용해서는 안 된다. 목숨을 걸고
영해를 지켜라. 상황에 따라
일본 선박을 나포해도 좋다.
명령에 불응하면 발포해도 좋다."

――― 노무현 대통령은 '독도 담화문' 발표를 앞두고 청와대 참모들에게 특별한 주문을 몇 가지 했다.

"독도 문제를 역사 문제로 봐주시길 바랍니다. 통한의 우리 역사가 독도에 새겨져 있지 않습니까. 우리의 메시지를 확실하게 전달해야 합니다. 담화문 원고를 두괄식으로 써주세요."

노무현은 연설비서관이 쓴 초안을 기초로 담화문을 밤새 다시 썼다. '독도 담화문'은 그 정도로 노무현이 심혈을 기울여 직접 작성한 역사적 문건이다. 노 대통령은 2006년 4월 25일 청와대에서 '한일 관계에 대한 특별담화문'을 TV 생중계로 발표했다. 대통령은 또박또박 힘 있게 읽어 내려갔다.

"독도는 우리 땅입니다. 그냥 우리 땅이 아니라 40년 통한의 역사가 뚜렷하게 새겨져 있는 역사의 땅입니다. 독도는 일본의 한반도 침탈 과정에서 가장 먼저 병탄되었던 우리 땅입니다. 일본이 러일전쟁 중에 전쟁 수행을 목적으로 편입하고 점령했던 땅입니다. 지금 일본이 독도에 대한 권리를 주장하는 것은 제국주의 침략 전쟁에 의한 점령지 권리, 나아가서는 과거 식민지 영토를 주장하는 것입니다. 이것은 한국의 완전한 해방과 독립을 부정하는 행위입니다."

언론은 이 담화문을 '노무현 독트린'이라고 불렀다. 그 이유는 두 가지다. 하나는 대일 외교 기조가 종전의 '조용한 외교'에서 '당당한 외교'로 전환됐고, 다른 하나는 독도 문제를 영토 분쟁이 아닌 역사 문제로 접근한 점이다.

일본의 독도 도발은 노골적으로 진행되고 있었다. 일본 정부는 2006년 4월 해안보안청 소속 해양측량선을 독도 해역에 보내 독도 주변의 해저 지형을 직접 조사하겠다고 국제기구에 통보했다. 여러 채널로 외교적 해결을 시도했지만 일본은 요지부동이었다. 노 대통령이 이승재 해양경찰청장에게 비밀 특명을 내렸다. "한 뼘의 영해 침범도 허용해서는 안 된다. 목숨을 걸고 영해를 지켜라. 상황에 따라 일본 선박을 나포해도 좋다. 명령에 불응하면 발포해도 좋다."4 사실상의 발포 명령 하달이었다.

이승재 전 청장이 긴박했던 당시 상황을 회고했다. "선제적으로 발포하라는 명령은 아니었다. 발포해야 하는 상황이 오면 주권 행사를 확실히 하라는 의미로 받아들였다. 해경은 매일 실전을 방불케 하는 훈련을 독도 해역 현지에서 거듭했다. 함포사격 훈련도 실시했다. 일본은 첩보 위성을 통해 우리의 훈련 모습을 보고 있었다. 함포사격 훈련은 일본 측량선이 영해를 침범할 경우 발포할 수도 있다는 강력한 의사 표시였다." 4월 22일 독도 근처까지 왔던 일본의 해양측량선은 뱃머리를 일본으로 돌려 되돌아가야 했다.

역사에서 가장 두려운 것은 망각이다. 일본은 자신의 과거를 망각하고 있음에 틀림없다. 노 대통령은 일본 정치 지도자들의 '역사 망각'을 가장 두려워했다. 지난날의 잘못을 잊어버린 사람은 같은 잘못을 반복할 수 있다. 애써 모른 척하는 것이라면 더욱 두려운 일이다. 노 대통령은 다시 강조했다. "역사를 제대로 가르치지 않는 나라를 이웃에 둔 나라의 지도자로서는, 당연히 그 이웃을 경계하지 않을 수 없습니다. 일본이 스스로 자신에 대해 경계하지 않는다면, 우리가 경계할 수밖에 없습니다."

공권력 행사는
도덕적이고
합법적이어야 합니다

"대통령으로서
과거 국가권력의 잘못에 대해
유족과 제주도 도민 여러분에게
진심으로 사과와 위로의
말씀을 드립니다."

─────── 제주 4·3사건은 국가권력에 의한 '양민희생사건'이다. 희생자 수가 2만 5천~3만 명으로 추정되고 있다. 재판 절차도 제대로 거치지 않았다. 빨갱이 색출을 이유로 마을 공회당이나 학교에 사람들을 모아놓고 집단 총살해버린 일도 있었다. 희생자 유가족들은 '빨갱이 가족'으로 낙인 찍혀 평생 한을 품고 살아왔다.

국가란 무엇인가. 국가는 무엇을 해야 하는 존재인가. 국가의 가장 기본적인 역할은 국민의 생명과 재산을 지켜주는 일이다. 국가는 이를 위해 합법적인 폭력(공권력)을 행사한다. 국가의 공권력 행사는 불가피하지만 그 대신 법에 근거해야 하고 도덕적이어야 한다. 만약 국가가 공권력을 남용하여 무고한 양민을 학살했다면 어떤 조치가 필요한가. 국가 최고책임자가 사죄하고 재발 방지를 약속해야 한다. **국가권력에 의해 억울하게 고통받은 사람이 한 명이라도 있다면, 국가는 상처를 치유하고 명예를 회복시켜 주어야 한다.** 국가가 해야 할 최소한의 도리이자 의무이다. 그렇게 해야 문명국가라 할 수 있다.

노무현 대통령이 취임 첫해 국가 최고책임자로서 제주 4·3사건에 대해 공식 사과했다. 사건 발생 55년 만에 국가 차원의 사과가 이루어진 것이다. 그동안 '좌익반란 진압을 위한 정당한 공권력 행사'라는 해석에 가려 있었다. 노 대통령은 2003년 10월 제주도민과의 대화에서 숙연한 마음으로 '사죄의 마음'을 전달했다.

"국정을 책임지고 있는 대통령으로서 과거 국가권력의 잘못에 대해 유족과 제주도민 여러분에게 진심으로 사과와 위로의 말씀을 드립니다. 무고하게 희생된 영령들을 추모하며 삼가 명복을 빕니다."

　제주도민들은 일제히 기립박수를 치며 환호했다. 그리고 눈물을 훔쳤다. '슬픈 과거사'의 한 페이지가 이렇게 넘어갔다.

한일 관계의
열쇠는
어디에 있습니까

> "일본의 역사 인식에는
> 큰 문제가 있습니다.
> '60년 전의 납치는 괜찮고,
> 30년 전의 납치는 만행이다'는 식의
> 의식을 갖고 있는 것 같습니다.
> 이것은 아니지 않습니까."

────── 캄보디아의 '훈 할머니'. 가끔 아리랑을 흥얼거린다는 게 한국인이라는 유일한 증거였다. 그녀는 이름도 고향도 모국어도 모두 잊어버린 채 외롭게 살고 있었다. 1997년 6월 한국일보 이희정 기자가 현지 확인 취재에 나섰다. 이 기자가 맥주병 뚜껑으로 '공기놀이'를 해보이자, 능숙한 솜씨로 따라하고는 "하하" 소리 내어 웃었다. 이 기자는 그 순간 훈 할머니가 한국인임을 확신했다. 그리고 밤새 얼싸안고 울었다. 훈 할머니는 17세 꽃다운 나이에 캄보디아 전선에 끌려갔다. 고향은 경남 마산 진동이다. 한국 이름은 이남이, 위안부 때 이름은 하나코, 캄보디아 이름은 훈이다. 그녀의 이름에서 일본의 만행을 확인할 수 있다. 그해 여름 한국에서는 일본에 대한 분노가 다시 끌어올랐다.

일본의 '요코다 메구미'. 1977년 11월 15일, 일본 니가타에서 중학교 1학년생이던 요코다 메구미(당시 13세)가 실종됐다. 북한에 의한 계획적인 납치임이 뒤늦게 확인됐다. 2002년 9월 북일정상회담에서 김정일 국방위원장이 고이즈미 총리에게 납치 사실을 시인하고 사과했다. 북한은 요코다가 1994년 우울증으로 자살했다고 발표했고, 2004년 12월에는 요코다의 유골을 가족들에게 보냈다. 일본 정부가 DNA 감식을 해본 결과 가짜로 드러났다. 일본이 발칵 뒤집혔다. 일본 정부와 일본 국민의 북한에 대한 분노가 하늘을 찌를 듯했다.

고이즈미 준이치로 일본 총리는 2006년 8월 15일 2차 대전 종전기념일에 A급 전범들의 위패가 보관되어 있는 야스쿠니 신사 참배를 기어이 강행했다. 일본의 역사 교과서 왜곡과 관련해 한국

측의 수정 요구에도 "일본 역사 교과서는 별 문제가 없다."는 입장을 고수했다. 일본군 위안부 등 한일 간 역사 문제에 대해서는 모르쇠로 일관했다. 그러나 요코다 메구미 사건만은 집요하게 거론하면서 북한의 만행을 규탄했다. 한국은 일본의 이중성에 치를 떨었다. 일본군 위안부 문제와 북한의 일본인 납치 문제는 시대적 배경만 다를 뿐 본질적으로 같은 문제다. 인간에 의한 인간의 납치, 그것은 절대로 용서할 수 없는 만행이다.

노무현 대통령은 도저히 참을 수 없었다. 2006년 8월 을지훈련 국무회의에서 "일본의 역사 인식에는 큰 문제가 있습니다. '60년 전의 납치는 괜찮고, 30년 전의 납치는 만행이다'는 식의 의식을 갖고 있는 것 같습니다. 이것은 아니지 않습니까. **우리는 한일 문제를 기본적으로 역사적 관점에서 풀어나가야 합니다.**"

일본은 한국의 꽃다운 처녀 수천 명을 '훈 할머니'로 만들어놓고서 '훈 할머니'에 대한 기억이 없다. 요코다 메구미도 억울하지만 훈 할머니는 더 억울하다. 훈 할머니는 아직까지 사죄도 받지 못한 것 아닌가. 일본의 아픔을 이해한다. 그러나 한국의 아픔은 훨씬 더 크고 깊다. 한국에는 아직도 살아있는 '요코다 메구미'가 수없이 많다.

군사정권의 잘못이
여전히
남아 있습니다

"저는 정수장학재단(정수장학회)이
'장물'이라고 생각합니다."

역사에서
배운다는 것은
무엇입니까

─── '법은 멀고 주먹은 가깝다.' 조폭 세계의 언어다. 야만의 시대, 독재 권력의 지배 논리다. 무자비한 폭력(고문) 앞에 장사 없다. 몸뚱이 밖에 없는 사람은 몸으로 때워야 하고, 재산이 많은 사람은 재산을 내놓아야 한다. 일단 살아남기 위해서는.

박정희 군사정권은 1962년 4월 부산 지역의 유력한 기업인 김지태 회장를 전격 구속했다. 그리고 재산 헌납을 강요했다. 김지태는 재산포기각서를 쓰고 석방됐다. 김지태가 그때 빼앗긴 재산이 부일장학회 소유의 부산일보, 한국문화방송, 부산문화방송 등이다. 박정희는 부일장학회를 '5·16장학회'로 간판을 바꿔달았고, 전두환은 다시 '정수장학회'로 변경했다.

참여정부가 과거사 정리 차원에서 정수장학회를 조사했다. 2005년 국가정보원의 과거사위원회는 5·16장학회가 김지태 재산을 중앙정보부가 강제로 헌납 받아 만들어진 것이라고 공식 발표했다. 2007년 진실·화해를 위한 과거사정리위원회는 국가가 공권력의 강요로 발생한 재산권 침해에 대해 사과하고 명예 회복 및 화해를 위한 적절한 조치를 취할 필요가 있다고 권고했다. 정수장학회가 '장물'이라는 사실을 확인한 것이다.

국가가 폭력을 동원하여 국민의 재산을 빼앗는 것은 불법이다. 재산을 되돌려주는 것이 정의다. 참여정부는 정수장학회 재산을 원주인에게 돌려주기 위해 노력했으나 허사였다. 국가권력이 불법적으로 빼앗은 재산을 합법적으로 되돌려주는 게 불가능했다. 노무현 대통령은 회고록에 썼다. "저는 그 장학재단이 '장물'이라고 생각합니다. 그것을 돌려주어야 우리 사회의 정의가 실현

되고 역사가 바로 잡힌다고 생각하면서 정치를 해왔습니다."[5] 자서전에도 적어놓았다. "군사정권은 남의 재산을 강탈할 권한을 마구 휘둘렀는데, 민주 정부는 그 장물을 되돌려 줄 권한이 없었다. 과거사 정리가 제대로 안 된 채 권력만 민주화되어 힘이 빠진 것이다. 부당한 기득권을 가진 사람들한테 더 좋은 세상이 되어버렸다. 억울하지만 이것이 우리 역사의 한계일 것이다."[6]

김지태 유족은 장물을 돌려달라고 소송을 제기했다. 그러나 서울중앙지법은 2012년 2월 원고 패소 판결을 내렸다. 강압으로 재산이 넘어간 사실은 인정했지만 시효가 지나 반환 청구는 할 수 없다는 것이었다. 50년 전의 일이니 그냥 넘어가자는 논리다. 정수장학회가 2012년 12월 대선 국면에서 핫이슈로 등장했다. 박근혜 대통령과 무관하지 않기 때문이다. 박근혜는 정수장학회 이사장(1995~2005년)으로 재직하면서 11억 원의 보수를 받았다. 그에게 묻고 싶다. 국민들에게 "남의 재산 빼앗지 말라."고 자신 있게 말할 수 있는가. 실정법상의 죄에는 시효가 있지만 도덕적 죄의식에는 시효가 없다. 정수장학회 재산을 김지태 유족에게 돌려줄 수 없다면, 국가에 헌납하는 게 마땅하다.

봉하마을의 저녁노을은
무슨 색깔일까

"당신은 내가 살았던 가장 따뜻한 계절입니다."

　백중 보름달이 휘영청 밝은 초가을 밤, 봉하마을 자왕골에 오케스트라의 감미로운 선율이 잔잔하게 울려 퍼졌다. 카운터테너 루이스 초이는 자왕골을 가득 메운 8천여 시민들에게 신비로운 목소리를 선사했다.

　2012년 9월 1일 노무현 대통령 탄신 66주년 기념 특별음악회가 자왕골에서 열렸다. 루이스 초이를 비롯하여 조관우, 장필순, 신해철, 노찾사, 강은일 등 정상급 뮤지션들이 열창했다. 감동의 도가니였다. 자왕골은 천혜의 자연 음악당이었다.

> "봉화산의 산자락은 미래에 대한 꿈을 나에게 심어 주었고, 자왕골 골짜기는 그 꿈을 키워줄 만큼 넉넉했다."

　자왕골과 봉화산. 자왕골은 봉화산 골짜기다. 어릴 적 노무현은 그곳에서 칡을 캐고 진달래를 따고 바위를 타기도 했다. 풀 먹이러 소를 끌고 나오는 곳도 항상 그 골짜기였다. 장년을 넘어 나이가 들수록 가장 강한 힘을 발휘하는 것은 옛 추억이다. 노무현도 예외가 될 수 없다. 가난한 어린 시절, 소박한 꿈을 키웠던 고향을 잊을 사람이 어디 있겠는가.

　"경상남도 진영, 읍내에서 10리쯤 떨어진, 봉화산과 자왕골을 등에 지고 있는 작은 마을이었다. 해방 정국과 6·25, 그리고 자유당 독재

정권의 붕괴로 이어지는 혼란과 갈등의 역사가 내 유년 시절의 밑그림이었다. 빨리 어른이 되기 위해 애쓰던 시절, 봉화산의 산자락은 미래에 대한 꿈을 나에게 심어주었고, 자왕골 골짜기는 그 꿈을 키워줄 만큼 넉넉했다."[7]

한국 민주주의 새로운 성지가 되어버린 봉하마을. 그곳에 가고 싶다. 궁금하다. 봉하마을의 하늘은 어떤 색일까. 해질녘 노을은 붉은색일까, 노란색일까, 보라색일까. 경남 진영 출신의 원로 소설가 김원일이 그곳의 저녁노을을 한 폭의 아름다운 수채화처럼 담담하게 그려놓았다. 김원일의 소설 〈노을〉의 한 대목이다.

"노을은 산과 가까운 쪽일수록 찬란한 금빛을 띠고 있다. 가운데는 벌겋게 타오르는 주황색, 멀어질수록 보라색 쪽으로 여리어져, 노을을 단순히 붉다고 볼 수만은 없다. 자세히 보면 그 속에는 여러 가지 색이 섞여 있음에도 사람들은 노을을 단순히 붉다고 말한다. 핏빛만이 아닌, 진노란색, 옅은 푸른색, 회색도 노을에 섞여 있다. 그런데도 사람들은 무엇인가 한 가지로 뭉뚱그려 말하기를 좋아한다."[8]

진영은 해방 후 좌우 갈등이 처절했던 공간이다. 6·25전쟁 때도 전투가 치열했다. 〈노을〉의 시대적 배경이 바로 이때다. 진영은 지리적 배경이다. 우리나라에는 산이 많다. 산림청이 공식확인한 산만 무려 4천 440개에 달한다. 흥미 있는 것은 산 이름이다. 사람에게 동명이인이 있듯, 산에도 동명이산(同名異山)이 있다. 바로 봉화산이다. 산 이름 가운데 봉화산이라는 이름이 가장 많다. 봉화산이 전국에 47개나 있다. 옛날 옛적에 봉홧불을 피운 곳이 그만큼 많았으리라는 추측이 가능하다. 진영 봉화산도 그런 봉화산 가운데 하나다. 진영 봉화산은 예사롭지 않다. 다른 산에서는 찾아보기 어려운 의미 있는 '유적'이 많고, 다른 곳에서는 좀체 느낄 수 없는 독특한 분위기가 있다.

노무현 대통령의 공식 초상화를 그린 이종구 화백(중앙대 교수)의 봉화산 답사기가 인상적이다. 사물을 관찰하는 화가 특유의 시각이 가슴을 울린다.

"해발 140미터에 불과한 야산이지만 평범한 여느 마을의 뒷산과는 사뭇 달랐다. 기암절벽과 선사시대의 유적, 그리고 불교 유물이 산재해 있는 범상치 않은 야산이었던 것이다. 산에서 느껴지는 강한 기운 때문에 이곳에서 대통령이 나고 또 좌절을 맞은 것이 결코 우연이 아닌 듯 여겨졌다. 그날 부엉이바위에서 내려오다가 나는 기이한 마애불 하나를 만났다. 대통령 사저 부근에 아득히 솟은 부엉이바위나 선사시대 제사터가 남아 있는 사자바위도 기이한 풍경이었지만 오래 전(고려시대) 조성한 마애불이 쓰러진 풍경이 오래도록 눈을 끌었다. 마애불상은 원래의 자리에서 굴러 떨어졌는지 커다란 바위틈에 끼어 왼쪽으로 누운, 와불 아닌 와불의 형상으로 쓰러져 있었다. 누워 있는 부처가 비감스러웠다. 나는 저 마애불이 다시 바로 세워졌으면 좋겠다고 생각했다."[9]

봉화산의 봉수대 복원작업이 추진되고 있다. 반가운 소식이다. 노대통령이 청운의 뜻을 품고 고시공부를 했던 마옥당과 청년 노무현과 처녀 권양숙이 첫 데이트를 했던 통샘골도 복원되면 얼마나 좋을까.

통샘골,
첫 데이트의 추억

'통샘골'이 어디에 있을까. 너무 궁금했다. 지도를 샅샅이 훑어보고 자료를 아무리 찾아봐도 통샘골이라는 지명이 나오질 않는다. 재미있는 사연이 있는 곳인데, 이야기의 내용으로 봐서는 봉하마을 근처인데, 그곳이 어디일까. 권양숙 여사를 한가하게 만날 일이 있었다. 바로 이때다 싶었다. 당사자에게 직접 물어보는 게 상수였다.

"여사님, 한 가지 궁금한 게 있는데, 물어봐도 되지요?"

"네, 말씀하세요. 궁금한 게 무엇인지요?"

"통샘골이 어디 있습니까? 대통령님께서 책에다 써놓은 그 통샘골 말입니다."

여사님의 얼굴에 금세 홍조가 가득해졌다. 아, 다 속여도 사랑은 못 속인다는 말이 맞기는 맞구나. 말투가 벌써 달라졌다. 방금 전까지도 표준어 가까운 말을 하시더니, 이제는 쑥스러운 표정을 지으면서 봉하마을 원단 사투리가 나온다. 어쩌할 수 없는 상황이었을 것이다.

"아이, 와, 그걸 물어봅니까?"

웃으면서 손사래를 치지만 마음은 이미 타임머신을 타고 그 옛날 처녀 시절로 되돌아가 있었다. 잠시 상념에 잠긴 뒤 아름다웠던 그 시

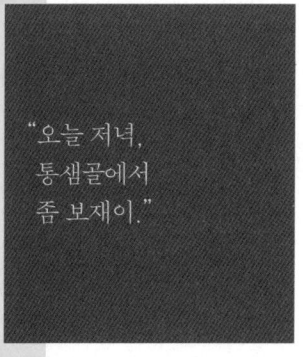

"오늘 저녁,
통샘골에서
좀 보재이."

절의 이야기를 술술 풀어줬다. 통샘골은 평생 잊지 못할 사연을 담고 있었다. 노무현과 권양숙이 첫 데이트를 한 곳이다. 정확히 말하면 첫 데이트 장소로 약속했던 곳이다. 합의한 것도 아니었다. 노무현의 일방적인 통고였다. 복잡한 사연을 거쳐, 결국 데이트가 이루어졌다. 그래서 첫 데이트 장소라는 말이 틀리지는 않는다. 사연은 이렇다.

"설날을 맞아 고향에 내려온 나는 마찬가지로 설을 쇠러 내려온 양숙이와 둑길에서 마주쳤다. 나는 대뜸 말을 건넸다. '오늘 저녁, 통샘골에서 좀 보재이.' 양숙이는 내 말에 대답은 하지 않고 씩 웃기만 하더니 그냥 가버렸다."[10]

권양숙은 당연히 통샘골에 나타나지 않았다. 노무현은 화가 치밀었다. 양숙 씨 집으로 쫓아갔다. 어머님에게 능청스럽게 인사를 한 다음, 양숙 씨에게는 야단(?)치듯 꾸중을 했다. "니는 와 사람을 기다리게 해 놓고 코빼기도 안 보이노?" 양숙 씨로서는 기가 막힐 일이었다. 그러나 사태 수습에 나서지 않으면 안 되었다. 뻔히 아는 성질이다. 이대로 두었다가는 무슨 소동이라도 일어날 것 같았다. 하는 수 없이 양숙 씨가 따라 나섰다. 통샘골 데이트는 이렇게 성사되었다. 첫 데이트였다.

통샘골은 말 그대로 '샘이 있는 골'이었다. 지금의 생태 연못 자리다. 권양숙의 친정집 밭이 그 위에 있었다. 그 샘은 동네의 보물이었다. 아무리 큰 가뭄이 들어도 그 샘만은 마르지 않았다. 큰물이 들어 봉하 들녘이 모두 수몰되어도 그 샘은 물에 잠기지 않았다. 통샘골의 샘은 마을의 생명수였다. 그러나 농지정리 작업이 이루어지면서 통샘골이 사라졌다.

노무현은 서거 며칠 전 사저를 빠져 나와 통샘골을 찾았다. 극단적 선택을 각오한 상황에서 통샘골을 찾은 노무현의 마음은 어떠했을까. 영농법인 봉하마을 대표 김정호는 노무현을 마지막으로 본 날을 이렇게 회상했다. "돌아가시기 며칠 전 사람들이 없는 틈을 타 연지(생태연못)에 내려오셨더라고. 봉하 내려오고 처음이었던 것 같아. 마지막 인사였던가 봐. 식구한테는 정을 잘 표시 안 하는 분이셨거든."[1]

우리나라 농촌마을에는 대부분 통샘골 같은 샘이 하나씩은 있었다. 근대화의 거센 물결을 이겨내지 못하고 샘골은 사라지고 없을지라도, 샘골에 대한 추억만은 생생하게 남아 있다. 마을 사람들은 동네 샘에서 물만 길어낸 것이 아니었다. 수많은 이야기와 사연도 함께 길어냈다. 샘에는 청춘남녀의 애틋한 사랑이 고여 있다.

노무현과 권양숙의 통샘골 사연은 두 사람만의 이야기가 아니다. 동시대를 함께 살았던 우리 모두의 이야기다. 거의 대부분이 노무현과 권양숙이 갖고 있던 아름다운 사랑 이야기를 간직하고 있을 것이다.

'마옥당'은 노무현 권양숙 신혼부부의 애환이 서린 곳이었다. 노무현은 그곳에서 사법고시를 준비했고, 권양숙은 밥을 지어 나르는 등 뒷바라지를 했다. 봉하마을 맞은편 뱀산 중턱에 지은 마옥당은 아들 건호와 함께 세 식구가 앉으면 꽉 차는 3평 남짓의 좁은 공간이었다. 책상과 이부자리 때문이다. 전기가 들어오지 않던 시절이라서, 노무현은 자동차용 배터리로 탁구공만 한 꼬마전구에 불을 밝혀 책을 읽었다. 노무현의 사시합격은 그야말로 형설지공이었다.

진보의 미래는
어디에
있습니까

민주주의에는 진보가 내장되어 있다. 진보는 민주주의 사상의 '핵심 부품'이다. 진보적 가치가 없는 민주주의는 가짜 민주주의다. 진보의 힘으로 민주주의의 역사가 발전되어 왔다. 진보와 좌파(사회주의)는 동일한 개념이 아니다. 사회주의 국가에도 진보와 보수가 있고 자본주의(시장경제) 국가에도 진보와 보수가 있다.

진보와 보수가 사회적 논쟁의 중심에 있다. 진보란 무엇인가. 그리고 진보와 마주보고 앉아 있는 보수는 무엇인가. 진보가 낡은 질서를 국민(민중) 편에서 확 뜯어 고치려는 운동이라면, 보수는 기존의 질서를 기득권층 입장에서 굳게 지키려는 운동이다. 역사는 진보와 보수가 반복되면서 발전해왔다. 자연에 직선이 없듯이 역사에도 직선이 없다. 한국의 진보는 무엇인가. 진보 세력은 과연 누구인가. 그들은 어떤 생각을 하고 있고, 어떤 미래를 꿈꾸고 있는가.

**힘없는 사람들의
연대와 참여가
진보입니다**

"진보란 무엇인가.
왕과 귀족이 누리던 권리를
보통 사람들이 일반적으로 누리는
사회로 인권이 확대되어 나가는
과정입니다."

───── 진보는 무엇이고 보수는 무엇인가. 정통 진보를 자처하는 사람들은 "김대중과 노무현은 진정한 진보 정치인이 아니다."라고 잘라 말한다. 그들이 말하는 진보의 실체는 무엇인가. 또 한국에서 김대중과 노무현이 진보 정치인이 아니면 과연 누가 진보 정치인인가. 유시민 전 보건복지부 장관의 말이다.

"진보와 보수를 나누는 기준은 여러 가지가 있다. 하지만 아주 거칠게 말하면 한 가지다. 진보는 '당위'를 추구하고, 보수는 '존재'를 추종한다. 진보는 아직 현실에 존재하지 않는 이상적 목표를 설정하고 그것을 실현하기 위해 싸운다. 예컨대, '모두가 자유롭고 평등하게 살아가는 세상' 같은 것이다. 그래서 진보는 인간의 자유를 속박하고 불평등을 조장하는 제도와 문화를 변혁하려고 한다. 보수는 이미 존재하는 현실을 불가피한 자연적 질서로 간주하고 그것을 지키려 한다. 어떤 질서든 상관없다. 전제군주제, 개발독재, 천황제, 심지어는 공산당 일당독재조차도 지키려는 대상이 될 수 있다. 보수는 진보와 달리 경험주의적·실증주의적 사고방식을 갖고 있다. 철학과 견해의 차이는 별로 중요하지 않다. 이익이 일치하기만 하면 언제든지 단결한다.'"

진보가 약자를 위한 철학이라면, 보수는 강자의 철학이다. 여성해방, 노예해방, 인종차별금지운동, 인권운동, 노동운동 등의 역사를 보면 잘 알 수 있다. 민주주의에는 기본적으로 진보주의 사상이 내재되어 있다. 노무현 대통령은 2007년 6월 참여정부 평가포럼 특강에서 진보주의에 대한 자신의 생각을 이렇게 말했다.

"진보란 무엇인가. 왕과 귀족이 누리던 권리를 보통 사람들이 일반적으로 누리는 사회로 인권이 확대되어 나가는 과정입니다. 힘 있는 사람이 누리는 권력을 약자도 함께 누리도록 하기 위해 힘없는 사람의 연대와 참여를 중시하는 생각이지요."

진보는 유토피아를 추구하는 것이 아니라 희망을 제도화하려 한다. 희망은 새로운 변화를 전제로 하고 있다. 반면 보수는 과거의 좋은 전통과 현재의 질서를 지키려 한다. 노 대통령은 2004년 5월 연세대에서 "합리적 보수니, 따뜻한 보수니, 별놈의 보수를 갖다놔도 보수는 바꾸지 말자는 것입니다."고 말했다.

**정치권력과 시장권력의
역할 분담이
필요합니다**

"이제 권력은
 시장으로 넘어간 것 같습니다."

─── 미래학자 앨빈 토플러가 설파했다. 시대의 변화는 권력 이동을 수반한다고. 국가를 움직이는 저변의 힘이 정치권력에서 시장권력으로 옮겨가고 있는 것이다. 필자는 고향인 전남 진도에 내려갈 때마다 '권력 이동'의 실상을 역설적으로 확인하곤 한다. 목포역에 내려 자동차를 타고 영산강 하구 둑을 건너면 영암대불 공단이 나온다. 이곳에는 '대불역'이 있다. 대불역이 한국의 권력 이동을 상징적으로 보여준다. 대불공단은 노태우 대통령이 지역 격차해소 차원에서 서남권 개발을 위해 추진한 국책사업이다.

목포 사람들은 목포가 발전하지 못한 가장 큰 원인을 박정희와 김대중의 정치적 갈등에서 찾고 있다. 박정희 대통령이 정적 DJ의 고향을 소외시켰다는 것이다. 틀린 이야기가 아니다. DJ가 대통령이 됐을 때, 목포 사람들은 큰 기대를 했다. 대불공단에 삼성, 현대, LG, SK 등 굴지의 재벌기업 공장이 들어설 줄 알았다. 대불역이 화물 수송으로 눈코 뜰 새 없이 바빠질 줄 알았다. 그러나 5년 후의 결과는 실망 그 자체였다. DJ가 대통령이 되어 고향에 해준 것은 아무것도 없었다.

목포 사람들은 노무현 대통령에게 큰 기대를 걸었다. "이젠 다르겠지. DJ는 자기 고향이니 눈치 보여 못했겠지만, 노무현이야 소신껏 하지 않겠는가?" 5년 후의 결과는 DJ 때와 똑같았다. 대불역이 폐쇄되고 말았다. '호남 정권 10년' 동안 목포는 달라진 게 아무것도 없다. 대불역이 모든 것을 말해주고 있다.

최고 권좌에 오른 김대중과 노무현이 목포를 발전시키고 싶지 않았을까? 재벌 그룹이 대불공단에 투자하도록 권유하지 않았을까? 무진 애를 썼다. 그러나 말발이 먹히지 않았다. 한국에도 이미 정치권력의 시대는 가고, 시장권력의 시대가 온 것이다. 노 대통령은 2005년 7월 청와대에서 '대기업·중소기업 상생협력시대 점검회의'를 개최했다. 재벌 대기업과 중소기업이 상생하도록 '지도 편달' 하는 자리였다.

"이제 권력은 시장으로 넘어간 것 같습니다. 우리 사회를 움직이는 힘의 원천이 시장에서 비롯되고, 또 시장에서의 여러 가지 경쟁과 협상에 의해서 결정되는 것 같습니다. 대기업과 중소기업 간에 상생협력이 이루어졌을 때 세계시장에서 경쟁력을 가질 수 있습니다. 정부는 시장을 공정하게 잘 관리할 것입니다. 정책적 지원과 협력도 아끼지 않을 것입니다."

노 대통령은 이 자리에서 정부의 역할과 시장의 역할을 강조했다. 대기업의 역할을 강조하는 차원에서 권력 이동의 현실을 말했다. 지금은 시장권력의 시대이니만큼 시장권력을 쥐고 있는 대기업들이 소명의식을 갖고 상생의 시대를 열어달라는 당부였다. 미국, 영국, 일본, 독일 등 선진국의 경우 권력이 시장으로 넘어간 것은 아주 오래된 일이다.

박정희 정부는 인큐베이터 안에서 재벌을 키웠다. 청와대에서 결정하면 재벌이 군말 않고 따라왔다. 청와대는 재벌을 동원하여 허허벌판에 대규모 공단을 건설할 수 있었다. 전두환 정권 때도 마찬가지였다. 청와대 지침을 거부하는 기업은 죽음(부도)을 각오해야 했다. 청와대는 기업에 각종 특혜를 듬뿍 줬다. 관치 경제와 정경 유착이 만발했다. 민주화 이후 세상이 달라지기 시작했다. 정치권력의 위력이 현저히 떨어지고 그 자리를 시장권력이 메웠다.

노태우 정부 시절 김종인 청와대 경제수석은 부동산 투기 대책으로 '5·8 조치'를 단행했다. 기업의 비업무용 부동산을 강제 매각하는 초헌법적 조치였다. 해당 기업들이 거세게 반발했다. 현대그룹 정주영 회장은 정권 타도를 외치면서 국민당을 창당했고, 대선에 도전했다. 시장권력의 융기 현상이 벌어진 것이다.

김영삼 정부 때는 삼성그룹 이건희 회장이 "정치는 4류"라고 정치권력을 비아냥했다. 최종현 전경련 회장(SK 회장)은 청와대를 공개 비판했다. 청와대는 국세청와 공정거래위원회의 특별조사권을 동원하여 삼성과 SK를 겁박했다. 이건희와 최종현이 백기를 들었다. 겉으로는 청와대의 KO승처럼 보였지만 정치권력의 위상은 말이 아니었다.

김대중 정부 때는 IMF 사태라는 특수한 상황이어서 재벌 다루기가 한결 쉬웠으나 '고삐 풀린 시장권력'을 정치권력의 품으로 다시 들어오게 할 수는 없었다. 김대중 정부는 권력의 힘으로 '빅딜 정책'을 추진했지만 실패하고 말았다.

노무현 정부는 시장권력의 실체를 인정했다. 시장의 역할과 정부의 역할을 구분하려 했다. 정부가 재벌에게 어떤 특혜도 주지 않으면서 말을 들으라고 하면 듣겠는가. 노 대통령은 재벌에게 어떤 특혜도 주지 않았고 어떤 겁박도 하지 않았다. "이제 권력은 시장으로 넘어간 것 같습니다."라는 발언도 이런 맥락에서 나온 말이다. 어떤 이유로도, 어떤 명분으로도, 관치 경제나 정경유착을 하지 않겠다는 노무현에게 정치권력과 시장권력의 역할 분담은 시대적 소명이었다. 정부가 할 일은 재벌을 민주적으로 통제하고, 시장권력을 공정하게 관리하는 것이었다.

노 대통령의 이 발언에 대해 진보 진영에서 비난과 비판의 십자포화를 내뿜었다. 재벌(삼성그룹)에 항복했다, 국민이 준 권력을 포기했다, 대통령이 무책임하다, 국민에 대한 배신행위다, 라는 지적이다. 장하준 케임브리지대 교수는 2007년 7월 "노무현 대통령의 '권력은 시장으로 넘어갔다.'는 말은 직무유기와 같은 발언"이라고 말했다. 장 교수가 생각하는 권력의 실체는 무엇일까, 그것이 궁금했다. 관치 시대로 다시 돌아가자는 것인지.

김종인 전 청와대 경제수석도 2012년 7월 박근혜 캠프 공동선대위원장 자격으로 한마디 했다. "(노무현 대통령은) 권력이 시장으로 넘어갔기 때문에 아무것도 할 수 없다고 말했다."면서 "이것은 무책임한 이야기다."라고 밝힌 것이다. '5·8 조치'의 장본인인 김종인 씨가 이런 말을 할 수 있는지, 그를 아는 사람들은 의아해 했다. 그는 아직도 시대의 흐름을 제대로 파악하지 못하고 있는 것 같았다.

신자유주의
어떻게 대처해야 합니까

"어느 정당이나 정부가
신자유주의 주장의 일부를
수용한다 하여 이를 신자유주의라
규정하는 것이 타당한가?"

─── 신자유주의가 도마 위에 올랐다. 신자유주의는 무엇인가. 참여정부는 신자유주의 정부인가 아닌가.

1997년 12월 하순, 김대중이 대통령에 당선된 지 며칠 지나지 않은 날이었다. 한국은 IMF 사태로 국가 부도 위기에 직면해 있었다. DJ는 당선의 기쁨을 누릴 겨를도 없었다. DJ의 최측근이자 경제특보인 유종근 박사와 '금융 정책의 달인'으로 불리던 이헌재 씨가 서울 플라자호텔에서 긴급회동을 했다. 유 특보가 특별히 마련한 자리였다. 유 특보는 이헌재 씨를 만나자마자 단도직입적으로 물었다. 이헌재 씨가 자서전에 기록해놓은 당시의 대화록이다.[2]

유종근 "경제 돌아가는 상황이 너무 심각합니다. 차기 정부가 어떻게 대처해야 합니까."

이헌재 "지혈하는 게 우선입니다. 제대로 된 정책을 쓸 시간이 없어요."

유종근 "지혈이라면…"

이헌재 "동맥이 끊어진 상황입니다. 정맥출혈이라면 압박만으로 피가 멎겠지만, 동맥이 끊어지면 일단 묶어야 합니다. 국제통화기금(IMF)이 요구하는 것을 다 지키겠다고 해야 합니다. 그리고 지원금을 받는 겁니다. 그 수밖에 없습니다."

바로 이 대목이다. 'IMF가 요구하는 것'이 무엇인가. 신자유주의다! 정확히는 신자유주의에 입각한 구조조정 프로그램이다. 임창열 경제부총리와 캉드쉬 IMF 총재는 1997년 12월 3일 '경제신

탁통치'라고 불리는 IMF 프로그램에 서명했다. IMF 프로그램을 받지 않으면 구제금융이 오지 않고, 구제금융이 오지 않으면 한국은 국가 부도가 나게 되어 있었다.

DJ는 IMF 프로그램을 받아들일 수밖에 없었다. DJ는 대통령 취임 후 이헌재에게 '구조조정의 칼'을 쥐어줬다. 이헌재는 초대 금융감독위원장에 임명되어 'IMF가 요구하는 것'을 성실히 수행했다.

신자유주의라는 신종 괴물은 이렇게 한국에 상륙했다. IMF 프로그램은 신자유주의 보따리였다. 홍수 때 강둑이 붕괴되어 물이 범람하는 것처럼, IMF 사태로 경제 국경이 무너지면서 신자유주의 정책이 한국을 덮쳤다. 작은 정부, 감세 정책, 긴축예산 편성, 공기업 민영화, 정리해고(고용 유연화), 적대적 인수합병(M&A) 허용, 고금리 정책(금리상한선 철폐), 행정규제 완화, 외환규제 완화, 시장 개방 대폭 확대….

IMF는 자동격발장치(automatic trigger system)을 만들어놓고 한국을 관리했다. 한국 정부가 IMF와 합의한 신자유주의 정책을 하나라도 이행하지 않으면 구제금융 지원을 자동중단시키는 방식이다. 한국은 IMF 프로그램을 성실히 이행하지 않을 수 없었다.

문제는 그다음이다. 한국이 IMF의 빚을 다 갚으면 모든 게 원상 복귀되어야 하는 게 아닌가. 그러나 현실은 그게 아니었다. IMF는 한국을 떠나갔지만 IMF가 퍼뜨려 놓은 신자유주의 괴물은 한국에 그대로 남아, 경제 생태계를 장악해버렸다. 노무현 대통령은 이 현실을 부정할 수 없었다. 그렇다고 신자유주의를 추종하거나 지향하지도 않았다. 신자유주의의 현실을 인정했다. 그리고 그 위에서 대응책을 세워나갔다.

노 대통령은 우선 경제 정책의 기조를 '작은 정부'에서 '큰 정부'로 전환했다. 감세 대신 증세를 추진했고, 공기업 민영화는 중지했다. 정리해고를 최소화했다. 다만 시장 개방은 해외 시장개척 차원에서 적극 추진했다. 진보 진영은 이를 두고 참여정부는 신자유주의 정부라고 비난했다. 노 대통령은 이런 지적에 대해 "어느 정당이나 정부가 신자유주의 주장의 일부를 수용한다 하여 이를 신자유주의라 규정하는 것이 타당한가?"[3]라고 반문했다.

진보적 경제학자 김기원 방송통신대 교수는 대부분의 진보 진영 지식인들과는 상이한 입장을 취했다. 그는 참여정부에 대한 신자유주의 논란을 '지적 사대주의'의 산물이라고 비판했다. "한국의 진보파는 구체적 현실을 제대로 들여다보지 않는다. 즉 그들은 서구 비주류의 신자유주의론을 한국 현실과 제대로 대조해보지 않은 채 직수입한 그대로를 현실에 덮어씌우는 것이다. 이리하여 진보파는 김대중 정권이나 노무현 정권이나 이명박 정권이나 모두 신자유주의로 규정함으로써 '그놈이 그놈이다'라는 단순논리에 빠지고 말았다."[4]

경제도
좌우 양 날개가
필요합니다

"참여정부에 대해
보수 쪽에서는 '좌파 정부'라고
비판하고, 진보 쪽에서는
'신자유주의 정부'라고 지적합니다.
그러면 참여정부는
'좌파신자유주의 정부'네요?"

────── 국정 운영에 있어 신자유주의냐 아니냐, 보수주의냐 진보주의냐 하는 구분은 기본적으로 국가와 시장의 역할에 달려 있다. 국가의 역할을 강조하면 진보이고, 시장의 역할을 강조하면 신자유주의(보수)다. 예를 들어 복지 정책에서 신자유주의는 '시장에 맡기자'는 주장이고 진보는 '국가가 챙겨야 한다'는 입장이다.

한국의 대통령은 이 전선에서 어떤 입장을 취해야 할까. 진보적인 대통령이라 하여 진보적인 정책만 쓸 수 없고, 반대로 보수적인 대통령도 보수적인 정책만 쓸 수는 없는 일이다. 그러나 **진보 진영은 진보 노선에서 조금이라도 이탈하면 '짝퉁 진보'니 '사이비 진보'니 하면서 시비를 걸었다.** 심지어 '신자유주의 정부'라고 비난하기도 했다. 노무현 대통령은 2006년 3월 '국민과의 인터넷 대화'에서 특유의 조어력을 발휘하여 자신의 심정을 피력했다.

"세계화와 양극화 해소는 선진 한국으로 가는 양 날개입니다. 성장을 위해 적극적으로 개방을 안 할 수 없는 게 우리 경제의 체질이지요. 또 국민 복지를 위해 함께 가야 합니다. 제일 황당하게 느끼는 것이…참여정부에 대해 보수 쪽에서는 '좌파 정부'라고 비판하고, 진보 쪽에서는 '신자유주의 정부'라고 지적합니다. 그러면 참여정부는 '좌파신자유주의 정부'네요? 좌파 우파 정책을 가릴 게 아니라 우리 경제에 필요한 일을 하고 서로 모순된 것을 조화시켜 나가는 게 중요합니다. 이게 나쁜 게 아닙니다. 이론의 틀 안에 현실을 집어넣으려 하지 말고 현실을 해결하는 열쇠로서 좌파 이론이든 우파 이론이든 써먹을 수 있는 대로 써먹자는 것입니다."

좌파 지도자였던 아르헨티나 메넴 대통령은 3000퍼센트의 인플레를 잡을 때 극단적인 우파 정책을 썼고, 우파였던 멕시코 폭스 대통령은 좌파 정책을 수용했다. 그렇게 안 하면 실패할 수 있었기 때문이다.

노 대통령의 발언 이후 더 황당한 일이 벌어졌다. 대통령이 우스갯소리로 말한 형용모순의 '좌파신자유주의'를 놓고 학자들 사이에서 학술 논쟁이 벌어진 것이다. 좌파신자유주의에 대응하여 우파신자유주의라는 용어도 나왔다. 장하준 케임브리지대 교수도 자신의 저술에 한 대목 할애할 정도였다. 좌파신자유주의라는 말은 이제 학술전문용어가 되어버렸다. 학자들은 그동안 뭘 하고 있었을까. 진보(좌파)는 노무현이 시장의 효율성을 강조하면 신자유주의라 비판했고, 보수(우파)는 노무현이 시장에 대한 민주적 규제를 강조하면 '빨갱이'라고 비난했다.

친미 반미보다
자주가
우선입니다

"미국 안 갔다고 반미주의인가?
반미주의면 또 어떤가."

진보의 미래는
어디에
있습니까

──── 노무현의 솔직성은 정말로 대책이 없다. 정치인의 운명이 걸린 선거 국면에서도 유불리를 따지지 않고 '마음에 있는 말'을 있는 그대로 뱉어내버렸다. 새천년민주당 대통령 후보로 열심히 뛰고 있던 2002년 9월 영남대 특강에서 한 발언이 대표적인 사례다.

"최근 미국 안 갔느냐고 물어서 바빠서 못 갔다고 대답했다. 내가 국회 활동을 환경노동위원회에서 했기 때문에 미국 나갈 일이 없었다. 미국 안 갔다고 반미주의인가? (뜸을 잠시 들인 뒤) 반미주의면 또 어떤가."

보수 진영의 논객이나 정치인들은 노 대통령에게 반미주의의 올가미를 씌우려 들 때 꼭 이날의 발언을 예로 든다. "봐라, 노무현이 반미주의면 어떤가, 하고 말했지 않느냐?"라고 목청을 돋우곤 한다. 노 대통령은 후보 시절 미국 방문을 권유받았을 때, 사진이나 찍으러 갈 요량이라면 가지 않겠다고 끝내 거절했다. 득달같이 워싱턴으로 날아가는 여느 정치인들과는 확연히 다른 행보였다.

시사평론가 유시민이 2002년 2월 민주당 대선 후보 경선 전 노무현에게 "미국 안 간 것 사실이냐?"고 물었다. "갈 일이 없었어요. 갈 일이라고는 여행가는 거, 교포 사회 후원회 만들러 가는 거, 그다음에 미국의 관리들 만나서 사진 찍으러 가는 거, 그것 말고는 갈 일이 없는데, 세 가지 다 그렇게 탐탁지가 않더라고요."[5] 노무현이 대통령 되기 전에 가본 나라는 영국, 일본, 캐나다 3개국뿐이다. 그 흔한 중국 여행도 한번 안 했다.

진보나 보수나 똑같이 노무현의 한 면만을 보려고 했다. 한쪽에서는 친미 한다고, 다른 한쪽에서는 반미 한다고. 사실은 둘 다 맞는 지적이다. 노무현은 친미도 했고 반미도 했다. 마찬가지로 친북도 했고 반북도 했다. 노무현에게 "반미주의면 어떤가?"는 "친미주의면 어떤가?"와 같은 의미다. 마찬가지로 "반북주의면 어떤가?"는 "친북주의면 어떤가?"와 같다. 노무현은 정치를 하면서 '모난 돌이 되지 말라'는 어머니의 가훈을 공개적으로 비판했다. 누군가가 "그것은 어머니에 대한 불효 아니냐."고 야단쳤다면 노무현은 "불효 좀 하면 어떤가?" 하고 말했을 것이다. 그렇다고 노무현이 불효자였는가.

노 대통령은 친미주의자도 아니었고 반미주의자도 아니었다. 미국을 활용하는 활미(活美)였다. '친미 자주노선'이라는 말이 적확할 것 같다. 노무현은 대통령 임기 초인 2003년 5월 MBC 백분 토론에 특별출연하여 미국에 대한 이념적 좌표를 밝혔다. 사회자가 "친미 자주노선입니까?"라고 물었을 때의 대답이다. "그런 말 한 적 있습니다. 친미 자주도 있을 수 있지요. (미국과) 우호적 관계를 가지면서 자주적 국가로 얼마든지 갈 수 있습니다. '자주'만 말하면 반미주의자로 얘기하지 말라는 것입니다."

노 대통령은 임기 말인 2007년 3월 사우디아라비아 순방 중 동포간담회에서 이념 논란에 대한 입장을 다시 정리했다. "세상에 대한민국에 친북 정권이 어디 있을 수 있나? 앞으로 대한민국이 살자면 친북해야 합니다. 친미도 하고 친북도 하고… 북한을 우리하고 원수로 만들어 놓고, 그 우환을 언제까지 감당하려고 합니까?"

국민이
우선인 것이
진보 정치입니다

"국민이
대통령입니다."

─── 노무현 대통령은 청와대 참모들과 종종 '정치학 토론'을 즐겼다. 한번은 '국민'을 주제로 가볍게 이야기할 때였다.

"정치인들은 늘 '국민을 사랑합니다. 국민을 존경합니다'라고 말합니다. 또 '국민이 원한다면', '국민이 원하니까' 이런 말을 곧잘 합니다. 그 '국민'의 실체가 대체 뭐라고 생각하세요?"

"…."

"하나 물어보지요. '이백만 홍보수석은 한국 국민이다' 맞습니까?"

"네, 맞습니다."

"그렇다면, '한국 국민은 이백만 수석이다' 이 명제도 맞습니까?"

"아, 그건 아닌 것 같은데요."

선문답 같은데, 예사로운 선문답이 아니다. 곰곰이 생각할수록 의미가 깊어진다.

'국민'은 노 대통령이 가장 고민을 많이 했던 화두였다. 노무현을 지지했던 사람도 국민이고, 지지하지 않았던 사람도 국민이다. 5천 만 대한민국 사람이 모두 국민이다. 노 대통령이 정치 생명을 걸고 추구했던 통합, 국민은 그 통합의 주체이자 객체다. 국정의 최종 목표인 '국익'은 그 연장선상에 있다.

"종교인들이 가장 두려워하는 말이 무엇일까요?"

"…."

"'신이 우리를 지켜보고 있다', 아마 이 말이 아닐까 싶네요. 그러면 정치인들이 가장 두려워해야 할 말이 무엇일까요?"

"…."

"'국민이 우리를 지켜보고 있다', 이 말입니다. 국민이 항상 자신을 지켜보고 있다고 생각하면, 어떤 정치인도 허튼짓을 하지 못할 것입니다."

종교인이 신을 섬기듯이, 노무현은 국민을 섬겼다. 돈도 없고, 조직도 없고, 세력도 없고, 학력도 변변치 않은, 정치판의 비주류 노무현을 대통령으로 만들어준 것은 국민이었다. 노무현을 지켜준 것은 항상 국민들이었다. 탄핵의 늪에 빠졌을 때 노무현을 구해준 것도 국민이었고, 퇴임 후 시골에 있는 노무현의 벗이 되어준 것도 국민이었다. 부엉이바위에서 뛰어내렸을 때 노무현을 정치적으로 부활시킨 것도 국민이었다.

노 대통령은 당선자 시절인 2003년 1월 초 '국민이 대통령입니다'를 대통령직인수위원회의 슬로건으로 결정했다. 대통령 당선의 영광을 국민에게 돌린다는 의미만은 아니었다. 국민 밑에서 국민을 진실로 받드는 그런 대통령이 되고 싶다는 의지의 표현이었다.

노 대통령이 2003년 10월 정치적 위기에서 '국민들에게 재신임을 묻겠다.'고 전격 발표하자, 홍보수석실은 청와대 비서실 전 직원에게 '노무현은 이길 수도 있고 질 수도 있지만 나라와 국민은 이겨야 한다'는 제목으로 청와대통신을 띄웠다. 노 대통령의 메시지였다.

진보 정치인은
역사가
평가할 것입니다

"치열한 삶으로
역사의 진보를 이루셨습니다.
치밀한 기록으로
역사를 다시 쓰게 할 것입니다."

─── 정치 지도자의 방명록은 그 자체가 역사의 기록이다. 정치 지도자들이 중요한 자리에 참석하여 방명록을 쓸 때 그냥 대충 쓰지 않는다. 많은 고민을 한 다음, 짧은 문장 속에 자신의 철학과 생각을 담아낸다. 노무현 대통령이 2006년 11월 '명품 방명록'을 남겼다. 권양숙 여사와 함께 동교동 김대중도서관 전시실을 방문했을 때였다.

"치열한 삶으로 역사의 진보를 이루셨습니다. 치밀한 기록으로 역사를 다시 쓰게 할 것입니다."

한국일보 임철순 주필이 며칠 뒤 자신의 기명 칼럼을 통해 이 방명록을 극찬했다.

"노 대통령은 최근 김대중 전 대통령의 동교동 자택을 찾았다. 그리고 전자방명록에 '치열한 삶으로 역사의 진보를 이루셨습니다. 치밀한 기록으로 역사를 다시 쓰게 할 것입니다.'라고 썼다. 나는 그걸 읽고 감탄했다. 기자들 말로 야마(기사의 핵심이라는 뜻으로 쓰이는 일본말)를 정확히 잡은 멋진 문장이었고 DJ의 마음에 쏙 들 만한 적확한 표현이었다. 치열과 치밀, 삶과 기록, 이런 단어들의 대비를 통해 과거와 미래의 DJ를 잘 부각시켰다. 글의 리듬이 뛰어나다. 방문 전에 미리 생각했겠지만, 인간에 대한 이해와 사물에 대한 분별이 깊지 않고서는 이런 글을 쓸 수 없다."[6]

노 대통령은 DJ를 무척 존경했다. 아니, 흠모했다. 노 대통령은 DJ를 '정치의 천재, 정책의 천재'라고 말했다. 정치만 잘한 지도자가 아니라 정책도 잘한 지도자라는 의미다. 노 대통령은 2005년 9월 북핵 6자회담을 통해 '9·19 선언'을 성사시킨 후 DJ의 탁견과 혜안에 무릎을 쳤다. DJ는 1971년 처음 대선에 출마, 박정희 후보와 겨루면서 '한반도 4대국 안전보장론'을 발표했다. 당시로서는 고정관념을 완전히 깨버린 파격적인 공약이었다. DJ의 그때 나이가 47세였다.

노 대통령이 2005년 성사시킨 '9·19 선언'의 구도가 4대국 안전보장론과 똑같다. 남한과 북한, 그리고 한반도를 둘러싸고 있는 미국, 중국, 일본, 러시아 등 4개 강대국 등 6개 나라가 지혜를 모으지 않으면 한반도 평화는 기대하기 어렵다. DJ의 안보 공약이 34년 후 노무현에 의해 실현된 것이다.

노무현은 자서전에 이렇게 써놓았다. "김대중 대통령은 세계에 자랑할 만한 지도자였다. 우리 역사에 그런 지도자는 없었다. 그분을 빼고는 대한민국의 현대사와 민주주의를 말할 수 없을 정도로, 커다란 기여를 했다."[7]

노 대통령은 2002년 새천년민주당 대선 후보 당내 경선에서 다른 후보들이 모두 DJ와 차별화 전략을 구사할 때, "내가 김대중 대통령만큼만 정치를 할 수 있으면 성공한 것"이라며 차별화론을 일축했다. DJ는 2009년 5월 노무현 서거 소식을 듣고 "내 몸의 반이 무너진 것 같다."고 오열했다.

**국민 통합을
추구하는 것이
진보입니다**

"링컨은 정의니 불의니 하는 말이나,
선이니 악이니 하는 말로
남과 북을 갈라치지도 않았다."

─── 노무현 대통령이 링컨을 만난 것은 2000년 4월 부산 총선에서 낙선한 날 밤이었다. 그전에는 링컨을 건성으로 알았다. 노 대통령은 링컨과의 만남을 '극적인 재회'라며 그 충격적인 감동을 이렇게 표현했다.

"인도의 간디가 인종 차별주의자에 의해 기차에서 쫓겨나 얼음같이 싸늘한 대기실에서 진리의 순간을 경험한 것처럼, 바울로가 다마스쿠스로 가는 뜨거운 모랫길에서 극적으로 부활한 예수를 만난 것처럼, 나는 링컨과 극적인 재회를 했다."[8]

미국의 16대 대통령 에이브러햄 링컨은 국민 통합을 정치의 목표로 삼았고, 그것을 위해서는 동원할 수 있는 모든 카드를 다 동원했다. 자신의 권력도 명예도 모두 내놓았다. 무엇보다 남북전쟁의 패자인 남부를 배려했다. 승전 기념사나 마찬가지였던 게티스버그 연설은 역사에 남아 있는 불후의 명연설이다.

"링컨은 남북전쟁의 승리를 목전에 둔 시점에서 한 취임사에서 승리니 패배니 하는 말을 쓰지 않으려 했다. 남부를 적으로 몰아세우지도 않았고, 정의니 불의니 하는 말이나 선이니 악이니 하는 말로 남과 북을 갈라치지도 않았다."[9]

링컨은 무엇보다 '정의'라는 주제로 역사를 일군 정치인이었다. 링컨은 노예해방론자 이전에 국민통합론자였다. **누군가가 노무현에게 가장 존경하는 인물이 누구냐고 물을 때마다 서슴없이 링컨이라고 대답한 것도 바로 이런 이유 때문이었다.** 링컨과 노무현은 닮은 점이 너무 많다. 오마이뉴스 오연호 대표는 노무현 대통령과의 마지막 특별인터뷰에서 그 공통점을 다음과 같이 정리했다. 요약하면 이렇다.

공교롭게도 16대 대통령이다. 어린 시절 가난한 환경에서 자랐다. 최상급 학교(대학)를 다니지 못했다. 독학으로 변호사가 되었다. 몇 차례씩 선거에서 낙선했다. 재임 중 평가가 그다지 좋지 않았다. 천수를 다하지 못했다. 링컨은 암살을 당했고 노무현은 스스로 목숨을 끊었다.

그런데 오연호 대표는 중요한 사실 두 가지를 빠뜨렸다. 링컨은 공화당 대선 후보 경선에서 치열한 경쟁을 벌였던 정적, 윌리엄 시워드 상원의원과 새먼 체이스 상원의원을 각각 국무장관과 재무장관으로 중용했다. 노무현도 경선 경쟁자였던 정동영 의원과 김근태 의원을 각각 통일부 장관과 보건복지부 장관으로 중용했다. 한국에서 현직 대통령이 정치적 라이벌을 각료로 임명한 사례가 있었던가. 노무현과 링컨의 공통점이 또 있다. 노무현 스스로 말했다.

"역사적 인물 링컨에 대해 미국인들은 어떤 평가를 내렸을까. 링컨이 대통령직에 있던 당시, 언론은 종종 링컨을 '독재자', '폭군' 등으로 불렀다. 링컨의 고향 일리노이 주에서 발행되던 신문조차도 그를 '미국의 공직을 불명예스럽게 만든, 가장 간계하고 가장 정직하지 못한 정치가'로 욕을 했다."[10]

**진보적 지도자는
삶으로 진보를
보여줍니다**

"스웨덴이라는 나라가 부럽습니다.
우리나라도 그런 나라로
한번 만들어보자고 생각했습니다."

―― 노무현은 스웨덴을 왜 부러워했을까. 최고의 복지국가이기 때문에? 아니다. 복지국가를 일궈낸 정치 지도자들의 철학과 삶이 더 부러웠을 것이다. 스웨덴 사민당은 44년의 장기 집권을 통해 지금의 복지국가를 만들었다. 독재가 아니었다. 자유선거를 통한 정권 재창출의 연속이었다. 페르 알빈 한손, 타게 에를란데르, 올로프 팔메 등 3명의 총리가 주인공이다. 이들의 철학과 삶은 어떠했을까.

"에를란데르는 옷차림이나 생활방식도 무척 검소했다. 그는 총리가 된 이후에도 스톡홀름 서쪽 외곽 지역에 위치한 방 3개짜리 아파트를 세내어 살았다. 당시에는 총리용 관저가 따로 없었다. 23년 총리를 마치고 나서는 임대주택으로 돌아갈 예정이었다. 그러자 오랜 기간 나라를 위해 일한 원로 정치가를 위해 사민당 동료 정치인들이 갹출해 사택을 지어주었다. 에를란데르가 유독 검소해서 그랬던 것은 아니다. 직전 총리였던 한손은 임기 중에도 늘 대중교통을 타고 다녔고, 심지어 전차에서 내리다 심장마비로 사망했다. 팔메 역시 총리로 재직하는 동안 남들처럼 전철을 타고 다녔다. 그는 사람들이 자기를 알아보고 놀라는 것을 즐겼다고 한다. 여행객들이 스톡홀름 시내를 걷다가 지나가는 사람에게 길을 물었는데 알고 보니 그게 스웨덴 총리 팔메더라는 식의 무용담이 심심치 않게 돌아다녔다."[1]

에를란데르, 23년이나 총리를 하고서도 돌아갈 집이 없었다고 하니, 어느 국민이 이런 지도자를 존경하지 않겠는가. 팔메는 우리 식으로 말하면 '강남 좌파' 출신이었다. 1969년 43세 때 최연소 총리가 된 팔메는 스웨덴 최고의 부촌에서 태어났다. 에를란데르 총리의 비서로 정치권에 입문하여 총리까지 올라갔다. 노무현 대통령은 유독 팔메를 좋아했다. 왜 그랬을까. 노 대통령은 회고록에 이렇게 써놓았다.

"스웨덴의 훌륭한 지도자가 1986년 아내와 함께 극장에 갔다가 돌아가는 길에 저격을 받아 죽었습니다. 계엄이 선포되고 국가비상사태가 선포된 것이 아니었습니다. 우리나라에는 그렇게 자유롭게 걸어 다니는 지도자가 없고, 시민과 같은 높이에서 걸어 다니는 지도자도 없습니다. 그런 면에서 스웨덴이란 나라가 부럽습니다. 그래서 우리나라도 그런 나라로 한번 만들어 보자고 생각했었습니다. 저도 그런 지도자가 되고 싶은 마음이 있었기 때문입니다."[12]

노 대통령은 이런 생각을 갖고 있었다. '신변의 안전을 걱정하며 사는 것은 살아 있다는 느낌이 들지 않는다. 나의 몸을 지키는 갑옷은 국민이다.' 〈껍데기는 가라〉의 시인 신동엽은 1968년 11월 스웨덴의 아름다운 모습을 〈산문시1〉에 담았다. 한국에서는 박정희 대통령이 독재의 칼을 휘두르고 있을 때였다. 꿈같은 이야기를 시로 읊은 것이다. 노무현이 동경했던, 바로 그 모습이다. 〈산문시1〉의 첫 구절과 마지막 구절을 소개한다.

"스칸디나비아라든가 뭐라구 하는 고장에서는 아름다운 석양 대통령이라고 하는 직업을 가진 아저씨가 꽃 리본 단 딸아이의 손 이끌고 백화점 거리 칫솔 사러 나오신단다 (…) 반도의 달밤 무너진 성터가의 입맞춤이며 푸짐한 타작 소리 춤 사색뿐 하늘로 가는 길가엔 황토빛 노을 물든 석양 대통령이라고 하는 직함을 가진 신사가 자전거 꽁무니에 막걸리병을 싣고 삼십 리 시골길 시인의 집을 놀러 가더란다."

'석양 대통령'이 누구일까. 시기적으로 봤을 때 에를란데르 총리다. 그는 팔메의 정치적 멘토였다. 1968년 스웨덴 '석양 대통령'과 2008년 봉하마을 노무현의 이미지가 40년의 시차를 두고 겹친다.

가난을 한시도
잊지 않고 살았다

가난했던 사람이 출세하면 가난을 잊어버린다. 자신이 겪었던 '과거의 가난'은 아름다운 추억으로 포장하고, 이웃이 겪고 있는 '현재의 가난'은 냉정하게 외면한다. 대부분의 사람들이 그렇다. 하지만 노무현은 달랐다. '가난의 문제'를 평생 동안 가슴에 안고 살았다. 그때 그 시절, 다들 가난했다. 노무현도 가난했다. 가난을 이겨내는 방법이 달랐을 뿐이다. 노무현은 부산상고 3학년 시절의 설움을 가장 생생하게 기억하고 있었다.

> "어머님은
> 고구마 순을 팔아
> 학비를 대야 했습니다.
> 그래서 고구마 순만
> 보면 어머님 생각이
> 절로 납니다."

"고등학교 3년간 한 푼이라도 싼 곳을 찾아 하숙, 자취, 가정교사, 회사 숙직실 등을 전전하던 일, 지내 놓고 보면 젊은 시절 아름다운 추억으로 간직되지만, 당시는 왜 그렇게도 서럽고 괴로웠던지 눈물로 입을 악다문 것이 한두 번이 아니다. 그중에서도 가장 생생하게 기억되는 것은, 3학년 시절 잘 곳이 없어 초겨울 어느 날 학교 교실에서 이틀을 잤던 일이다. 밤새껏 이를 악물고 얼마나 떨었던지 다음 날 이빨이 아파 온종일 밥을 한 숟갈도 먹을 수가 없었다."[13]

노무현은 대통령이 되어서도 가난했던 시절을 잊지 않았다. 생활이 어려운 사람들을 만나면, 자신의 가난했던 과거를 숨기지 않고 이야기해주면서 격려해줬다. 권양숙 여사와 함께 2005년 5월 충북 단양의 한드미 마을을 방문한 자리에서 주민들과 산채 정식으로 점심식사를 하면서 가난했던 시절을 회상했다.

"어릴 때 농토는 없고 자식은 공부시켜야 해서, 부모님은 산기슭을 개간하여 고구마를 심었지요. 어머님은 고구마 순을 팔아 학비를 대야 했습니다. 그래서 고구마 순만 보면 어머님 생각이 절로 납니다."

노무현 대통령은 2007년 5월 울산 현대중공업에서 열린 해군 이지스함 진수식에 참석해서도 41년 전의 막노동 경험담을 털어놨다. 연설 원고에 없는 애드리브였다.

"싱거운 이야기 좀 말씀 드릴까요? 1966년 울산이 산업도시로 처음 개발될 때 제가 이곳에 와서 몇 달 막노동을 했거든요. (현대중공업이 세계 최고의 기업이 된 데에) 저도 한몫한 것 아닙니까?"

막노동꾼에서 대통령까지! 동질감 때문이었을까. 힘찬 함성과 함께 우레와 같은 박수가 터져 나왔다. 노무현은 가난이 주는 고통을 일찍 알았고 만만치 않은 열등감에 시달렸다. 그러나 가난 때문에 기가 죽거나 주눅이 들지도 않았고, 가난 때문에 장래의 꿈을 포기하지도 않았다. 노무현은 매사 자신감에 넘쳤고 의욕적이었다. 이런 힘이 어디서 나왔을까. 노무현은 자신의 어린 시절에 대해 "집안의 사랑을 독차지하며 자랐다. 학교 들어가기 전까지는 궁핍을 느끼지 못했다."[14]고 회고했다. 어린 시절의 행복한 경험이 열등감을 이겨내는 힘이 되었다.

모난 돌이
성공하는 세상을 꿈꾸다

어머니 이순례는 43세에 노무현을 낳았다. 노산도 보통 노산이 아니다. 어머니는 늦둥이 노무현을 애지중지 키웠다. 노무현은 공부를 무척 잘했다. 여섯 살 때 천자문을 떼는가 하면, 초등학교 입학해서도 친구들을 모두 따돌려서 '노천재'라는 별명을 얻었다. 아버지를 닮아서인지 정의감과 의협심도 넘쳤다. 불의를 보면 몸으로 부딪쳤다. 그래서 '돌콩'이라는 별명이 생겼다. 어머니는 이 점이 걸렸다. 세상 무섭다는 사실을 가르쳐줘야 했다. "야 이놈아, 모난 돌이 정 맞는다." 귀가 따갑도록 들려줬다. 가훈과도 같았다. 정의롭지 않은 사람이 되라는 의미가 아니었다. 실패한 '모난 돌'이 될까 봐 걱정이 되었다.

> "어머니가 제게 남겨 주셨던 가훈은 '야 이놈아, 모난 돌이 정 맞는다.'였습니다. 이 비겁한 교훈을 가르쳐야 했던 우리의 600년 역사, 이 역사를 청산해야 합니다."

아버지 노판석은 '모난 돌'의 착한 삶을 살았다. 억울한 사람들을 도와주다 사기를 당하는가 하면, 억울한 사람의 송사에 부득부득 편을 들다 봉변을 당하기 일쑤였다. 실패한 '모난 돌'이었다. 노무현은 어머니를 사랑했지만 어머니의 패배주의는 싫었다. '모난 돌이 정 맞는다'는 말은 대부분의 백성들이 터득하고 있던 보편적이면서도 처절한 삶의 지혜였지만 '돌콩'에게는 비겁한 이야기였다.

노무현 변호사는 부림사건을 계기로 진짜 '모난 돌'이 되고 말았다. 돈 잘 버는 조세전문변호사에서 아스팔트 바닥을 헤매는 노동인권변호사로 전향했다. '노변'이라는 별명을 얻었다. 어머니에게는 불효자식이었다. 노무현은 '모난 돌'이 성공한 역사를 만들고 싶었다. 대통령선거 출마를 결심했다. 그리고 600년 역사의 패배주의를 통렬하게 비판했다. 노무현은 2001년 12월 서울힐튼호텔에서 열린 '노무현이 만난 링컨' 출판기념회에서 대통령 출마를 공식 선언하여 '모난 돌'의 역할을 강조했다.

"눈 감고 귀 막고 비굴한 삶을 사는 사람만이 목숨을 부지하면서 밥이라도 먹고 살 수 있었던 우리 600년의 역사, 제 어머니가 제게 남겨주셨던 가훈은 '야 이놈아. 모난 돌이 정 맞는다.' 였습니다. 이 비겁한 교훈을 가르쳐야 했던 우리의 600년 역사, 이 역사를 청산해야 합니다. 권력에 맞서서 당당하게 권력을 한번 쟁취하는 우리 역사가 이뤄져야만 이제 비로소 우리의 젊은이들이 떳떳하게 정의를 이야기할 수 있고, 떳떳하게 불의에 맞설 수 있는 새로운 역사를 만들어낼 수 있습니다."

노무현은 효자였다. 아버지와 어머니를 모두 존경하고 사랑했다. 두 분의 바람을 동시에 실천하고 싶었다. 어머니의 말씀처럼 실패한 사람이 되고 싶지도 않았고, 아버지가 보여준 것처럼 정의로운 '모난 돌'의 길을 피하고 싶지 않았다. 어머니와 아버지의 소망을 모두 충족시키는 길은 '성공한 모난 돌'이 되는 것이었다. 사법고시 합격과 대통령선거 당선이 바로 그것이다. 노무현은 진정한 효자였다.

다음 세대를
이끌어갈 힘은
무엇입니까

이제는 사회적 자본(Social Capital)의 시대이다. 이는 신뢰, 원칙, 상식, 공정, 투명 법치(준법) 등 자발적인 '협력과 참여'를 창출하는 무형의 자산을 말한다. 경제성장을 위한 물적 기반인 사회간접자본(SOC)과 대비되는 개념이다. 우리나라의 사회적 자본은 OECD(경제협력개발기구) 국가 가운데 최하위 수준이다. 대통령의 신뢰도가 땅에 떨어졌다. 정치인은 거짓말쟁이의 표본이다. 사법기관(법원, 검찰)과 언론도 마찬가지다. 한국이 사회적 자본을 OECD 국가의 평균 수준으로 끌어올릴 경우 매년 1퍼센트 포인트 내외의 추가적인 경제성장이 기대된다(KDI, 2007).

'Dynamic Korea(역동적인 대한민국)'. 한국이 2002년 월드컵 4강을 달성했을 때 외국 언론은 한국을 이렇게 불렀다. 이것보다 더 한국과 한국인, 한국의 현대사를 잘 표현한 말이 있을까. 한국은 불과 40여 년만에 산업화(경제)와 민주화(정치)를 모두 달성하는 대기록을 세웠다. 선진화의 추동력도 'Dynamic Korea'에 있다. 한국의 역동성을 한 차원 끌어올려 신바람이 절로 나게 해야 한다. 사회적 자본을 단단히 구축했을 때 가능한 일이다.

**신뢰는
민주주의보다 더
높은 가치입니다**

"신뢰가 먼저냐,
민주주의가 먼저냐?
신뢰가 먼저입니다."

노무현이 우리들과
나누고 싶었던
9가지 이야기

─── "이런 상황을 가정해보자. 상대방의 머리에 총을 겨누고 있는 두 사람이 있다. 여차하면 두 사람이 모두 죽을 수 있는 팽팽한 긴장 상태다. 서로 총을 내려놓자고 말을 해보지만 상대방을 믿을 수가 없다. 나는 내렸는데 상대방이 나를 쏠 것 같은 두려움 때문이다. '나는 믿을 수 있는데 네가 문제'라는 것이다. 이럴 때 상대방을 신뢰하고 먼저 총을 내릴 수 있는 사람의 배짱은 범인(凡人)들의 상상을 뛰어 넘는다. 노무현이 바로 그런 배짱을 가진 사람이다."¹

정신분석학자 정혜신 박사의 분석이다.

노무현은 신뢰를 최고의 가치로 쳤다. 신뢰 없는 정책, 신뢰 없는 정치, 신뢰 없는 외교, 신뢰 없는 남북 관계, 신뢰 없는 노사 협상…. 이런 것들은 노무현에게 아무런 의미가 없었다. 무슨 일을 하는 데 있어서나 기본은 첫째도 신뢰, 둘째도 신뢰, 셋째도 신뢰였다. 노무현 대통령은 탄핵의 굴레에서 벗어난 지 얼마 되지 않은 시점인 2004년 5월 연세대에서 '변화의 시대, 새로운 리더십'이란 주제로 특강을 했다.

"신뢰가 먼저냐, 민주주의가 먼저냐? 신뢰가 먼저입니다. 인간이 경험한 많은 사회 중에는 전제군주 사회도 있고 귀족 사회도 있고 독재 사회도 있고 파시스트 사회도 있고 다 있습니다. 그 모든 사회에서 다 가장 중요한 것이 신뢰입니다. 신뢰가 무너진 사회는 존재할 수가 없습니다."

신뢰가 없는 사회는 얼마나 많은 대가를 지불해야 하는가. 중국 명나라 때의 《옹해록》에 나오는 우화가 잘 설명해주고 있다.

"어떤 장님이 한 메마른 강의 다리를 건너 가다가 잘못하여 미끄러져 떨어질 뻔했다. 그는 용케도 두 손으로 난간을 붙잡았으나 강 속으로 떨어질까 봐 두려워하고 있었다. 다리를 건너던 한 나그네가 강에 물도 없고 깊지도 않으므로 손을 놓아도 된다고 장님에게 알려주었다. 그러나 장님은 그 말을 듣지 않고 버티다가 손에 힘이 풀려 땅에 떨어졌으나 다행히 아무 일도 없었다. 장님은 말했다. '진작 알았다면 이렇게 고생할 필요가 없었을 텐데.'"[2]

나그네가 신뢰할 만한 사람이었다면, 그리고 장님이 나그네의 말을 신뢰했다면 '장님의 생고생'은 없었을 것이다. 이같은 '장님의 생고생'이 국가 전체적으로 만연되어 있다면, 그 사회적 비용은 이루 헤아릴 수 없이 클 것이다.

신뢰와 책임은 동전의 양면이다. 책임 없이 신뢰 없고, 신뢰 없이 책임 없다. 노무현은 2002년 2월 대통령선거 출마 기자회견에서 결의에 찬 음성으로 자신 있게 말했다. "화려한 구호나 공약보다 더 소중한 신뢰와 믿음을 드리겠습니다."

한국은 불신의 사회다. 한때 '민나 도로보데스(모두가 도둑놈이다)'라는 일본말이 유행하기도 했는데 그 풍조는 지금도 여전하다. 국민이 대통령, 국회의원 등 정치인을 신뢰하지 않는다. 정부기관에 대한 불신감도 하늘을 찌를 듯하다. 대통령 직속 사회통합위원회가 2013년 2월 발표한 〈2012년 연례보고서〉는 참담하다. 성인 남녀 2천 명을 대상으로 사회통합국민의식조사를 한 결과 국회를 신뢰한다는 대답은 5.6퍼센트뿐이었고, 72.8퍼센트가 신뢰하지 않는다는 반응을 보였다. 정부 역시 신뢰한다는 답변(15.8퍼센트)이 불신(46.0퍼센트)의 3분의 1 수준에 불과했다. 법원과 언론의 신뢰율도 각각 15.7퍼센트, 16.8퍼센트에 그쳤다. 신뢰회복이 급선무다.

현직 대통령이 뻔뻔하게 거짓말을 하는 나라이니 어떤 국민이 대통령을 신뢰하겠는가. 국회의원은 말할 것도 없다. 한국에서 정치인은 거짓말쟁이의 표상으로 낙인 찍혀 있는 상황이다.

원칙은
인간 행위의
나침반입니다

"원칙을 파괴하고
반칙을 하는 사람은
진보든 보수든 관계없이
정치인 자격이 없습니다."

─── 필자가 〈머니 투데이〉의 편집국장으로 일할 때였다. 2001년 12월 신년특집을 준비하고 있었다. 주식시장을 쥐락펴락하고 있는 펀드매니저와 애널리스트들을 대상으로 2002년 증시 전망 조사를 했다. 조사 항목에 "2002년 대권주자 가운데 가장 시장 친화적인 인물은 누구인가?"를 넣었다. 의외의 조사 결과가 나왔다. 민주당의 상임고문 노무현이 이회창(2위)과 이인제(3위)를 제치고 1위를 차지한 것이다.

편집국에 비상이 걸렸다. 이게 무슨 의미인가. 담당 기자들에게 취재 지시를 내렸다. 노무현 후보를 왜 시장 친화적 인물로 보는지 알아보도록 한 것이다. 취재 결과 또한 의외였다. 노무현만큼은 '증권시장을 대상으로 장난을 치지 않을 것 같다.'는 믿음이 있어서 그런 응답을 했다는 것이다. 증시 전문가들이 '노무현의 원칙주의'를 신뢰해준 것이다. 〈머니 투데이〉는 2002년 1월 1일자 신년호에 '시장 친화적 후보 1위 노무현'으로 보도했다. 재미있는 일은 그다음에 벌어졌다. 노무현 자신도 의외라는 반응을 보였다. 노무현 고문과 저녁식사를 하면서 이 신문을 보여줬다. 노무현은 "이게 사실이냐?"고 몇 번이나 물으면서 무척 신기하게 여겼다.

노무현 대통령은 늘 말했다. "제가 또박또박 하나하나 원칙대로 해왔던 것 말고는 다른 재주가 없다."고. 원칙은 정치인 노무현의 신앙이었다. 선거에 출마할 때도 원칙, 선거에 당선되어도 원칙, 선거에 낙선되어도 원칙이었다. 대통령 할 때도 원칙, 대통령 퇴임 후에도 원칙, 검찰의 수사를 받을 때도 원칙이었다. 노 대통령은 어려울 때일수록 원칙을 지켰다. 원칙이란 무엇인가. 스티븐 코비 박사는 "원칙은 도덕의 나침반"이라고 말한다.

"오늘날과 같이 격변하는 세상에서 살아가는 사람들이 방향을 잃지 않기 위해서는 지도만으로는 부족하다. 우리가 진정으로 필요로 하는 것은 바로 도덕의 나침반이다. 원칙은 나침반과 같은 것이다. 원칙이란 오랫동안 입증되어 온 인간행위의 지침이다."[3]

2007년 3월 유력한 대권 후보들이 보따리 싸들고 이곳저곳을 기웃거릴 때였다. 대선 증후군이었다. 노 대통령이 국무회의에서 '보따리장수'들에게 일침을 놓았다. "민주주의 정치에서 진보다 보수다 중도다 하는 노선도 매우 중요한 가치지만 그 가치의 상위에 원칙이란 가치가 있습니다. 원칙을 파괴하고 반칙을 하는 사람은 진보든 보수든 관계없이 정치인 자격이 없습니다." 보따리장수들의 정치는 나침반 없는 항해와 같다. '원칙'에 대한 노무현의 생각은 이런 것이었다. 노무현은 1998년 현대자동차 노사분규 중재에 성공한 후 언론 인터뷰에서 말했다.

"사람들은 화살을 잘 피하고 물살을 잘 타는 사람의 묘기를 지켜보면서 재미를 느끼지만 아주 거대한 흐름에 굽히지 않고 부딪쳐 나가고, 상처를 입으면서도 비바람을 뚫고 나가는 꿋꿋한 모습을 기대하기도 합니다. 어떤 의미에서는 그런 사람들이 바로 그 사회의 희망과 기상이라고 할 수 있습니다. 한 사회에 그런 기상을 가진 사람이 많아야 사회적으로 큰 위기가 왔을 때 그것을 돌파할 수 있습니다. 저는 정통성, 선명한 노선을 강조하면서 정치를 해왔습니다. 앞으로도 이런 원칙을 지키면서 정치를 할 것입니다."[4]

**상식이 통하는
사회가
선진국입니다**

"나는 감히 말한다.
'역경 속에서 연마한 건전한 상식'을
가진 링컨이 없었다면
미국의 정치사는
달라졌을 것이라고."

다음 세대를
이끌어갈 힘은
무엇입니까

───── 노무현은 '상식이 통하는 사회'를 구현하려 했다. 노무현의 모토는 원칙과 상식이었다. 대체 상식이 무엇이기에 노무현은 말끝마다 상식을 말했는가. 한성안 영산대 교수의 설명이 명쾌하다.

"상식(common sense)은 말 그대로 인간의 '보통의 감각' 혹은 '모두가 공유하는 판단력'이다. 도덕이 요구하는 수준은 너무나 높아 보통의 사람들은 실행하기도 어렵고, 이해하기도 쉽지 않다. 그래서 도덕을 지키지 못했다고 해서 대놓고 비난하지 못한다. 법은 어떤가? '도덕의 최소한'이라는 법마저도 준수하기가 쉽지 않다. 최소한의 요구인데도 잘 안 지키니 국가에서 벌을 내리는 것이다. 그렇다면 상식은? 너무나 자명하고 간단해서 별달리 설명할 필요도 없다. 보통 사람이라면 누구나 지킬 수 있어, 별다른 형벌이 필요치 않다. 어쩌면 이해하는 데 가장 적은 지적 에너지를 소모하며, 실천하기 위해 가장 적은 의지만 있어도 되는 규범이다."[5]

예를 들어 이런 것이다. 거짓말하면 안 된다, 길거리에 침을 뱉어서는 안 된다, 지하철에서 노인에게 자리를 양보해야 한다, 민주주의 국가에서 나라의 주인은 국민이다, 남자가 성인이 되면 군대에 가야 한다, 법은 만인에 평등해야 한다⋯. 상식이 지켜지지 않으면 공동체의 중심이 무너져 버린다. 비상식과 몰상식은 공공의 적이다. 상식이 통하는 사회가 진짜 선진국이다.

2000년 4월 16대 총선에서 서울 종로를 포기하고 부산에서 출마했던 노무현 대통령은 개표가 진행되던 날 저녁, 링컨에 관한

책을 읽고 링컨을 다시 발견했다. 그 후 《노무현이 만난 링컨》을 저술했다. 이 책의 서문에 있는 말이다.

"나는 감히 말한다. '역경 속에서 연마한 건전한 상식'을 가진 링컨이 없었다면 미국의 정치사는 달라졌을 것이라고. '낮은 사람이, 겸손한 권력으로, 강한 나라'를 만든 전형을 창출한 사람, 그가 곧 링컨이다."[6]

링컨의 유명한 어록인 '국민의, 국민에 의한, 국민을 위한 정부'는 건전한 상식의 산물이다. 민주주의 국가에서는 나라의 주인이 국민이라는 상식.

대의가 결국
승리합니다

"대의와 실리를 놓고
고민이 생기면 무조건
대의를 택하라."

───── 노무현 대통령은 정치에 입문하겠다고 신고하러 온 후배들에게 무엇을 주었을까. 돈을 주지도 못했고, 조직을 주지도 못했다. 그것은 능력 밖이었다. 그 대신 실천하기 어려운 '정치 지침'을 주었다. 바로 기독교 신앙인에게는 모세의 십계명과도 같은 '노무현의 길'이다. 청와대 춘추관장으로 보도 지원 업무를 담당하고 있던 서영교 비서관이 2007년 11월 노무현 대통령에게 이임인사를 하러 갔다. 그는 2008년 4월 총선 출마 준비를 하고 있었고 현재 국회의원으로 활동 중이다.

노 대통령은 청와대를 떠나는 서 비서관에게 당부했다. "꼭 이것은 명심하십시오. 원칙을 지켜야 합니다. 원칙 없이 철새처럼 왔다 갔다 하는 그런 정치인들과는 정치하지 마십시오."[7] 노 대통령은 이 말을 하고 나서 혹시 필요할지도 모른다면서 다양한 포즈로 사진을 찍어주었다. 노무현은 대통령 때는 물론이고 국회의원을 할 때, 연구소를 운영할 때, 민주당에서 당직을 맡았을 때에도 예비 정치인인 자신의 참모들에게 '노무현의 길'을 입이 닳도록 설명했다. 대통령 후보 시절 공약팀장을 했고 청와대 비서실장으로 일한 이병완 씨의 기억이다.

"대의와 실리를 놓고 고민이 생기면 무조건 대의를 택하라. 결국 대의가 승리한다. 단지 이익이냐 손해냐는 식의 문제로 고민이 될 때는 손해라고 계산되는 쪽을 택하라. 짧게 보면 손해지만 길게 보면 이익이 되는 경우가 대부분이다."[8]

노무현은 2002년 11월 정몽준과 후보 단일화를 위한 방법론을 놓고 절체절명의 '밀당'을 하고 있었다. 모두들 밀리면 끝장이라고 생각했다. 그러나 노무현은 손해 보는 쪽을 택했다. 정몽준에게 유리한 여론조사 방식 '단일화 방법'을 수용해버린 것이다. 민주당의 당직자들과 선거 캠프 참모들이 모두 한숨을 푹푹 내쉬었다. 펑펑 울기도 했다. 단일 후보가 될 가능성이 희박했기 때문이다. 노무현은 각종 여론조사에서 정몽준을 이긴 적이 한 번도 없었다.

　노무현이 자신에게 불리한 단일화 방식을 받아들인 이유는 간단했다. 어떤 일이 있어도 한나라당 이회창 후보를 꺾어야 했기 때문이다. 당시는 그것이 대의였다. 자신이 단일 후보가 되는 것도 중요하지만 '아름다운 단일화'를 통해 한나라당 이회창 후보를 이길, 경쟁력 있는 단일 후보를 만들어내는 것이 더 중요했다. 3당 합당을 거부한 것과 16대 총선 때 종로를 버리고 부산으로 간 것도 오로지 대의를 위한 선택이었다. 노무현의 20년 정치 역정은 항상 손해 보는 길이었다. 오로지 대의였다. '노무현의 길'을 가장 성실히 실천한 사람은 노무현 자신이었다.

**기회주의자에게
기회를 주면
안 됩니다**

"기회주의는 모두를
 망하게 하는 지름길이다."

다음 세대를
이끌어갈 힘은
무엇입니까

─── 노무현은 기회주의자를 증오했다. 아니, 경멸했다. 여당과 야당, 진보와 보수를 떠나 기회주의자는 암적인 존재라고 생각했다. 왜? 공동체의 신뢰를 파괴하는 주범이기 때문이다. 기회주의자는 나름 영리하다. 영악하다. 처세술이 뛰어나다. 비바람이 거세게 불 때는 꼼짝 않고 엎드려 풍향계만 노려보고 있다가, 바람 흐름에 변화의 조짐이 보이면 풍향계보다도 먼저 움직인다. 한 곳에서 단물을 다 빼먹고 철새처럼 다른 곳으로 이동한다. 이게 기회주의자들의 속성이다.

친일파 인사들이 전형적인 기회주의자들이다. 그들은 일제 식민지 시절에는 일본 앞잡이 노릇을 하며 부귀영화를 누리다가 해방이 되자마자 애국자로 변신했다. 친일파만 기회주의자가 아니다. 민주화 이후에도 기회주의자들이 득실거리고 있다. 노무현 대통령은 3당 합당 때 김영삼을 따라가 재미를 보고 난 다음 민주 진영으로 되돌아와 다시 기회를 엿보고 있던 정치인들을 간악한 기회주의자로 규정했다. 노 대통령은 그들에게 공개적으로 '자중'을 요구했다. 그들이 대권을 노릴 경우 필사적으로 저지했다. 노 대통령의 기회주의 청산론은 비장했다.

"간에 붙었다 쓸개에 붙었다 하는 기회주의자는 멀리 보지 못하고 눈앞의 이익만 본다. 이들에게 나라를 맡길 수 없다. 세상이 아무리 기회주의자들의 천국이라 하더라도 민주화 시대의 국가 최고지도자는 그러면 안 된다. 기회주의자들이 버스에 무임승차할 수는 있을 것이다. 그러나 그들에게 운전대를 맡길 수는 없는 일이다. 기회주의는 모두를 망하게 하는 지름길이다. 기회주의자에게 기회를 주면 안 된다."

3당 합당으로 한국 정치가 철새들의 천국이 되었다. 노 대통령은 통탄했다. "YS가 3당 합당으로 권력을 잡기 전만 해도 이 땅에서는 기회주의자들이 차지할 수 있는 장물의 수준은 한정되어 있었다. 고작해야 권력에 빌붙어 먹고사는 정도의 수준에 불과했다. 그러나 YS의 대권 장악과 함께 기회주의자들의 입지에는 커다란 변화가 생겨났다. 기회주의자들의 성공이 최고 권력의 차원으로까지 올라갔기 때문이다. 그런 의미에서 YS의 대권 장악은 기회주의자들에게는 하나의 신선한 모델이 되고도 남음이 있었을 것이다."[9]

YS가 3당 합당으로 대통령이 된 것은 막을 수가 없었으나 제2, 제3의 YS 출현은 용납할 수 없었다. 한때 '리틀 YS'로 불렸던 이인제 씨가 여기에 해당된다. 손학규 씨도 비슷한 경우다. 노무현은 이인제의 청와대 행을 저지하기 위해 '육탄전'도 마다하지 않을 정도로 각을 세웠다. 이인제 후보가 1997년 신한국당 경선에 불복하고 대선전에 다시 나오려고 할 때 국민통합추진회의의 노무현은 그의 청와대 행을 막기 위해 대선 출마를 심각하게 고려했다. 맞불 작전이었다. 결국은 김대중 후보의 당선을 돕는 것으로 이인제의 청와대 행을 저지하는 데 성공했다.

문제는 2002년 대선이었다. 이인제가 이미 민주당에 입당하여 대세론을 형성하고 있었다. 마땅한 대항마가 없었을 정도였다. 오마이뉴스 오연호 대표와의 인터뷰에서 그때의 심정을 밝혔다. "내가 그때부터 '이거 큰일 났구나.' 생각했습니다. 그때 나는 이회창 씨 쪽은 관심이 없었고, 오로지 내 상대는 이인제 씨였어요."[10] 이인제를 문제 삼았던 것은 그의 역량이 부족해서가 아니었다. 3당 합당 때 YS를 따라간 것, 한나라당 경선 때 불복한 것, 한나라당에서는 기회가 없어지자 보따리 싸들고 민주당에 온 것, 정치 윤리도 없고 원칙도 없는, 이런 정치 행태가 기회주의적이기 때문이었다.

노무현은 현역 장관 신분으로 집권 여당의 대표를 직설적으로 비판, 정치권에 일파만파의 파장을 일으키기도 했다. 해양수산부 장관 시절인 2000년 12월 21일 출입기자들과 송년만찬을 하는 자리였다. 노 장관은 김중권 민주당 대표를 겨냥, "기회주의자는 포섭 대상이긴 해도 지도자로는 모시지 않는다는 것이 나의 철학이다."라고 직격탄을 날렸다.

전략적 실용주의를
생각해야 합니다

"낙락장송 없다고
움막도 안 짓고 삽니까?

─── 노무현은 대통령이 되기 전 종종 결혼식 주례를 섰다. 삶의 지혜가 되는 수사를 재미있게 구사했다. 예를 들면 이런 식이다. "너무 큰 기와집 짓지 마십시오. 그렇다고 불안해하지도 마십시오. 20년쯤 지난 선배로서 내게 결혼이 뭐냐고 묻는다면 그냥 '신비'라고 말하고 싶습니다."[11]

노무현은 2002년 2월, 민주당 대선 후보 경선에 출마하기 직전, 시사평론가 유시민과의 특별대담에서 의미심장한 말을 던졌다. 당내에는 이미 '이인제 대세론'이 쫙 깔려 있었다. 민주당의 최대 계보인 동교동계가 이인제를 밀고 있었다. 야당 정치인들은 그쪽으로 줄을 서느라 정신이 없었다. 노무현 뒤에는 현역 국회의원이 한 명도 없었다. 유시민이 "왜 그러느냐?"고, "대안은 뭐냐?"고 따져 물었다. 노무현이 '현실적으로' 대답했다.

"내가 모자라면 노무현 그만두라, 이렇게 하고 딴 사람이라도 만들어야 될 것 아닙니까? 있는 나무 가지고 뭔가 만들어야지 낙락장송 없다고 움막도 안 짓고 삽니까? 낙락장송 없으면 움막이라도 만들고 낙락장송 있으면 초가삼간 짓는 겁니다."[12]

정치인은 항상 발 한 짝을 땅에 붙이고 있어야 한다. 그 땅이 '현실'이다. 정치인은 정치사상가와 다르다. 자신이 추구하는 이상이 아무리 훌륭하다 할지라도 현실에 기반을 두지 않으면 그것은 사상누각이다. 노무현을 이상주의자라고 말하는 사람들이 많다. 일면 맞다. 그러나 노무현만큼 현실을 중요하게 여긴 정치인도 드물다. 현실에 순응하지 않았을 뿐이다. 항상 '지금 있는 상태'에서 '새로운 집'을 지으려고 했다. 뜬구름 잡는 식의 개혁이나, 결론이 나지 않는 탁상공론, 명분만을 추구하는 근본주의는 그의 문법에 없었다. 노무현은 현실에 바탕을 둔 전략적 실용주의자였다.

검찰 개혁이 대표적인 사례다. 검찰에 아무리 문제가 많다 하더라도 검찰을 하루아침에 확 바꿀 수는 없는 노릇이다. 노무현 대통령은 검찰 개혁의 근본적 방안 가운데 하나로 고위공직자부패수사처(공수처)의 신설을 추진했다. 하지만 국회의원들의 반대로 무산되고 말았다. 공수처의 수사 대상에 국회의원이 들어 있었기 때문이다. 노무현은 그때의 아쉬움을 자서전에 남겨 놨다.

"공수처 수사 대상에 국회의원이 제일 큰 문제였다면, 국회의원을 빼고서라도 제도 개혁을 했어야 옳았다."[13] 전략적 실용주의자로의 판단이었다. 다음 선거 때 여론을 환기시킬 경우 국회의원을 공수처 수사 대상에 추가하는 것이 얼마든지 가능하기 때문이다. 국가보안법도 완전폐기가 정답이지만 그게 어렵다면 독소조항(제7조)을 없애는 개정이라도 하자는 입장이었다.

문제투성이인 한미 관계도 현실에 바탕을 두고 고쳐 나갔다. 반미주의 성향의 근본주의자들이 어떤 비판을 하더라도 전략적 실용주의의 길을 꿋꿋하게 걸어갔다. "한미 관계를 지금과 다른 관계로 가져가야 한다는 것이 분명한 방향이지만, 하루아침에 한미가 서로 등진다거나 갈라서거나 하는 급격한 변화는 좋은 일이 아닙니다."[14]

지역에 따른
사람 차별
언제까지입니까

"정 보좌관,
항명하는 겁니까?"

노무현이 우리들과
나누고 싶었던
9가지 이야기

───── 2004년 1월 13일 저녁 청와대 영빈관. 노무현 대통령은 전두환, 노태우, 김대중 등 전직 대통령 내외분을 초청하여 저녁식사를 함께했다. 전현직 대통령 간에 격의 없는 대화가 오고 갔다. 그 가운데 한 대목이다. 전두환이 김대중을 보며 말했다. "난 옛날에 김대중 대통령과 사이가 나빴잖아요. 사귈 기회도 없었고. 근데 내가 형무소에 있을 때예요. 그때 교도관들의 90퍼센트가 호남 사람들인데 나한테 그래 잘 해줘요."[15]

전두환 대통령은 가벼운 덕담으로 말했을 것이다. 전두환이 어떻게 '호남의 한'을 알 수 있을까. 게다가 우리나라 교도관의 90퍼센트가 호남 사람은 아닐 것이다. 그러나 호남 사람의 비중이 월등히 높은 것은 사실이다. 호남 사람들은 안다. 왜 교도관의 호남 출신 비율이 월등히 높은지. 교도관뿐만이 아니다. 일반 관공서의 실무직 공무원들이 대체로 그렇다.

여기에는 '호남의 한'이 맺혀 있다. 실력은 있지만 '호남 출신'이라는 이유로 취직이 어려웠던 청년들이 대거 공직에 들어갔다. 공무원시험의 당락에는 지역 차별이 없기 때문이다. 정부 부처는 물론이고 공기업, 은행, 심지어 대기업까지 호남 출신을 푸대접했다. 그랬던 것이 김대중 정부 때 숨통이 트였다. 그렇다고 30~40년 동안 이루어진 지역 차별이 5년 만에 시정될 수는 없는 일이다.

역대 어느 정부도 출범 초기 인사 개혁을 말하지 않은 경우가 없다. 영호남 지역 차별이 핵심 이슈다. 조선시대 4색당파도 결국 인사 문제였다. 인사 개혁은 백년하청인가. 노 대통령은 근본적인 해결 방법을 시도했다. 방향은 '균형'이었고, 방법은 '시스템 인사'

였다. 시스템에 의해 균형 인사를 한 것이다. 시스템 인사의 도입으로 인사권자인 대통령의 호불호나 정치적 고려를 최대한 배제할 수 있었고, 업무 능력과 도덕성 등을 체계적으로 검증할 수 있었다. 균형은 지역 차별뿐만 아니라 학력 차별과 성 차별을 없애는 방향으로 추진되었다. 요직은 요직대로, 한직은 한직대로 균형을 맞추었다.

시스템 인사를 정착시키는 데는 우여곡절이 많았다. 2003년 3월 참여정부 출범 후 첫 차관 인사 때 일이다. 모 부처 차관을 선정하는 데 A와 B, 두 명의 후보가 경합했다. 노 대통령은 내심 B를 염두에 두고 있었다. 인사추천위원회에서 인사 자료를 놓고 진지한 토론을 한 결과, A가 더 낫다는 판정이 나왔다. 정찬용 인사보좌관은 3월 3일 17개 부처 34명의 차관급 인사를 일괄 발표했다. A가 그 속에 포함된 것은 당연했다. 다음 날 대통령이 주재하는 수석·보좌관회의가 끝난 후였다. 노 대통령이 정 보좌관을 불렀다.[16]

"인사보좌관! 집무실로 오세요."

나는 곧 뒤따라 들어갔다. 대통령께서는 집무실 책상 앞에 선 채로 단도직입적으로 말씀하셨다.

"정 보좌관, 항명하는 겁니까?"

대통령의 싸늘한 표정에 나는 가슴이 철렁했다.

"무슨 말씀이신지요?"

"어제 차관 인사 말입니다. 결정을 안 했는데 왜 발표를 해버렸지요?"

"대통령님께서 '알았다.'고 하셔서…."

"내가 '알았다.'고 했지, 언제 결정했습니까?"

'시스템 인사' 초기의 에피소드다. 노 대통령으로서는 자신의 고유 권한인 인사권을 시스템에 빼앗겨버린 것이다. 정찬용은 이런 과정을 통해 인사 시스템을 정착시켰고, 대통령은 인사추천위원회에서 결정된 내용을 최대한 존중하여 인사권을 행사했다. 대통령이 이 정도로 '망신'을 당하는 상황이니 정권의 실세라고 하여 인사에 개입할 수가 없었다. 노 대통령은 인사보좌관을 인사수석으로 격상시켰다. 인사 검증 작업을 주도했던 문재인 민정수석은 "참여정부의 유일한 실세는 바로 인사 시스템이었다."고 말했다. 시스템 인사였다고 하여 오류가 전혀 없었다는 것은 아니다. 오류를 최소화할 수 있었다는 이야기다. 결과적으로 실질적인 균형 인사가 이루어졌다. 다행히 지역차별론이 나오지 않았다.

**계략, 술수는
삼국지 시대
정치입니다**

"나는 절대
 삼국지식 정치는 안 하겠다."

─── "내가 열린우리당의 모세라고? 내가 무슨 신통방통한 요술지팡이라도 갖고 있다는 말인가요?"

노무현 대통령은 껄껄 웃었다. 2006년 6월 청와대 참모들과 모처럼 식사를 하면서 한담을 나눌 때였다. 2개월 전에 열렸던 열린우리당 국회의원 워크숍이 자연스럽게 화제에 올랐다. 유명한 정치 컨설턴트가 그 자리에서 "노무현 대통령은 열린우리당의 모세였다."고 발표한 것에 대한 대통령의 반응이었다. 정치 컨설팅그룹 '민(MIN)'의 박성민 대표가 '열린우리당을 유대 민족, 노무현 대통령을 모세'에 비유했다. 2004년 4월 총선에서 열린우리당이 탄핵 바람에 힘입어 과반의석을 확보한 데 대한 과도한 해석이었다.

노 대통령은 덧붙였다. "대통령 되기 전에는 바보라고 했으면서…. 대통령 되고 나니 정치 9단, 정치 10단이라고 합니다. 이게 말이 되는가? 야당이 탄핵 으름장을 놓을 때 사과를 하지 않은 것은 평소의 원칙과 소신에 따라 한 것이었는데…. 마치 고도의 계략을 쓴 것으로 오해하는 사람들이 많으니 참 답답합니다."

노 대통령이 탄핵에서 되살아나자 정치 물을 많이 먹은 사람일수록, 스스로를 정치 전문가라고 생각하는 사람일수록, '고도의 계략'이나 '노무현의 신통력'을 믿는 경향이 짙었다. 노무현을 몰라도 한참 모르는 사람들의 수준 낮은 상상력이었다. 노무현의 오랜 정치 참모였던 안희정 충남도지사의 회고다. "일찍부터 노무현 대통령은 '나는 절대 삼국지식 정치는 안 하겠다.'고 말했다. 어떤 대의나 가치를 향해 함께 가는 것이 중요한 것이지, 단지 세력을 규합해 권력을 주무르는 일을 하지 않겠다는 것이다."[17]

노 대통령은 2004년 5월 연세대 특강에서 대학생들에게도 말했다. "《열국지》시대의 리더십을 갖고 와 저더러 (그렇게) 하라는 사람이 있는데 받아들이기 어렵습니다." 《열국지》도 《삼국지》와 같이 중국 춘추전국시대를 배경으로 한 역사소설이다. 수많은 영웅호걸들이 천하의 권력을 놓고 서로 먹고 먹히고, 속고 속이는 게임의 연속이다. 그래서 흥미진진하다. 요즘 말로 하면 기상천외한 정치공학이 만발하는, 정치적 간계의 백화점이다.

노무현은 기본적으로 계략의 정치를 거부했다. 그래서 '계략의 천재', '계략의 신'으로 불리는 제갈량을 가장 싫어했다. CBS 라디오 정혜윤 피디가 노무현이 대통령 되기 전에 인터뷰했던 내용이다.

"칠종칠금(七縱七擒) 이야기 아세요? 맹획이 제갈량에게 일곱 번이나 잡혔다가 풀려났다가 또 잡히는 삼국지 속 이야기 말이에요. 맹획이 되고 싶은가요? 제갈량이 되고 싶은가요?"
"아, 맹획이지요."[18]

노무현은 계략의 천재 제갈량보다는 우직한 맹획이 되고 싶은 '희귀한 정치인'이었다. 노무현은 홍해 바다에 길을 낸 '기적의 지도자' 모세도 아니었고, 마른하늘에 동남풍을 불러일으킨 '도술의 지도자' 제갈량도 아니었다. 계략, 간계, 술수, 꼼수, 정치공학…. 이런 단어는 그의 사전에 없었다. 노무현은 원칙과 소신에 따라 '돌직구'만 던지는 우직한 정치인이었다.

원칙 없는 패배에는
다음 기회가
없습니다

"원칙 있는 승리가 첫 번째이고,
그다음이 원칙 있는 패배입니다.
그리고 최악이
원칙 없는 패배입니다."

다음 세대를
이끌어갈 힘은
무엇입니까

───── 선거는 흔히 '진흙탕의 개싸움'으로 비유된다. 어떤 정치인이든 선거전에 뛰어든 이상, 승리를 최고선으로 생각한다. 우선 이기고 봐야 한다. 그러나 모두 이길 수는 없다. 패배하는 사람이 반드시 있게 마련이다. 사람들은 선거의 결과만을 놓고 '승리한 선거'와 '패배한 선거' 2가지만 생각한다. 노무현은 달랐다. 노무현은 선거의 과정을 놓고 '최선의 선거'에서 '최악의 선거'까지 4등급으로 분류했다. 노무현의 평가 기준은 원칙의 유무였다.

노무현 대통령은 오마이뉴스 오연호 대표와의 인터뷰에서 이렇게 말했다. "원칙 있는 승리가 첫 번째이고, 그다음이 원칙 있는 패배다. 그리고 최악이 원칙 없는 패배다."[19] 노 대통령은 굳이 세 번째 단계인 '원칙 없는 승리'는 말하지 않았다. 노무현에게 '원칙 없는 승리'는 승리가 아니었다.

2007년 9월 대선 정국이 한창 진행되고 있었다. 손학규, 정동영, 이명박 등 여야의 대선 후보들은 '추석 민심'을 잡기 위한 '사전 선거운동'을 하고 있었다. 손학규와 정동영은 범여권의 예비후보로 경선을 위해, 이명박은 한나라당의 공식후보로 본선을 위해 뛰고 있었다. 그러나 2007년 대선 정국은 괴이했다. 원칙도 없고, 시대정신도 없었다. 승리만을 위한 맹목적 경쟁이었다.

노무현 대통령은 9월 11일 청와대 춘추관을 방문, 기자간담회를 가졌다. 여러 가지 정국 현안에 대한 대통령의 입장을 전달하기 위해서였다. 평소 대통령 만나기가 쉽지 않은 기자들이 대선에 대한 질문을 놓칠 리가 없다. 대통령의 대답은 의외였다. 여야 후보들에게 뼈 있는 이야기를 던지고 춘추관을 떠났다.

"저도 선거를 많이 해봤습니다. 승부를 가르는 국면에서 손해를 보더라도 원칙을 지켰습니다. 그러나 이번 대통령선거는…. 당신들의 승리도 중요하지만 원칙 있는 승리라야 승리로서 가치가 있다. 원칙을 지키지 못하고 이기면 오히려 지는 것보다도 못할 수 있다. 이렇게 말하고 싶습니다. 아주 솔직히 말씀드리면, 저는 원칙 없는 기회주의자들의 싸움에 별 관심 없습니다. 어느 편의 승리보다 원칙의 승리를 간절히 바랍니다."

2007년 17대 대통령선거에는 원칙도 가치도 없었다. 선거 결과는 원칙 없는 승리(이명박)와 원칙 없는 패배(정동영)였다. 노무현은 특히 범여권에 대해 쓴소리를 했다. "(2007년 선거에는) 사실상 여당 후보가 존재하지 않았다. 참여정부의 공과를 다 책임지겠다는 후보가 아무도 없었다. 근거도 없는 '경제파탄론' 앞에서 먼저 반성한다고 말해버렸으니 무엇을 가지고 선거를 할 것인가. 원칙을 지키면서 패배하면 다시 일어설 수 있다. 그러나 원칙을 잃고 패배하면 다시 일어서기 어렵다."[20]

**때로는
실패를 선택하는 게
낫습니다**

"실패한 대통령이 되느니
 차라리 실패한 대통령 후보로
 남겠습니다."

─── 긴박한 상황이었다. 2002년 12월 18일, 대통령선거 전날 밤 노무현 후보는 서울 관악구 사당동에서 마지막 표심 잡기에 여념이 없었다. 그때 청천벽력 같은 비보가 전달됐다. 정몽준 국민통합21 대표가 "노무현 지지를 철회한다."는 공식 발표를 곧 한다는 것이었다. 노무현은 모든 일정을 포기하고 여의도 당사로 향했다. 우려했던 대로였다. 국민통합21 김행 대변인이 10시 30분 긴급 기자회견을 갖고 지지 철회를 공식 발표했다. 비상대책회의가 열렸다. 운명이 걸린 마지막 순간이었다. 김원기, 정대철 등 원로들과 신계륜 등 중진 의원, 선거대책본부 간부들이 노무현을 다그쳤다. 노무현의 수행 비서를 했던 서갑원 전 민주통합당 의원이 당시의 대화록을 정리했다.[21]

"빨리 정몽준 대표를 만나 설득해야 합니다. 지지 철회 선언을 철회하라고…."
"가지 않겠습니다. 이제 늦었어요. 가서 무엇을 하겠습니까."
"가야 합니다. 무조건 가셔야 합니다."
"됐습니다. 하늘에 맡깁시다."
"상황이 그렇지 않아요."
"실패한 후보가 될지언정 실패한 대통령이 되지는 않겠습니다."

지루한 버티기 끝에 노무현은 거의 끌려가다시피 억지로 평창동 정몽준 대표 자택 앞에 도착했다. 밤 12시 20분 전, 자정이 다 된 시각이었다. 그러나 정 대표는 끝내 대문을 열어주지 않았다.

노무현은 이날의 사태를 어느 정도 예견하고 있었다. 대통령이 되었을 때 국정 운영의 파트너가 될 정몽준이 어떤 인물이라는 것을 이미 파악한 상태였고, 그가 어떤 행동을 취할 것이라는 것도 충분히 짐작하고 있었기 때문이다. 두 사람 간의 '물밑 대화'는 사실상 파탄 상태에 있었다.

"그는 권력 분점을 확실하게 보장받으려고 했다. 국무총리, 국정원장 등 소위 4대 권력기관을 포함하여 정부 부처와 정부 산하 단체, 공기업 기관장 등 절반의 인사권을 요구했다. 그것도 말이 아니라 문서로 보장하라는 것이었다. 이 요구를 거절했다. 서로 믿으면서 정권을 공동 운영하는 것은 단일화 정신에 따라 받아들일 수 있지만, 국가권력을 물건 거래하듯 나눌 수는 없었다."[22]

노무현은 정몽준 대표의 요구를 수용하느니 선거 패배를 택하겠다고 마음먹었다. 낙선은 노무현 개인의 문제지만, 대통령의 선택은 개인의 문제가 될 수 없다. 그 결정에 따라 나라의 운명이 달라지기 때문이다. 노무현이 재벌 총수의 아들과 손을 잡았던 것은 '한나라당에 정권을 다시 넘겨줘서는 절대로 안 된다'는 절박감 때문이었다. 그러나 정몽준은 아니었다.

노무현은 국가의 장래를 위해서라면 정몽준보다는 차라리 이회창이 더 낫다고 판단했다. 그래서 정몽준의 지지 철회를 전혀 말리지 않았다.

햇볕정책에도
원칙이
필요합니다

"거부권을 행사하면
특검은 막을 수 있었다. 그러나
검찰 수사까지 막기는 어려웠다.
검찰 수사를 막을 수 있는
유일한 논거는 '통치행위론'이었다."

―――― 한나라당은 갓 취임한 노무현 대통령에게 '고약한 선물'을 안겨줬다. 대북송금 특검 법안이다.

대북송금 특검 법안의 골자는 2000년 6월 남북정상회담을 앞두고 현대그룹(현대상선)이 4억 달러(약 4천억 원)의 거액을 북한에 보낸 사실이 확인되었으니 절차의 위법성을 밝히자는 것이다. 국회 의석의 과반을 차지하고 있던 한나라당이 단독 제안하여 단독 처리한 다음, 대통령에게 보낸 것이다. '합법적으로' 대통령의 발목을 잡아버렸다. 분명한 '노무현 흔들기'였다.

노무현 대통령이 대응할 수 있는 방법은 거부권 행사밖에 없었다. 거부권을 행사해야 하는가 말아야 하는가. 그야말로 진퇴양난이었다. 특검법 수용이든 거부든 어떤 경우에도 앞날이 아득해 보였다. 특검법을 수용했을 경우 어떤 일이 벌어질까. 누구보다 김대중 대통령이 섭섭해 할 것이다. DJ 지지자들도 마찬가지다. 그들이 누구인가. 참여정부의 절대적 지지층이다.

특검법을 거부했을 경우에는 어떤 일이 벌어질까. 정부와 국회의 파행이 예상되었다. 한나라당과 보수 언론은 '노무현 비토'의 명분을 얻었다고 생각하고 적대적 행위를 노골화할 것이었다. 한나라당은 또 국정조사권을 발동, 관계자들을 대거 증인으로 출석시킬 것이었다. 2004년 4월 총선에서는 선거 쟁점으로 이슈화할 게 분명했다.

노 대통령은 '법대로 원칙대로' 처리하기로 결심했다. 어떤 식으로든지 초장에 털고 가야 했다. "거부권을 행사하면 특검은 막을 수 있었다. 그러나 검찰 수사까지 막기는 어려웠다. 검찰 수사를 막을 수 있는 유일한 논거는 '통치행위론'이었다."[23] 통치행위론이 성립되기 위해서는 중요한 사실이 하나 전제되어야 했다. DJ가 그 일을 지시했거나, 또는 사전에 보고 받고 허용했거나 묵인했다는 사실을 인정해줘야 했다. 그래야만 DJ의 결단에 의한 고도의 통치행위라고 주장할 수 있었다.

DJ는 퇴임 10일 전 이 문제로 특별기자회견을 갖고 "사전에 보고받지 않았지만 모든 책임을 지겠다."고 강조했다. 그러나 기자회견문 어디에도 '대통령이 지시했다'는 말은 없었다. 사전에 묵인했다는 단서도 찾아볼 수 없었다. 통치행위론 적용이 난관에 봉착했다. 참모가 대통령 모르게 한 일까지 통치행위론으로 덮을 수는 없는 일이었다.

DJ는 사후에 공개된 자서전에 이런 기록을 남겨뒀다. "국민의 정부가 1억 달러를 북에 지원하려 한 것은 사실이었다. 잘 사는 형이 가난한 동생을 찾아가는데 빈손으로는 갈 수 없는 것 아닌가. 하지만 법적인 문제가 있어 현대를 통해 제공했다. 현대는 1억 달러에 대한 또 다른 대가를 북으로부터 얻었다. 현대가 4억 달러를 북에 송금하기로 합의했다는 사실을 보고받고 화를 냈지만 4억 달러의 대가로 돌아오는 일곱 가지 사업 내용을 보니 수긍이 갔다."[24]

노 대통령은 당시 청와대 참모들에게 답답한 속마음을 털어놨다. 의전비서관이었던 서갑원 전 의원의 증언이다.

"덮을 수만 있다면 덮고 가고 싶다. 그러나 이게 덮는다고 덮일 문제냐? 이미 상당 부분 드러났는데…. 불법 송금 자금에 대한 특검이지 남북정상회담에 대한 특검은 아니지 않은가. 현 상황에서 특검을 안 받고 넘어갈 재간이 없다. 만약 지금 이를 회피하고 그 짐을 안고 간다면 남북문제는 더 이상 한 발자국도 진전시킬 수 없다. 특검을 받지 않으면 원내 제1당인 한나라당이 가만히 있겠는가. 햇볕정책을 승계해 끝까지 가기 위해서라도 우선 걸림돌이 되는 것은 치우고 갈 수밖에 없다."[25]

권력을 향한 탐욕은
국민이
막아야 합니다

"민주주의는
탐욕으로 탐욕을 제어하는
시스템이다."

─── "저 드넓은 우주는 측량할 수 있지만, 인간의 탐욕은 측량할 수가 없네…." 주식투자로 쪽박을 차고 말았던 뉴턴의 한탄이다. 혹자는 "아니, 뉴턴이 주식투자를 했어? 무슨 말이야. 물리학자 뉴턴 맞아?" 하고 반문할지 모르겠다. 맞다. 사과가 땅에 떨어지는 것을 보고, 만유인력의 법칙을 발견했다는 현대물리학의 아버지, 아이작 뉴턴 경이 주식투자로 참담한 실패를 한 뒤 인생을 한탄하며 내뱉은 말이다.

인간의 탐욕은 끝이 없다. 재앙을 몰고 온다. 재물에 대한 탐욕이나 권력에 대한 탐욕이나 모두 마찬가지다. 아니다. 권력 세계의 탐욕이 훨씬 더 파괴적이다. 돈에 대한 탐욕은 사적인 영역이다. 개인의 몰락이나 특정 집단의 파탄을 가져온다. 그러나 권력에 대한 탐욕은 공적인 영역이다. 국가 공동체나 인류 공동체에 돌이킬 수 없는 피해를 준다. 권력에 눈이 어두운 독재자의 철권통치와 전쟁 도발은 대부분 탐욕의 결과다.

권력의 사유화는 권력의 속성이고 이를 막는 것은 정치의 근본 과제다.[26] 권력의 사유화는 탐욕에 뿌리를 두고 있다. 국민의 힘으로 통제해야 한다. 그것이 민주주의다. 성악설을 들먹이지 않더라도 권력의 세계에서는 선으로 악을 통제한다는 게 사실상 불가능하다. 탐욕은 탐욕으로 통제할 수밖에 없다. 이탐제탐(以貪制貪) 전략이다. 권력에 대한 견제와 균형, 삼권분립제도가 대표적인 사례다.

노무현 대통령은 퇴임 후 봉하마을에서 과거를 성찰하며 미래를 고민했다. '실패한 노무현'에 대한 회한도 있었을 것이다. 노무현은 탐욕에 대해 이렇게 말했다. "정치의 성패가 도덕성 하나에 의지하는 것은 아니다. 도덕성이 중요하다. 그러나 그 하나에 매달려서 스스로를 옭아매는 것은 민주주의의 미래를 위해서 도움이 되지 않는다. 민주주의는 탐욕으로 탐욕을 제어하는 시스템이다."[27]

미국 초대 대통령 조지 워싱턴은 미국이 낳은 위대한 정치가다. 워싱턴이 왜 위대한가. 권력에 대한 탐욕을 스스로 배격했기 때문이다. 워싱턴은 재선하고 권좌에서 물러났다. 죽을 때까지 대통령을 하면서 제왕처럼 군림할 수 있었으나, 권력을 절제하는 선례를 세웠다. 워싱턴이 탐욕을 부렸더라면 현재의 미국은 존재했을까. 대부분의 전문가들은 고개를 젓는다.

노 대통령이 4대 권력기관(국정원, 검찰, 경찰, 국세청)을 청와대 품에서 해방시켜버린 것도 이런 점에서 대단한 결단이었다. 권력의 최고 정점에서 권력을 놓아버린 것이다. 노 대통령도 권력에 대한 탐욕을 스스로 통제했다. 동서고금의 역사는 통제받지 않은 권력은 탐욕의 길로 간다고 가르치고 있다. 탐욕은 파멸을 부른다. '종신 대통령'이 되고자 한 이승만과 박정희가 그런 경우다.

민주주의는 권력에 대한 탐욕을 통제하는 시스템이다. 세종대왕과 같은 성군을 배출하는 시스템이 아니라, 히틀러 같은 폭군을 배제하는 시스템이다.

기회균등은
교육에서
출발합니다

"참여정부의
교육 개혁 기조는
개천에서 용이 나오게 하는
것입니다."

─── 한국의 교육 현안에는 늘 3가지 질문이 뒤따른다. 첫째, 대학입시는 왜 자주 바뀌는가. 둘째, 과외는 갈수록 왜 심해지는가. 셋째, 한국의 대학은 왜 세계경쟁력이 없는가. 역대 정부가 어떠한 대책을 내놓아도 백약이 무효였다. 노무현 대통령도 고민을 많이 했지만 좋은 평가를 받지 못했다. 나쁜 평가를 받지 않은 게 다행일 뿐이다.

교육은 미래의 희망이다. 일자리도 교육에 있고 국가 발전도 교육에 있다. 개인이든 국가든 교육 없이는 미래를 기약할 수 없다. 교육은 개인적으로 보면 '자기성취의 길'이고, 국가적으로 보면 백년대계다.

노 대통령은 교육 정책에 있어서 기회균등의 원칙만은 철저히 지키려고 했다. 한국은 이미 기회균등의 사회가 아니다. 세습의 사회다. 재산과 권력과 명예가 대물림되고 있다. 유일하게 기회균등이 적용되는 곳이 그나마 대학입시다. 지금은 이것도 흔들리고 있다. 노 대통령은 기회를 독차지하려는 기득권층과 격렬하게 싸웠다. 심각한 논쟁을 불러일으켰던 대학입시 '3불정책'이 대표적인 사례다.

청와대 주요 참모들이 모두 참석하는 수석·보좌관회의를 할 때였다. 노 대통령은 교육 정책을 주제로 한 회의에 앞서 분위기를 푸는 말을 먼저 꺼냈다. "오늘 보니 모두가 개천에서 나온 용들이구만…나는 개천에서 나온 큰 용이지.(웃음) 옛날에는 개천에서 용이 나왔는데…요새는 개천에 용이 사라지고 없어요. 개천에서 용이 나와야 합니다. 참여정부의 교육 개혁 기조는…개천에서 용이 나오게 하는 것입니다. 잘 알았지요!"

왜 개천에서 용이 사라졌을까. 빈부 격차와 밀접한 관련이 있다. 빈부 격차가 교육 격차를 부르면서, 가난한 집 학생들이 제대로 된 교육을 받을 기회를 얻지 못하고 있다. 2007년도 서울대 신입생의 가정환경을 분석한 결과, 소득상위 20퍼센트의 부잣집 자녀가 전체 신입생의 62.8퍼센트를 차지했다. 국립대의 설립 취지를 무색케 하는 결과였다.

3불 정책은 기여 입학제, 대학입시 본고사, 고교 등급제 등 3가지를 금지하는 정책이다. 격한 논쟁이 벌어졌다. 참여정부는 3불 정책을 완화할 경우 교육 위기가 심화될 것이라는 입장이었고, 보수 진영은 3불 정책을 방치할 경우 교육 위기가 심화될 것이라는 주장이었다. 정반대의 상황 인식이었고, 한 치의 양보도 할 수 없는 치열한 대결이었다. 문제의 심각성은 서울 지역 명문대학들이 3불 정책 완화를 들고 나왔다는 데 있었다. 한국 지성인을 대표한다는 명문대학의 총장들이 이런 주장을 하는 데 대해 노 대통령은 크게 실망했고 몹시 분노했다. 그리고 3불 정책 사수의 선봉에 섰다. 노 대통령은 2007년 4월 EBS 특강을 통해 3불 정책 사수 방침을 직접 밝혔다.

"3불 정책을 무너뜨리려는 사회적 흐름이 계속되고 있습니다. 우리가 이 점을 잘 방어해나가지 못하면 진짜 우리 교육의 위기가 올 수 있습니다. 지금 (교육) 위기의 원인을 잘못 생각하고 있는 것이 위기입니다."

학벌은
한국의
카스트제도입니까

"학벌 사회는 그 자체가
정의롭지 못합니다."

다음 세대를
이끌어갈 힘은
무엇입니까

―― 미국 애플의 창업자 스티브 잡스가 한국에서 사업을 했더라면 성공할 수 있었을까. 답은 '절대 아니오'다. 왜? 학벌 때문이다. 잡스는 한국 시각에서 보면 '듣보잡' 출신이다. 젊은 중생들의 멘토로 미국 햄프셔대 교수로 있는 혜민 스님이 한탄했다.

"우리나라에 올 때마다 느끼는 것은, 왜 한국인은 학벌에 그렇게 집착하는가 하는 점이다. 애플의 스티브 잡스 같은 경우, 미국 오리건 주 리드 대학에 입학하여 한 학기 공부하다 학교를 그만두었다. 미국 교육에 대해 잘 아는 사람이라면 리드 대학이 얼마나 좋은 대학인지 인지하고 있겠지만, 동부 아이비리그만을 최고로 치는 보통의 한국 사람의 경우 리드 대학을 서부에 위치한 듣도 보도 못한 하찮은 대학으로 치부하기 쉬울 것이다. 만약 스티브 잡스가 미국인이 아니고 한국인이었다면, 학벌이 받쳐주지 않아 그의 계획은 분명 난항을 겪었을 것이다. 아직도 우리나라 사람들 대부분은, 사람의 가치를 그 사람이 지금 하려고 하는 일에 두기보다는, 그가 어떤 그룹에 소속된 사람인지를 두고 가늠하기 때문이다. 그래서 나는 안타깝다. 나는 '그 사람이 지금 무엇을 할 줄 알고, 또 무엇을 하려고 하는가?'에 초점을 맞추는 사회를 꿈꾸기 때문이다. 그 사람의 배경과 그 사람이 소속된 그룹에서 그 사람의 정체성을 찾다 보면, 그 사람의 '과거'만을 보고 '현재'를 보지 못하는 과오를 범하게 된다."[28]

노무현 대통령은 대학을 나오지 않았다는 사실 그 자체만으로 어려움을 많이 겪었다. 고졸 출신으로 사법고시를 합격하여 누구보다도 열심히 법조인 생활을 했고 의정활동을 잘했지만 명문대 출신이 아니라는 이유로 '왕따'를 당했다. 《노무현 평전》을 쓴 김삼웅은 이렇게 적었다. "노무현은 평생 우리 사회에 만연한 학벌주의 굴레에서 헤어나지 못했다. 문벌 짱짱하고 학벌 좋은 자들, 이른바 '주류'들은 '기껏 상고' 출신의 변방 '촌놈'이 자기들보다 잘나 보이고 승승장구하는 데 대해 심사가 뒤틀린 나머지 학벌을 가지고 그를 깎아내리기에 바빴다."[29]

노 대통령은 2004년 2월 방송통신대 졸업식에서 어려운 생활환경을 극복하고 대학교육을 마친 졸업생들에게 이렇게 당부했다. "우리나라 교육 문제 심각합니다. 그 원인이 무엇입니까. 학벌 사회를 그 이유로 들 수 있습니다. 대학에 순위를 매겨 한 줄로 세우니 중등교육이 제대로 될 리가 없습니다. 학벌 사회는 그 자체가 정의롭지 못합니다. 거기서 많은 문제가 파생합니다. 해결이 어렵지만 학벌 사회가 해소됐으면 합니다. 여러분들이 나가서 성공하면 학벌 사회를 해소하는 데 기여할 것입니다."

학벌 사회, 무엇이 문제인가. 사람의 평가 기준이 개인의 능력이 아니라 학벌이고, 미래의 가능성이 아니라 과거의 출신 배경이다 보니 사람을 검증하는 시스템이 취약하다. 학벌의 구속력이 너무 강력해서 그걸 알아버리면 그 사람의 능력이 눈에 안 들어온다. 학벌은 혈연, 지연, 학연 등 연고주의의 산물이다. 심지어 민주주의와 정의를 내걸고 평생 투쟁해온 운동권에도 연고주의가 지배하고 있다. '운동권 연고주의'는 우리 사회의 뿌리 깊은 학벌지상주의의 파생현상이다. 엄청난 자기모순이다.

학벌은 한국형 카스트제도라고 규정하는 사람도 있다. 한이 맺힌 절규다. 결코 틀린 말이 아니다. 노무현에게 학벌은 무엇이었을까. '고졸'은 그의 정치사회적 '천형'이었을까. 노무현은 2001년 2월 〈월간 중앙〉과의 인터뷰에서 "제가 'KS(경기고-서울대)'보다 못한 것이 뭐가 있냐."고 항변했다. 항변일 뿐이었다. '민주화를 위한 변호사 모임'의 김형태 변호사는 2012년 신문 기고를 통해 비겁한 한국 사회를 질타했다.

"만일 노 대통령이 경기고등학교에 서울 법대를 나왔다면 우리나라 기득권층이, 아니 말년에는 일반 대중들까지도 그를 그렇게 함부로 막보지는 못했을 거다. 그럼 그가 그렇게 황망하게 가지도 않았을 것이다. 아이고, 그놈의 학벌, 그놈의 빽."[30]

사랑에도 연좌제를
적용해야 합니까

충분히 예상하고 있었다. 얼굴도 모르는 장인이지만, 그 옛날 장인의 좌익 활동에 대해 경쟁자들이 가만히 있지 않을 것이라는 사실을. '짐승의 논리'가 지배하는 선거판 아닌가. 2002년 4월 민주당 당내 대선 후보 경선전이 벌겋게 달아오르고 있을 때였다. 대구경북지역 경선에서 대선 후보들 간에 공개토론이 벌어졌다. 가장 유력한 경쟁자가 장인의 좌익 활동을 물고 늘어진 것이다. 시대착오적인 색깔론이었고 비겁한 연좌제 시비였다. 노무현이 정면으로 받아쳤다.

> "그러면 사랑하는
> 아내를 버리라는
> 말입니까?"

"그러면 사랑하는 아내를 버리라는 말입니까? 평생 가슴에 한을 묻어온 아내가 또 아버지 일로 눈물을 흘려야 합니까? 대통령 되겠다고 아내를 버리면 용서하겠습니까? 대통령이 되기 위해 사랑하는 아내를 버려야 한다면 차라리 대통령 안 하겠습니다."

갑자기 장내가 숙연해졌다. 청중들의 가슴속에는 보이지 않는 눈물이 흐르고 있었다. 한참 지나 박수가 터져 나왔다. 노무현에게는 승리의 박수였지만, 경쟁자에게는 패배의 질타였다. "그러면 사랑하는 아내를 버리라는 말입니까?" 많은 국민들의 심금을 울린 한마디이자 노무현의 운명을 바꾼 한마디였다. 노무현은 이 한마디로 모든 것을 평정하고 말았다. 색깔론과 연좌제는 노무현에게 더 이상 올가미가 될 수 없었다. 오히려 국민들은 노무현 후보를 더 사랑하게 되었다. 결선에서 한나라당 이회창 후보도 장인의 과거사를 거론할 만했지만, 입도 벙긋하지 못했다.

시인의 시구이든, 광고회사 카피라이터의 카피든, 정치인의 어록이든, 몇 마디로 압축된 짧은 문장에는 여러 가지 뜻이 함축되어 있다. 문장이 이해하기 쉽고 담긴 뜻이 깊을수록 사람의 마음을 은은하게 적신다. "그러면 사랑하는 아내를 버리라는 말입니까?"도 그런 케이스다. 문장을 하나하나 뜯어보면, 노무현의 모든 것이 오밀조밀 숨어 있다. 노무현의 순애보, 솔직성, 정직함, 정의감, 역사의식, 관용과 배려, 직설적 성격 등을 이 말에서 확인할 수 있다. 누구도 감히 흉내 내기 어려운, 깊이 고민하지 않으면 나올 수 없는 한마디다.

'그러면'은 '장인이 좌익 활동을 했다는 말은 맞다. 그러면'을 줄인 말이다. 사실을 군말 없이 솔직하게 시인한 것이다. '사랑하는'이라는 단어는 그야말로 순애보의 표현이다. '아내'라는 단어는 '자연인 권양숙'을 뜻하지만, 그 말에는 한국 현대사의 피 맺힌 한이 서려 있다. 자신의 의사와는 전혀 관계없이 연좌제에 걸려 평생 고통스럽게 살고 있는 사람들이 얼마나 많은가. '버리라는' 단어는 기회주의자에 대한 증오감과 세상을 바르게 살고 싶은 정의감을 역설적으로 표현하고 있다. '말입니까?'는 다소 공격적인 표현이다. 위기에 처한 노무현 후보는 정공법인 직설화법을 택해 국민들에게 관용과 배려를 호소했다. 역지사지의 심정으로 판단해 달라는 절규였다.

까칠한 조언자,
조용한 내조자

권양숙 여사는 〈조선일보〉 '애독자'였다. 유리한 뉴스든 불리한 뉴스든, 여론을 있는 그대로 수렴하여 노무현 대통령에게 전달했다. 노 대통령은 권 여사의 의견을 최대한 존중했다. 권양숙은 노무현에게 '까칠한 조언자'였고 '조용한 내조자'였다. 노무현은 권양숙의 조언을 행동의 지주로 삼았다. 조기숙 전 홍보수석은 같은 여성으로서 권 여사와 각별하게 지냈다.

> "고등학교 때 내가 제일 무서워했던 훈육주임을 닮았다고나 할까."

"청와대에서 대통령에게 가장 직언을 많이 하는 분이 권양숙 여사다. 권 여사는 대통령을 극도로 싫어하는 극우 어르신들을 모셔다놓고도 설득을 해낼 만큼 타인의 공감을 얻어내는 탁월한 언변의 소유자다. 말을 잘하는 것이 아니라 마음으로 이야기를 하기에 진심이 가슴으로 전달되는 것 같다. 하지만 대통령에 대해서만큼은 가차 없이 쓴 소리를 잘하셨다."[31]

노 대통령은 권 여사를 무척 어려워했다. 권 여사는 잔소리를 하는 스타일은 아니지만, 어쩌다 하는 말은 항상 옳았다. 노무현은 농담반 진담반으로 "우리 집에는 무서운 사람이 있습니다."고 말하곤 했는데 '무서운 사람'이 바로 권양숙 여사다.

"결혼하고 얼마 지나지 않아서 그녀는 나의 주인이 되어 버렸다. 고등학교 때 내가 제일 무서워했던 훈육주임을 닮았다고나 할까."[32]

'훈육주임' 권 여사의 역할은 다양했다. 권 여사는 남편이 정치하는 것에 대해서 탐탁지 않게 생각했지만, 정무적 판단에서는 노무현 못지않은 원칙주의자였다. '노무현 사퇴 파동' 때의 일화다. 노무현 의원은 1989년 3월 사퇴서를 제출하고 한동안 방황했다. 권양숙 여사가 엄하게 훈계(?)했다.

"당당히 버텨야지 왜 사표를 내요? 뭐 잘났다고 여러 사람들의 속을 이렇게 썩이고 있는 거예요? 그리고 사표를 냈으면 사람들 앞에 나타나서 당당하게 안 하겠다고 말할 일이지 비겁하게 도망은 왜 다녀요."[33]

권 여사는 '훈육주임'을 제대로 하기 위해 〈조선일보〉를 읽었다. 노 대통령은 부인 이야기가 나오면 농담조로 꼭 한마디 거들었다. "저는 아내에게 불만이 없습니다. 딱 하나 불만이 있다면 〈조선일보〉 보지 말라고 하는데 자꾸 보는 것입니다. 〈조선일보〉를 보고 만날 훈수를 해요."

사람 사는
세상은
무엇입니까

차별 받는 것만큼 서럽고 분한 일은 없다. 신분차별, 인종차별, 성차별, 지역차별, 종교차별, 소득차별…. 동서고금의 역사에서 혁명, 민란, 폭동 등과 같은 정치사회적 변혁과 갈등은 대부분의 경우 근거 없는 차별이 목에 찼을 때 일어났다. 차이와 차별은 다르다. 차이는 인정해야 하지만 차별은 용납될 수 없다.

국민들이 먹고살기에 어떤 나라가 좋은 나라일까. 특히 힘없는 보통 사람이 살기 좋은 나라는 어떤 나라일까. 그런 나라를 누가 만들어주는가. 시민의 몫이다. 깨어 있는 시민이 주체가 되어 사람 중심의 공동체를 만들어 나가야 한다. 사람의 가치가 존중되는 사회, 이웃과 함께하고 자연과 함께하는 사회, 승자와 패자가 더불어 살 수 있는 사회. 북유럽의 사회민주주의 국가들이 앞장서 실천하고 있다. 시민의 역할이 중요하다. 민주주의든 진보든 공동체든 시민이 생각하고 행동하는 것만큼만 간다.

**힘없는 사람이
행복한
세상입니다**

"어느 나라가 국민이
살기 좋은 나라일까? 그것도
힘없는 보통 사람이
살기 좋은 나라는 어디일까?"

───── '사람 사는 세상'은 어떤 세상일까. 밥 세 끼 먹고 사람답게 한번 살아보려고 발버둥치지만, 부조리한 현실에 부딪쳐 비참하게 나뒹굴어야 할 때 혀를 깨물면서 말한다. "이게 무슨 사람 사는 세상이냐?"고. 그러면 '사람 사는 세상'은 무엇인가. 거꾸로 생각해보면 머릿속에 그려진다. 노무현은 1988년 4월 국회의원 선거에 첫 출마했을 때 '사람 사는 세상'을 선거 슬로건으로 내걸었다. 그리고 처절하게 외쳤다.

"새벽부터 밤늦게까지 뼈 빠지게 일을 해도 겨우 입에 풀칠하기가 고작이고, 자식의 대학 진학은커녕 쓰러져가는 자기 집 한 채의 꿈도 가져볼 수 없는 이 땅의 무수한 헐벗은 사람들, 어디를 가도 사람대접 해주는 곳 없는 인생 핫바지들. 그러나 그들에 비하면 대낮에도 골프장에 나가 한 판에 200만 원짜리 내기 골프를 즐기면서 그 짓도 힘든 일이라고 사우나탕에 가서 몸 풀고, 저녁에는 수백만 원이 휴지처럼 뿌려지는 술집에서 여자들을 옆에 끼고 희희낙락하며 농탕을 쳐도 사람들로부터 대우받고, 어떤 사람은 단돈 2천 원을 훔쳤다고 쇠고랑을 차는데 어떤 사람은 수백억을 꿀꺽하고도 외국이나 들락거리면서 거드름을 피우는 세상, 이것이 어찌 사람 사는 세상이란 말인가?"[1]

노무현이 지향했던 이념은 거창한 담론이 아니었다. 누가 들어도 공감이 가는 '사람 사는 세상'이었다. 노무현 대통령은 2007년 6월 참여정부 평가포럼 특강에서 '사람 사는 세상'에 대한 생각을 피력했다.

"지금도 사인해달라고 하면 '사람 사는 세상'이라는 문구를 씁니다. '사람 사는 세상'에 참여정부의 핵심 사상이 담겨 있다고 생각합니다. 사람이 사람으로 대접받는 사회, 이것은 자유와 평등, 인권과 민주주의를 포함하는 개념이라고 생각합니다. 더 중요한 것은 사람이 사람 노릇 하고 사는 사회입니다."

노 대통령이 고민했던 진보적 민주주의는 '사람 사는 세상'을 지향하고 있다. "어느 나라가 국민이 살기 좋은 나라일까? 그것도 힘없는 보통 사람이 살기 좋은 나라는 어디일까? 한국은 어디쯤에서 어디로 가고 있는가?"[2] '사람 사는 세상'는 유토피아나 무릉도원이 아니다. 더불어 함께 사는 세상, 차별 없는 세상이다. 노무현의 영원한 동지이자 친구, 문재인은 '사람 사는 세상'을 이렇게 설명했다.

"사람 사는 세상은 요즘 말로 하면 '복지국가의 꿈'이라 할 수 있다. 물론 더 넓은 뜻이다. 경제적 복지를 넘어서서 빈부귀천 가리지 않고 누구나 똑같이 존엄한 세상을 뜻한다. 역시 그 토대는 복지국가라 할 수 있다."[3]

노 대통령은 '비전 2030'을 통해 '사람 사는 세상'을 구현하려 했다. '사람 사는 세상'이 정치적 슬로건이라면, '비전 2030'은 그것을 현실에서 구현할 정책이었다.

**깨어 있는 시민이
주인인
세상입니다**

"민주주의 최후의 보루는
깨어 있는 시민의
조직된 힘입니다."

─── 노무현 대통령은 2007년 6월 노사모 정기총회 때 아주 특별한 메시지를 보냈다. 2년 후 자신의 유언이 되어버린 '불후의 어록'이다. "민주주의 최후의 보루는 깨어 있는 시민의 조직된 힘입니다. 이것이 우리의 미래입니다." 이 어록은 봉하마을 대통령 묘역에 새겨져 있다. 자연석 비석 받침 바닥면에 신영복 선생이 글을 썼다. 노 대통령의 치열한 삶과 고귀한 정신이 오롯이 담겨 있다.

노 대통령은 늘 '시민'을 이야기했다. 권력은 궁극적으로 시민에 있다고, 깨어 있는 시민이 세상을 바꾼다고, 다시 시민으로 돌아가겠다고, 이제는 시민운동을 본격적으로 할 때라고, 시민운동의 든든한 후원자가 되겠다고. '아주 작은 비석' 건립위원회(위원장 유홍준)는 "대통령 한 사람, 지도자 한 사람의 힘보다는 '깨어 있는 시민의 조직된 힘'을 민주주의와 역사 발전의 훨씬 중요한 요소로 강조하신 고인의 이 어록이야말로 '정치인 노무현의 시대적 가치', '대통령 노무현의 국정철학', '시민 노무현의 시민정신'을 상징한다."고 비문 결정의 소견을 밝혔다.

노무현과 정연주 전 KBS 사장은 '46년 개띠' 동갑이다. 노무현은 정연주를 친구처럼 생각했다. 이명박 정권 출범 후 KBS에서 쫓겨난 정연주는 2008년 가을 봉하마을을 찾아 오랜만에 노 대통령과 많은 이야기를 나누었다. 시민운동에 대한 대통령의 말이 지금도 생생하다.

"현실 정치로는 세상을 근본적으로 바꾸는 일에 한계가 있다고 봅니다. 세상은 딱 국민의 의식, 시민의 의식수준만큼 바뀌는 것 같습니다. 대통령도, 정치도 결국 국민의 의식만큼 가는 것 아니겠습니까. 따라서 세상을 바꾸려면 정치보다 국민의 의식을 바꾸고 우리 문화를 바꾸는 일이 훨씬 중요하다는 생각이 요새 부쩍 듭니다. 시민이 깨어나고, 그렇게 깨어난 시민이 중심이 되어 세상을 바꿔가는 시민문화운동이 필요하다고 봅니다."[4]

노 대통령은 정연주와 헤어지기 전, 그에게 "시민의 의식을 바꾸는 언론운동 같이 합시다."라고 작별인사를 했다. 정연주는 "좋은 숙제를 주셨습니다." 하고 발길을 돌렸다. 대통령은 정연주한테만 이 말을 한 것이 아니다. 세상을 아름답게 바꿔보겠다는 '깨어 있는 시민' 모두에게 한 말이다.

깨어 있는 시민은 누구인가. 노무현은 이렇게 말했다. 자신의 권리를 자각하고 자신의 권리를 적극적으로 행사하려는 사람, 자기와 정치(권력)와의 관계를 이해하고 자기 몫을 주장할 줄 하는 사람, 자기 몫을 넘어서 내 이웃과 정치도 생각할 줄 아는 사람이라고. 또 불의에 분노할 줄 알고 저항하는 사람, 나쁜 권력과 싸워서 좋은 권력을 세우려는 사람, 훌륭한 지도자를 만들고 이끌어가는 사람, 나아가 스스로 지도자가 되고자 하는 사람이라고.

노무현은 깨어 있는 시민이 주체가 되는 진보적 시민민주주의를 한번 해보자고 제안했다. 그러면서 이런 말을 했다. "군사가 있어야 작전을 하죠. 아무리 작전 계획이 정교해도 병사가 없으면 안 되거든요."[5] 진보적 시민민주주의를 위해서는 깨어 있는 시민의 조직된 힘, 즉 '작전을 수행할 군사조직'이 반드시 필요하다는 지적이다.

'민주주의 최후의 보루는 깨어 있는 시민의 조직된 힘입니다'
란 어록의 방점은 사실 '조직'에 있다. 노무현은 "정치는 잘 훈련된
조직을 필요로 한다."고 자주 말했다. 정치적인 힘은 조직에서 나
온다. 깨어 있는 시민을 어떻게 조직하느냐가 핵심이다. "정치 세
력을 만들어야지요. 민주주의적인 가치와 이념을 지지하는 사람
들의 흐름을 만들어야 합니다."[6] 조선시대 이율곡의 10만 양병설
도 예로 들었다. "1퍼센트의 국민이 확고하게 역사의 발전 전략에
대해 전략적 사고를 갖는다면 아마 무서운 힘이 될 것입니다."[7]

한국 현대사에서 깨어 있는 시민은 '민주주의의 의병'으로서
역사적 역할을 톡톡히 해냈다. 4·19혁명, 부마항쟁, 5·18민주화운
동, 6월항쟁, 이명박 정권 때의 촛불운동…. 이제는 깨어 있는 시민
이 '민주주의의 상비군'이 되어야 한다.

**참여민주주의가
꽃을 피우는
세상입니다**

"노사모는 참여민주주의의
화려한 꽃이다."

───── 노란 풍선, 노란 목도리, 노란 티셔츠, 노란 넥타이, 노란 바람개비, 노란 수첩…. 지금도 노란색만 보면 가슴이 뜨거워지는 사람들이 있다. 노무현 지킴이들이다. 민주주의 의병들이다. 깨어 있는 시민들이다. '노무현을 사랑하는 사람들의 모임', 노사모를 빼놓고 노무현을 이야기할 수 없고 2002년의 기적을 말할 수 없다. 안희정 충남도지사는 "5·16쿠데타 때는 총칼을 들고 한강 다리를 건넜지만, 우리는 노사모와 노란목도리를 매고 한강을 건넜다."고 말했다.

노무현 대통령 당선자는 2003년 1월 노사모 회원들을 만나 저녁식사를 대접하면서 감사의 마음을 전달했다. 노 당선자는 이 자리에서 말했다. "정말 감개무량합니다. 설계도도 나침반도 없이 여기까지 왔습니다. 신의 안내가 있지 않았나 생각됩니다. 노사모는 어떤 선진국에도 이만한 적극적인 참여는 별로 없지 않았느냐 할 만큼 참여민주주의의 아주 화려한 꽃이라고 생각합니다."

노 대통령은 자서전에서 술회했다. "노사모는 민주당 국민경선 승리의 주역이었고, 대선 승리의 견인차가 되었다. 대통령을 하면서 국민들의 신임을 잃었을 때도 변함없이 나를 지켜주었다. 피의자로 조사를 받은 그 긴 시간 내내 검찰청사 앞에서 노란풍선을 들고 기다려주었다."[8]

노 대통령은 자신의 미래를 이미 예견하고 있었을까? 2003년 12월 19일 서울 여의도공원에서 노사모 등 '개혁 네티즌 연대' 주최로 열린 대선 1돌 기념행사에서 "여러분의 시민혁명은 지금도 계속되고 있고, 앞으로도 계속될 것이다. 노사모와 시민 여러분이

다시 한 번 떨쳐 일어서 달라."고 당부했다.

노사모는 '촛불'에 불을 붙였다. 촛불은 이명박 정권의 만행과 폭거에 저항했다. 그리고 민주주의를 살려냈다. 노무현을 탄핵에서 구한 것도 촛불이었고, 부엉이바위에서 뛰어내린 노무현을 부활시킨 것도 촛불이었다.

노사모는 노무현만을 위한 조직이 아니다. 세상을 사랑하는 사람들이 보다 나은 세상을 만들기 위해 만든 모임이다. 그런 진보적 자유주의자들은 하나의 꿈을 공유하고 있다. 유시민이 말한 이런 꿈이다. "결코 닿을 수 없다는 사실을 잘 알면서도 별을 바라보며 가슴 설레는 것처럼, '한 사람의 자유로운 발전이 만인의 자유로운 발전의 조건이 되는 사회'에 대한 꿈은 언제든 사람을 다시 설레게 할 수 있다."[9]

누구나
자유인이 되는
세상입니다

"야, 기분 좋다!"

노무현이 우리들과
나누고 싶었던
9가지 이야기

─── 언중유골이었다. 뼈 있는 유머를 잘하기로 유명한 한승헌 변호사가 김대중 대통령 앞에서 썰렁한 농담을 한마디 했다. 김대통령이 취임 초 재야 인사 30여 명을 부부 동반으로 초청하여 저녁을 함께하던 자리였다. 자연스럽게 '청와대'가 화제로 떠올랐다. DJ에게 청와대는 각별한 의미가 있었다. 청와대는 단지 권력의 문제가 아니었다. 역사의 문제였고 철학의 문제였다. 한승헌이 그날 대화록의 한 장면을 소개했다.[10]

이런저런 이야기 끝에 한 참석자가 말했다.
"청와대는 감옥과 같은 곳이지요."
물론 그런 말의 뜻은 알만 했지만, 나는 이의를 제기했다.
"나는 그렇지 않다고 봅니다. 감옥은 들어갈 때 기분 나쁘고 나올 때 기분 좋은 곳인데, 청와대는 들어갈 때 기분 좋고 나올 때 기분이 안 좋으니 정반대 아닙니까?"
자칫 실례가 될 수 있는 말이었지만 즉석 대비법으로는 괜찮았는지, 모두 폭소를 터뜨렸다. 대통령 내외분도….

한국의 대통령은 고독하다. '보통의 자유'가 없다. 청와대 관저에 올라가는 길은 적막하다. 대통령은 그곳에 꽉 갇혀 산다. 국가의 운명이 걸린 정책에 사인을 할 때는 손이 덜덜 떨린다. 5년 내내 이런 생활을 해야 한다.

노무현 대통령은 퇴임을 얼마 앞두고 참모들에게 "자유인으로 돌아가고 싶다."고 말했다. "정치하는 동안 풍파가 많았습니다. 파란만장했어요. 팔자가 센 사람과 살다 보니 어려웠던 것 같습니다, 라고 생각하세요. 앞으로는 '친구 같은 사람'으로 편안하게 지냅시다. 나는 자유인으로 돌아가고 싶습니다. 자유인을 향한 대장정을 할 것입니다."[11]

노무현의 정치철학을 관통하는 가치는 자유였다. 정확히는 자유의 지평을 신장시키는 것이었다. 공동체 구성원 전체의 자유를 한 뼘이라도 더 넓히기 위해 자신의 자유를 기꺼이 희생했다. 그는 대통령에서 물러나면 고향 땅에서 '자유인 노무현'의 삶을 가꾸려 했다.

노 대통령은 2008년 2월 25일 서울역에서 기차를 타고 봉하마을로 내려갔다. 32년 만의 귀향이었다. '금의환향'이 아니라 '백의환향'이었다. 출세하여 권력을 갖고 고향에 돌아간 것이 아니라 모든 권력을 버리고 빈손으로 돌아간 것이다. 해질녘 봉하마을에 도착했다. 그리고 큰 소리로 외쳤다.

"야, 기분 좋다!"

'감옥'에서 탈출한 자유인으로서의 첫 함성이었다. 노무현에게 자유는 사치였을까. 봉하마을에서의 자유는 잠깐이었다. 대한민국의 험악한 정치 상황은 봉하마을 사저를 '감옥'으로 만들어버렸다. 창문을 열어놓을 수 있는 자유, 마당을 걸을 수 있는 자유, 하늘을 바라볼 수 있는 자유, 이런 정도의 자유도 그에게는 없었다.

권위주의의 탈을
벗어던진
세상입니다

"이 사람아,
자네 뒤통수를 보면서
어떻게 얘기를 하나?"

──── 서민 대통령과 슈퍼 갑부. 노무현 대통령과 이건희 삼성 회장이 같이 식사를 한다면 어떤 식당에서, 어떤 메뉴를 들어야 어울릴까. 노무현은 권위주의를 모두 털어버린 정치 지도자였고, 이건희는 재계에서 황제로 군림하고 있는 재벌 총수인데.

노무현의 탈권위주의와 재벌 총수의 권위주의가 맞닥뜨린 적이 있다. 노무현이 대통령에 취임한 지 얼마 지나지 않은 2003년 6월초였다. 노 대통령이 서울 효자동 삼계탕집 '토속촌'으로 재계 지도자 26명을 초청하여 오찬 회동을 한 것이다. 노 대통령 오른쪽에는 이건희 삼성 회장이, 왼쪽에는 구본무 LG 회장이 앉았다.

재벌 총수들은 대통령이 서민식당에서 삼계탕으로 점심을 같이 하자는 제의를 받고 크게 당황했다. 식당이 신발 벗고 들어가 앉아서 식사를 하는 곳인 데다 메뉴가 평소 먹는 음식이 아니었기 때문이다. 식사를 할 때에는 자신들은 건강을 생각하여 잘 먹지 않은 닭 껍질을 대통령이 맛있게 먹는 것을 보고 적이 놀랐다고 한다. 서민 대통령과 슈퍼 갑부의 차이다.

스웨덴에도 초대형 재벌 그룹 발렌베리가 있다. 발렌베리가 스웨덴 국가 경제에서 차지하는 비중은 삼성이 한국에서 차지하는 비중보다 훨씬 높다. 그러나 발렌베리의 총수 가족들은 서민 음식을 즐겨 먹는다. 스웨덴에 가면 '발렌베리 버거'를 사먹을 수 있다. 발렌베리 오너들이 집에서 먹는 메뉴를 대중화시킨 요리다. 맥도널드 햄버거 가격이다. 삼성과 발렌베리, 한국과 스웨덴의 차이를 알 수 있는 대목이다.

노무현의 비서 생활을 20년 넘게 한 서갑원 전 의원은 아직도

1992년의 '그 사건'을 잊지 못한다. "첫 출근날 승용차 뒷좌석에 모시고 나는 당연히 앞자리로 가서 탔다. 그랬더니 뒤의 옆자리를 가리키며 '이리로 오게.' 하는 것이었다. 당황한 나는 '괜찮습니다.'라고 답했다. 그러나 노 대통령은 '이 사람아, 자네 뒤통수를 보면서 어떻게 얘기를 하나?' 하는 것이었다. 그래도 주저주저 하고 있자 한마디를 덧붙였다. '자네가 비서지만, 다니면서 뭔 얘기도 하고 일 있으면 시키고 의논도 하고 해야지. 뒤로 오게!' 처음에는 좀 별나다는 느낌이었다. 하지만 내내 옆자리에 동승해 모시다 보니, '사람대접해주시는 분이구나.' 하는 확신을 가지게 됐다."[12]

박승 전 한국은행 총재도 비슷한 경험을 했다. 2010년 〈한국일보〉에 쓴 '탈권위의 서민 대통령, 노무현'이라는 글이다.

"잊히지 않는 것은 노무현 대통령이 주재하는 청와대 회의이다. 노 대통령은 주요 경제 현안에 대한 정책회의를 자주 저녁에 청와대 관저에서 주재했다. 나는 그동안 이런저런 공직을 겪으면서 많은 청와대 회의를 경험했지만 대통령 관저에서의 회의는 처음이었으며 또 그렇게 자유롭고 편안한 분위기에서 회의를 해보기도 처음이었다. 회의는 상의를 벗고(때에 따라서는 넥타이도 풀고) 식사를 하며 농담도 주고받으며 진행했다. 그때 노 대통령은 담배를 태우고 있었는데 담배를 권하기도 했다."[13]

노무현은 회의 참석자들에게 담배를 권하는 대통령이었다. 권위주의의 탈을 벗어던진 대통령이었다.

'그 여인'의 말은 인생의 죽비였다

"변호사는 본래
 그렇게 해서 먹고 삽니까?"

────── 노무현 대통령에게는 평생 잊지 못할 한 여인이 있었다. 얼굴은 잘 기억하지 못했다. 그러나 그녀의 인상착의와 말은 똑똑히 기억했다. 그녀의 말이 귓전을 때리면 전율을 일으키곤 했다. 그 여인의 말 한 마디는 '인생의 죽비'였다. 삶의 자세가 흐트러지려고 할 때마다 그 여인의 목소리가 들렸고, 노무현은 자세를 바로 잡았다.

"개업한 지 얼마 되지 않았을 때 일이다. 사기 혐의로 남편이 구속된 아주머니에게 사건을 수임했다. 합의만 되면 변론도 필요 없는 사건이었다. 마침 사무실에 돈이 딱 떨어진 때라 합의를 종용하지도 않고 수임료 60만 원에 덜컥 사건을 맡고 얼른 접견을 다녀왔다. 다음 날 합의를 본 의뢰인이 찾아와 수임 계약을 해지하겠다고 했다. 나는 변호사 수임 약정서를 보여 주면서 이미 접견을 했기 때문에 수임료 반환을 청구할 수 없다고 말했다. 실랑이 끝에 발길을 돌리면서 그 아주머니가 말했다. '변호사는 본래 그렇게 해서 먹고 삽니까?' 화살이 되어 가슴에 꽂힌 이 한 마디는 수십 년 동안 내게 고통을 주었다. 지금도 귀에 들리는 것 같다. 나는 용서를 구하고 싶었지만, 그럴 기회를 얻지 못했다."[14]

"변호사는 본래 그렇게 해서 먹고 삽니까?" 노무현의 가슴 속에서 잠시도 쉬지 않고 메아리치고 있던 이 한 마디, 노무현은 그 누구한테도 이야기하지 않고 가슴 깊은 곳에 숨겨 두었던 부끄러운 기억을 먼저 끄집어내는 것으로 자신의 이야기를 시작했다. 그렇지 않고서는 어떠한 고백도 결국 거짓일 수밖에 없었기 때문이다.

"한동안 나는 그 일을 잊고 살았다. 그러다 훨씬 뒤 내가 인권변호사로 활약하면서 언제부터인지 그 아주머니에 대한 기억이 나를 따라다니기 시작했다. 내가 법정에 서서 주먹을 흔들며 양심을 거론할 때는 어김없이 그 아주머니의 얼굴이 나를 지켜보는 것이었다. 그리고 국회의원이 되고 이른바 청문회 스타가 되고 나서부터는, 그 아주머니가 던진 말 한 마디가 가슴에 꽂힌 화살처럼 더욱 큰 고통으로 다가왔다. 돈에 탐 안 내고, 인권 변호사로서 오로지 사회정의를 위해 헌신해온 사람이라고, 신문이나 잡지에 기사가 나갈 때마다 어디선가 그 아주머니가 그 글을 읽고 있지나 않을까, 나는 가슴을 졸이곤 했다."[15]

노무현은 그 글의 시작에서 다음과 같이 고백했다. 그리고 용서를 빌었다. "나는 지금부터 시작하려 하는 이야기를 그 누구보다도 지금쯤은 백발의 할머니가 되었을 그 아주머니에게 들려주고 싶다. 그리고 지금까지 걸어온 내 삶의 영욕과 진실을 담보로 하여 따뜻한 용서를 받고 싶다."[16]

항상
사람이 먼저인
세상입니다

"(담당 판사였던) 나는 그 사람의
항소이유서까지 대신 써주었다.
조목조목 이유를 쓰느라
밤까지 홀딱 새가며…."

사람 사는
세상은
무엇입니까

───── 노무현 대통령은 약자에게는 한없이 약했고, 강자에게는 한없이 강했다. 노동자, 농민, 도시빈민 등 사회적 약자는 지원의 대상이었고, 재벌 총수, 정치인, 고위공직자, 검사, 판사 등 사회적 강자는 개혁의 대상이었다. 힘없는 시골 어르신들에게는 고개 숙여 '꾸벅' 인사를 했지만, 세계 최고 권력자인 부시 미국 대통령에게는 고개 들고 '꼿꼿하게' 악수를 했다.

노무현은 판사 시절 한국 사법사상 전무후무한 기록(?)을 하나 세웠다. 판사로서 절대로 해서는 안 될 일을 저질렀다. 그런 '정신 나간' 판사가 어디 있겠는가 싶은 일이었다. 대전지방법원에서 판사로 근무할 때였다. "한번은 어묵에 방부제를 섞었던 보건 범죄자가 기소돼 재판에 서게 된 경우가 있었다. 나는 무죄를 주장했다. 그러나 합의 결과 유죄가 선고되었다. 얼마 후 그 어묵 업자가 술을 사 들고 집으로 찾아와 고맙다며 인사를 했다. 그때 나는 무죄 판결을 못 내려 무척 아쉬워하고 있던 차였다. 내친 김에 나는 그 사람의 항소이유서까지 대신 써주었다. 조목조목 이유를 쓰느라 밤까지 홀딱 새가며…."[17]

영세 사업자의 처지가 얼마나 딱해 보였으면 담당 판사가 '범죄자'의 항소이유서를 직접 써주었을까. 인간적인, 너무나 인간적인 판사였다. 그러나 그것은 판사의 직업윤리를 위반한 중대한 일탈행위였다. 스스로 생각해도 '모범적인 판사'가 될 수 없었다. 그는 오래지 않아 판사를 그만두었다.

국회의원 시절, 원진레이온 독가스 피해자들의 실태를 조사할 때는 '힘없는 사람'이 어떻게 살고 있는지를 직접 확인했다. 아무도 들어가지 않는 독가스 현장을 유일하게 들어갔다. 차마 두 눈 뜨고 볼 수 없었다. 이황화수소에 중독되어 사지가 마비된 어떤 환자가 어린 딸아이, 가족과 함께 휠체어를 타고 직접 나와 있었다.

"그 사람의 얼굴을 가까이서 보는 순간, 나는 소스라치게 놀라고 말았다. 그 사람의 얼굴은 웃는 것도 아니고 우는 것도 아닌, 기묘한 표정을 짓고 있었다. 안면 근육이 마비되었기 때문이었다. 나는 그 사람의 얼굴을 똑바로 쳐다볼 수 없었다. 더 이상 그 옆에 서 있을 수가 없었다. 나는 형식적으로만 인사를 건넨 뒤 도망치듯이 그 자리를 빠져 나왔다. 그 사람 쪽으로는 고개도 돌리지 않은 채 급히 봉고차에 올라타 정문을 막 나오려는 순간이었다. 열서너 살쯤 되었을까. 그 노동자의 딸이 봉고차 유리에 매달리더니 울면서 소리를 쳤다. <u>'우리 아빠 좀 살려 주세요!'</u> 나는 그때 무심코 <u>그 딸의 아빠를 향해 시선을 돌렸다. 그 아버지의 일그러진 뺨 위로 한 줄기 눈물이 주르륵 흘러내리고 있었다.</u>"[18]

노무현은 그 어린 소녀의 눈물을 닦아줄 방법이 없었다. 이들을 위해 무엇을 할 수 있을까. 자기 자신이 송두리째 무너지는 듯한 자괴감에 한참을 시달려야 했다. 독가스 피해가 '직업병'으로 인정되도록 했다.

노무현은 왜 힘없는 사람들의 고단한 삶을 보면 눈물을 흘렸을까. 그리고 몸을 던져 도와주려 했을까. 노무현에게는 돈보다도, 법보다도, 명예보다도, 권력보다도, 항상 사람이 먼저였다. 노무현은 '사람 사는 세상'을 갈구했다. 긍휼을 빼놓고서는 노무현을 이야기할 수 없다. '긍휼의 DNA'은 노무현 정치의 바탕이었다.

노동자가
인정받는
세상입니다

"궁극적으로는 노동자 여러분의 이익을 대변하는 정당을 세우고 그 정당이 정권을 잡도록 해야 합니다."

─── 노무현의 정치이념적 지향점은 어디였을까. 노무현은 노동인권 변호사 시절 '노동 해방'이라는 말을 자주 했다. 노동자의 정치 투쟁을 독려했고, 노동자 권익을 대변할 정당 건설을 주창했다. 노무현의 정치이념적 지향점이 사회주의였을까. 아니다. 그는 사회주의를 명백하게 거부했다. 사회주의는 그의 체질에도 맞지 않았다. 노무현의 자기 진단이다.

"사회주의에 끌리지 않았다. 마음이 좀 가다가도 '프롤레타리아 독재'라는 이름으로 일당 독재를 합리화하는 문제에 부딪치면 아니라는 생각이 들었다. 자본주의에 많은 문제가 있지만 사회주의가 대안이 될 수는 없다고 보았다."[19]

노무현은 사회주의를 거부했지만 사회주의적 가치는 받아들이려고 노력했다. 자본주의의 모순은 거부했지만 자본주의의 시장 기능을 적극 수용했다. 노무현은 지구상에서 최상의 복지국가를 건설한 스웨덴의 사회민주당, 그 정치 노선(사회민주주의)을 동경했다. 노무현은 자신의 정치이념적 지향을 사회민주주의로 규정한 적은 없다. 그러나 정치 궤적을 훑어보면, 사회민주주의를 지향하고 있었다는 사실을 쉽게 알 수 있다.

국회의원 시절 노동 문제에 대한 노무현의 접근법은 보수 정치인들로서는 생각하지도 못할 정도로 진보적이었다. 현대중공업 노조집행부 출범식(1989년 7월)에서 한 연설을 보면 사회민주주의적 사고가 얼마나 강했는지 알 수 있다.

"여러분, 과연 여러분의 근로조건이 정치와 관계없습니까? 노동법은 누가 만들었습니까? 노동자의 생활을 좌우

하는 각종 경제 관계법은 누가 만듭니까? 정치가 노동조합의 활동을 이렇게 짓밟는데 노동조합이 정치에 대하여 아무 말도 하지 않고 무슨 수로 근로조건을 향상시킵니까? 끝없이 정치에 부담을 주는 투쟁을 통해서 정치를 움직여야 합니다. 궁극적으로는 노동자 여러분의 이익을 대변하는 정당을 세우고 그 정당이 정권을 잡도록 해야 합니다."[20]

　진보정당 참여에 대한 꿈도 강렬했다. 1989년 통일민주당 소속 국회의원을 하고 있을 때였다. 김영삼 총재가 일본을 방문하는 길에 같이 가자고 제의했다. 초선 의원에 대한 파격적인 대우였다. 노무현은 YS의 제의를 거절하면서 말했다. "총재님, 앞으로 정권이 교체되어 정말로 민주주의가 되면 전 진보정당에 참여할 생각입니다. 그때가 되면 총재님하고는 갈라서야 할 판입니다. 그런데 지금부터 총재님을 졸졸 따라다니는 사진만 나오면 뒷날 제 입장이 무척 곤란해질 것 같습니다."[21]

　노무현은 스웨덴 사민당이 건설한 복지국가를 벤치마킹하여 '비전 2030'을 만들었고, 스웨덴 사민주의를 완성한 올로프 팔메 총리 같은 정치 지도자가 되고 싶었다. 노무현은 확실히 스웨덴식 사회민주주의를 지향하고 있었다.

인간적인,
너무나 인간적인
세상입니다

"임기 때는
짜다라(엄청) 욕해대더니
고향에서 노니까 좋아해요."

사람 사는
세상은
무엇입니까

─── "대통령님, 나와 주세요!"

손나발을 만들어 입에 대고 외쳤다. 노란 옷의 유치원생, 말끔한 교복 차림의 여중생, 어린애와 함께 온 젊은 부부, 나이 드신 시골 어르신…. 서로 이름도 성도 모르는 사람들이 수백 수천 명이 모여, 한 목소리를 낸다는 것은 즐거운 일이다. 아름다운 모습이다. 노무현이 대문을 열고 나온다. 좌우로 뒤뚱뒤뚱하는 특유의 걸음걸이로. 얼굴에는 미소가 가득하다. 쓰고 있던 밀짚모자를 벗고 공손히 인사한다. 영락없는 이웃집 아저씨다.

"안녕하십니까? 여러분, 반갑습니다."

환호성이 터진다. 어쩔 줄 몰라 발을 동동 구른다. 약속이나 한 듯 휴대폰 카메라를 높이 치켜든다. 젊은 엄마는 노무현을 배경으로 아이를 목에 업은 젊은 아빠의 모습을 사진기에 담는다. 잠시 후 노무현이 말문을 연다.

"임기 때는 짜다라(엄청) 욕해대더니 고향에서 노니까 좋아해요."

폭소가 터진다. 온통 웃음바다다. 말 한 마디마다 박수와 함성이다. 유명 연예인의 라이브 공연장이나 유쾌한 스탠딩 쇼를 방불케 한다. 정겹게 악수하고, 농담 한마디 하고 웃음 한번 웃고, 멋쟁이 포즈로 사직 찍고, 함께 '소양강 처녀'를 부르고, 들에서 일하다 막걸리 한잔하고….

최고 권좌에서 엊그제 내려온 전직 대통령이 그 주인공이다. 권력의 갑옷을 던져버린 민낯의 노무현이다. 일체감이었을까, 동질감이었을까. 이 땅의 민초들은 그 노무현을 보고 행복해 했다.

노무현도 이때가 가장 행복했다.

미국의 〈뉴욕타임스〉는 2008년 4월 '집무실을 떠나 시민들 속으로(Out of Office and Into a Fishbowl in South Korea)'라는 제목의 기사를 김해 발로 보냈다. 청와대에서 '열린 공간'으로 나와, 많은 국민들의 사랑을 받고 있는 전직 대통령의 모습을 스케치 형식으로 소개한 기사였다. 그중 한 대목이 눈길을 끈다.

"과거에 한국에서 전직 대통령의 집을 찾아가 문밖에서 소리를 지르는 사람들이 있으면, 그들은 관광객이 아니라 시위자였다."

문재인의 친구
노무현

문재인은 노무현에게 어떤 존재일까. 또 노무현은 문재인에게 어떤 존재일까. 문재인은 '평생 동지' 노무현이 대통령에 당선됐음에도 불구하고 청와대에 입성할 생각이 전혀 없었다. 속이 타들어간 노무현 당선자가 문재인과 이호철을 만났다. 청와대 참모진 구성이 막바지에 접어들던 2003년 1월 13일, 사직동 한정식. 이호철은 노무현이 '순수한 영혼을 지닌 사람'으로 말하곤 했던 바로 그 사람이다.

> "노무현의 친구 문재인이 아니라 문재인의 친구 노무현입니다."

똑같은 이야기가 반복되었다. 당선자는 문재인과 이호철에게 "청와대로 와서 나 좀 도와 달라."고 사정을 했고, 두 사람은 즉답을 피했다. 당선자가 마지막 '통첩'을 날렸다. "당신들이 나를 정치로 나가게 했고, 대통령으로 만들었으니 책임져야 할 것 아니냐."[22]

고민을 정리하는 데 1주일 정도 걸렸다. 결국 문재인은 민정수석으로, 이호철은 민정비서관으로 청와대에 들어갔다.

문재인이 민정수석에 정식으로 취임한 후 청와대 기자실인 춘추관을 찾았다. 기자들이 물었다. "그렇게 완강하게 반대했던 청와대행을 왜 택했습니까?" 문재인이 잠시 주저하더니 쿨하게 대답했다. "노 대통령 혼자 외로울까봐…."[23]

노무현은 문재인을 무척 어려워했다. 문재인은 그의 외우(畏友)였다. 그 한 장면이 책에 기록되어 있다. 1989년 3월, 청문회 스타였던 노무현이 의원직에 회의를 느끼고 사퇴서를 제출한 '노무현 의원 사퇴 파동' 때였다. 노무현은 정처 없는 여행을 떠돌다 열흘 만에 집으로 돌아왔다. 사퇴를 하느냐, 사퇴 번복을 하느냐를 놓고 깊은 고민에 빠졌다. 다음 날 아침 명륜동 집에서 벌어진 일이다.

"나는 아침 일찍 첫 비행기로 상경한 문 변호사의 얼굴을 쳐다보았다. 그는 나보다 나이는 적지만 언제나 냉정하고 신중한 사람이고 권세나 명예로부터 초연한 사람이었다. 아내가 무슨 뜻으로 그를 불렀는지 모르지만 그는 내 편에 서주리라 생각했다. 그러나 그 친구는 그냥 (사퇴 번의서에) 서명하라는 뜻으로 고개를 끄덕였다. 참으로 고통스럽고 창피한 순간이었다. 그렇게 부끄러웠던 순간은 세상에 태어나 처음 겪어 보는 것이었다. 쥐구멍이라도 있으면 들어가고 싶었다."[24]

'노무현의 친구, 문재인'이라는 말이 세간에서 회자되곤 한다. 당사자인 문재인에게는 무척 부담스러운 일이다. 사실과 거리가 좀 있기 때문이다. 문재인의 고백이다. "대선을 치르던 2002년, 나는 부산 선거대책위원장을 맡았다. 부산 선대본부 출범식에서 노 후보가 후보 연설을 하면서 그 표현을 쓰셨다. '사람은 친구를 보면 어떤 사람인지 알 수 있다고 하지 않습니까. 노무현의 친구 문재인이 아니고 문재인의 친구 노무현입니다.' 이렇게 인사를 했다. 선대본부장이라는, 체질에 맞지 않는 직책을 맡아준 후배에게 고마운 마음을 그렇게 표현한 것이다."[25]

문재인은 노무현을 단 한 번도 친구라고 생각해본 적이 없다. 그런데 노무현이 공개석상에서 일방적으로 친구라고 말해버린 것이다. 노무현과 문재인은 무한 신뢰, 절대적 신뢰 관계에 있었다. 노무현과 변호사 업무를 같이 하던 시절에 대한 문재인의 회고다. "단 한 번도 내가 하고자 하는 소송의 수행 방향 등에 대해 이견을 말씀한 적이 없다. 참으로 굉장한 신뢰와 존중과 대접을 해준 것이다."[26]

| 에필로그 |

'노무현 산'에는 왜 그렇게 많은 사람들이 찾아갈까

───── 말(言)은 가치를 담는 그릇이다. 정치 지도자의 어록은 '삶의 증거'다. 노무현의 가치는 노무현의 말에 담겨 있다. 훗날 노무현을 평가하는 사람들은 노무현의 말을 근거로 평가할 것이다. 좋게 평가받을 내용이든 나쁘게 평가받을 내용이든, 노무현의 말이 원형 그대로 보존되어야 할 이유가 바로 여기에 있다. 불행하게도 노무현의 말은 이미 많이 훼손되었다. '거두절미, 침소봉대, 왜곡편파'라는 나쁜 프레임에 갇혀 단단한 화석으로 굳어질 지경에 이르렀다.

노무현의 홍보수석을 한 사람으로서 노무현의 말을 제대로 기록해두어야겠다는 필요성을 절감했다. 노무현시민학교 교장이 되어 노무현재단 홈페이지에 대통령의 어록을 정리하고 해설하는 글을 연재했다. '노무현이 우리들과 나누고 싶었던 9가지 이야기'는 그렇게 시작되었다. 어록을 정리하면서 그동안 알지 못했고 보지 못했던 많은 사실을 확인할 수 있었다. 노무현 대통령에 대한 생각이 더 깊어졌다.

───── 한국 현대정치사에는 '큰 산'이 몇 개 있다. 김구 산, 이승만 산, 박정희 산, 김대중 산, 김영삼 산, 노무현 산…. 사람이 즐겨 찾는 산도 있고, 찾지 않는 산도 있다. '노무현 산'은 등산객이 가장 많은 산이다. 삼복

더위나 엄동설한에도 '노무현 산'에는 사람들이 붐빈다. 왜 사람들은 '노무현 산'을 그토록 좋아할까.

이 책은 노무현 산에 대한 탐방 가이드북 가운데 하나다. 많은 분이 노무현 산의 해설사 역할을 하고 있고 가이드북을 내놨다. 필자만 하더라도 《염소뿔 오래 묵힌다고 사슴뿔 되더냐》(2006년)와 《노무현의 가치, 노무현의 정책 – 불멸의 희망》(2009년)에 이어 3번째다. 노무현 산을 찾는 분들에게 도움이 될지 가슴이 떨린다.

─── 노무현은 '사고의 회로'가 달랐다. 가치판단의 기준이 언제나 국민이었고 역사였다. 정치와 정책, 외교의 중심에 국민이 있었다. 우리나라 국가 지도자 가운데 세종대왕을 가장 존경했다. 세종은 '여민고락(與民苦樂)'의 지도자였다. 기쁨과 슬픔을 국민과 함께한다는 의미다. 노무현도 '여민(與民)의 지도자'가 되고자 했다. 청와대 참모들이 근무하는 비서동을 '여민관'으로 명명하기도 했다. '여민'은 말 그대로 '국민과 함께(with the people)'이다. 미국 링컨 대통령은 "국민의(of the people), 국민에 의한(by the people), 국민을 위한(for the people) 정부"를 말했다. 민주주의의 핵심을 찌른 불후의 한마디다. 세종은 링컨보다 400여 년 전에 '국민과 함께(with the people) 하는 정부'를 실천했다.

───── 노무현은 한국에서 어떤 존재일까. 노무현은 이 세상에 없지만 노무현의 가치는 여전히 우리 곁에 살아 있다. 현실 정치를 이야기를 할 때나, 전현직 대통령을 평가할 때나, 으레 노무현을 꺼낸다. 노무현 때는 어떻게 했나, 노무현이라면 어떻게 했을까, 라고 한 번쯤은 생각해본다. 좋든 싫든 노무현은 한국의 기준이 되어버린 것이다.

이명박 정부 5년과 박근혜 정부 출범 때의 인사청문회를 본 국민들은 만감이 교차했을 것이다. 노무현은 인사청문회 대상을 모든 국무위원과 주요 권력기관의 수장으로 대폭 확대했고, 도덕적 기준을 크게 높였다. 인사청문의 그물을 넓게 쳤고 그물코를 촘촘하게 해놓은 것이다. 그동안 '노무현의 그물'에 걸려 낙마한 사람이 무릇 몇 명인가.

노무현처럼 선명하게 정치 인생을 살았던 지도자도 드물다. 생의 마지막 순간까지 특유의 선명성을 잃지 않았다. 그 때문일까. 국민들은 노무현이라는 거울을 통해 후임 대통령의 리더십과 국정수행을 보기 시작했다. 노무현은 정치 지도자들의 리더십과 업적을 평가하는 데 있어도 하나의 기준이 된 것이다. 국민들은 이명박이 대통령에 취임했을 때부터 이명박과 노무현을 비교했고, 이제는 박근혜와 노무현을 비교하기 시작했다. '퇴임한 이명박'도 마찬가지다. 거꾸로 노무현을 평가하는 데 있어서도 이명박과 박근혜가 잣대가 되고 있다. 특히 이명박은 역행보살의 좋은 본보기다.

───── 노무현은 '대통령 노무현'만을 의미하지 않는다. '대통령 전의 노무현'과 '대통령 후의 노무현'도 포괄하고 있다. 그 속에 일관되게 흐르는 그 무엇이 있다. 첫째는 '진실의 코드'다. 노무현은 진실한 지도자였다. 국민들에게 '가장 진실한 대통령이 누구냐'고 물으면 어떤 결과가 나올까. 단연 노무현이다. 노무현은 '진실의 힘'으로 난관을 뚫고 나갔다.

둘째는 '진보의 코드'다. 노무현은 역사의 진보를 확신했다. 정의, 분배(공유), 균형, 개방(투명화), 참여 등 진보적 가치를 실현하기 위해 정치 생명을 걸었다. 노무현은 '진보의 길'을 우직하게 다져 나갔다.

셋째는 '균형의 코드'다. 한국은 불균형이 극심한 나라다. 시대는 균형을 요구하고 있다. 노무현은 국정 운영 전반에 균형의 코드를 심었다. 지역균형 정책, 동반성장 전략, 비전 2030, 균형외교, 균형인사 등이 여기에 해당된다. 노무현은 '균형의 잣대'로 갈등을 풀어 나갔다.

넷째는 '국익의 코드'다. 정책 결정의 우선순위는 국익이었다. 지지층의 입장과 국익이 충돌할 경우 항상 국익을 선택했다. 국가의 먼 장래를 내다보고, 외롭게 결단한 정책이 적지 않다. 노무현은 '국익 신장의 기틀'을 차곡차곡 쌓아 나갔다.

주

국가는 무엇을 해야 합니까

1 《노무현의 리더십 이야기》, 노무현 저, 행복한책읽기, 248쪽
2 《코리아 다시 생존의 기로에 서다》, 배기찬 저, 위즈덤하우스, 407쪽
3 《노무현의 따뜻한 경제학》, 변양균 저, 바다출판사, 79쪽
4 2002년 12월 3일, 이회창 한나라당 후보와 TV토론
5 《박정희의 나라, 김대중의 나라, 그리고 노무현의 나라》, 이병완 저, 나남, 88쪽
6 《운명이다》, 노무현재단 엮음, 돌베개, 226쪽
7 《노무현의 생각 - 민생은 송곳이다》, 희망2012노무현시민학교 자료집, 107쪽
8 《운명이다》, 노무현재단 엮음, 돌베개, 274쪽
9 《한국의 진보를 비판한다》, 김기원 저, 창비, 86쪽
10 《운명이다》, 노무현재단 엮음, 돌베개, 275쪽
11 《다시 탄핵이 와도 나는 의사봉을 잡겠다》, 박관용 저, 아침나라, 57-58쪽
12 《운명이다》, 노무현재단 엮음, 돌베개, 269쪽
13 《청와대가 보인다 대통령이 보인다》, 전성철 저, 조선일보사, 78-79쪽
14 《운명이다》, 노무현재단 엮음, 돌베개, 271쪽
15 〈뉴스플러스〉, 1998년 3월 5일, 이덕일, '대통령과 사초'
16 《문재인의 운명》, 문재인 저, 가교출판, 243쪽
17 《김현의 리포트 - 세상이 달라졌어요》, 김현 저, 우성C&D, 66-67쪽, 현재 민주통합당 국회의원인 김현은 당시 청와대 춘추관장으로서 노무현 대통령을 수행했다.
18 〈문화일보〉, 2006년 10월 4일, '유엔사무총장에 반기문 외무 사실상 결정'
19 《님은 갔지만 보내지 아니하였습니다》, 이광재 외, 우공이산, 195쪽
20 청와대브리핑, 2006년 5월 30일, 이백만, 비단길프로젝트 수행기③ 비단길을 감동시킨 '30%의 경제학'
21 MBC스페셜, 2008년 2월, 〈참여정부 청와대〉
22 노무현 대통령, 2007년 6월 2일, 참여정부 평가포럼 특강
23 《노무현, 마지막 인터뷰》, 오연호 저, 오마이뉴스, 225쪽
24 《노무현 - 상식 혹은 희망》, 노무현 외, 행복한책읽기, 141쪽
25 《님은 갔지만 보내지 아니하였습니다》, 안희정 외, 우공이산, 223쪽
26 《야만의 언론, 노무현의 선택》, 김성재 김상철 저, 책보세, 21쪽

경제의 본질은 무엇입니까

1 《10권의 책으로 노무현을 말하다》, 김용익 외, 오마이북, 320쪽
2 〈경향신문〉, 2003년 1월 7일, 이태수 교수, 시론 '분배신화를 만드는 대통령'
3 노무현 대통령이 집권후반기 경제 정책의 기조로 삼은 〈동반성장을 위한 새로운 비전과 전략〉 보고서는 지금도 열람할 수 있다. 노무현재단 홈페이지 청와대브리핑의 '대통령과 함께 읽는 보고서' 코너에 있다.

주   451

4 《높이 나는 연》, 김병준 저, 한울, 313쪽
5 〈서울신문〉, 2012년 6월 23일, '한국형 해밀턴 프로젝트를 만들어라'
6 한국정책방송(KTV), 2007년 11월 11일, 특별다큐멘터리 '대통령, 참여정부를 말하다'
7 《진보의 미래》, 노무현 저, 동녘, 140쪽
8 《김대중 자서전(2)》, 김대중 저, 삼인, 483쪽
9 《운명이다》, 노무현재단 엮음, 돌베개, 217쪽
10 《노무현의 따뜻한 경제학》, 변양균 저, 바다출판사, 171쪽
11 〈이데일리〉, 2004년 5월 18일
12 〈한겨레〉, 2007년 6월 15일
13 노무현 대통령, 2007년 3월 20일, '국민과 함께하는 농·어업인 업무보고'
14 《성공과 좌절》, 노무현 저, 학고재, 91쪽
15 《진보의 미래》, 노무현 저, 동녘, 232쪽
16 《성공과 좌절》, 노무현 저, 학고재, 168쪽
17 《진보의 미래》, 노무현 저, 동녘, 252쪽
18 《문재인의 운명》, 문재인 저, 가교출판, 260~261쪽
19 《성공과 좌절》, 노무현 저, 학고재, 191쪽
20 《군주론》, 니콜로 마키아벨리 저, 강정인 김경희 공역, 까치, 117쪽
21 MBN 특별회견, 2007년 5월 21일
22 《운명이다》, 노무현재단 엮음, 돌베개, 224쪽
23 《문재인의 운명》, 문재인 저, 가교출판, 246쪽
24 한국정책방송(KTV), 2007년 11월 11일, 특집 인터뷰 다큐멘터리 '대통령, 참여정부를 말하다'
25 《진보의 미래》, 노무현 저, 동녘, 103쪽
26 《님은 갔지만 보내지 아니하였습니다》, 최광웅 외, 우공이산, 257쪽
27 《노무현이, 없다》, 노무현재단 엮음, 학고재, 70쪽
28 《한삽한삽 노공이산》, 이건 박운음 저, 도모북스, 270쪽

민주주의 어디까지 왔습니까

1 《운명이다》, 노무현재단 엮음, 돌베개, 236쪽

2 《문재인이 이긴다》, 조기숙 저, 리얼텍스트, 103~104쪽
3 《참여정부, 절반의 비망록》, 이진 저, 개마고원, 371~372쪽
4 앞의 책, 373쪽
5 《운명이다》, 노무현재단 엮음, 돌베개, 202쪽
6 《진보의 미래》, 노무현 저, 동녘, 97쪽
7 《심리학자, 노무현과 오바마를 분석하다》, 김태형 저, 예담, 210쪽
8 《정윤재의 젊은 도전》, 정윤재 저, 금샘미디어, 125쪽
9 《사람 사는 세상》, 노무현 저, 현장문학사, 132쪽
10 《성공과 좌절》, 노무현 저, 학고재, 141쪽
11 《담대한 희망》, 버락 오바마 저, 홍수원 역, 랜덤하우스, 4쪽
12 《운명이다》, 노무현재단 엮음, 돌베개, 289쪽
13 《노무현의 길》, 이송평 저, 책보세, 73쪽
14 《청춘의 독서》, 유시민 저, 웅진지식하우스, 180쪽
15 《노무현, 마지막 인터뷰》, 오연호 저, 오마이뉴스, 214~215쪽
16 《운명이다》, 노무현재단 엮음, 돌베개, 204쪽
17 앞의 책, 350~351쪽
18 《노무현, 마지막 인터뷰》, 오연호 저, 오마이뉴스, 77쪽
19 《성공과 좌절》, 노무현 저, 학고재, 277쪽
20 《노무현 – 상식 혹은 희망》, 문성근 외, 행복한책읽기, '인간 김대중, 문익환 그리고 노무현' 217쪽
21 《이런 바보 또 없습니다 아! 노무현》, 유시민 진중권 홍세화 외, 책보세, 195쪽
22 《문재인의 운명》, 문재인 저, 가교출판, 328쪽
23 《진보집권플랜》, 조국 오연호 저, 오마이북, 139쪽
24 〈오마이뉴스〉, 2011년 1월 24일, 박용진, '나는 우리의 오만을 반성한다'
25 《박정희의 나라, 김대중의 나라, 그리고

노무현의 나라》, 이병완 저, 나남, 155~224쪽
26 〈시사저널〉, 2000년 4월 27일자, '부산 시민들을 욕하지 마십시오'
27 〈한국일보〉, 2009년 6월 19일, 장명수 칼럼 '언론이 문제다' 장명수는 한국일보 주필을 거쳐 현재는 학교법인 이화학당(이화여대) 이사장으로 있다.
28 《운명이다》, 노무현재단 엮음, 돌베개, 278쪽
29 앞의 책, 280쪽
30 《여보, 나 좀 도와줘》, 노무현 저, 새터, 51쪽
31 《운명이다》, 노무현재단 엮음, 돌베개, 280쪽
32 한국정책방송(KTV), 2007년 11월 11일, 특집인터뷰 다큐멘터리 '대통령, 참여정부를 말하다'
33 노무현 대통령, 2007년 6월 8일, 원광대 특강
34 《다시 탄핵이 와도 나는 의사봉을 잡겠다》, 박관용 저, 아침나라, 19쪽
35 《운명이다》, 노무현재단 엮음, 돌베개, 49쪽
36 《노무현 – 상식 혹은 희망》, 노무현 외, 행복한책읽기, 322쪽
37 앞의 책, 82쪽

정치에 희망은 있습니까

1 《운명이다》, 노무현재단 엮음, 돌베개, 206~207쪽
2 〈한겨레〉, 2009년 5월 27일, '들찔레꽃 당신, 어려운 길만 골라 갔지요'
3 《노무현, 마지막 인터뷰》, 오연호 저, 오마이뉴스, 62쪽
4 《성공과 좌절》, 노무현 저, 학고재, 181쪽
5 앞의 책, 28쪽
6 〈희망 2012 노무현시민학교 자료집〉, 노무현재단 엮음, 16쪽
7 《성공과 좌절》, 26쪽
8 앞의 책, 44쪽
9 앞의 책, 181쪽
10 〈한국일보〉, 2006년 8월 21일, 盧 대통령 당청 오찬서 '대통령이 넘어야 할 5가지'
11 《노무현 예찬론》, 오시영 저, 북넷, 96쪽
12 《문재인이 이긴다》, 조기숙 저, 리얼텍스트, 104쪽
13 《성공과 좌절》, 노무현 저, 학고재, 146쪽
14 앞의 책, 147쪽
15 《의자놀이》, 공지영 저, 휴머니스트, 40~41쪽, 공지영의 첫 르포르타주 쌍용자동차 이야기다.
16 《문재인의 운명》, 문재인 저, 가교출판, 393쪽
17 《정연주의 기록》, 정연주 저, 유리창, 332쪽
18 《노무현, 마지막 인터뷰》, 오연호 저, 오마이뉴스, 226쪽
19 앞의 책, 227쪽
20 《노무현 – 상식 혹은 희망》, 유시민 외, 행복한책읽기, 69쪽
21 《노무현이, 없다》, 노무현재단 엮음, 학고재, 158쪽
22 〈매일경제〉, 2000년 12월 2일, 노무현 해양수산부장관 칼럼 '나의 자녀 교육'

평화는 어떻게 지킬 수 있습니까

1 《하드파워를 키워라》, 박선원 저, 열음사, 180쪽
2 앞의 책, 180쪽
3 앞의 책, 181쪽
4 《청와대 비망록》, 박진 저, 중앙M&B, 96쪽
5 〈한겨레〉, 2009년 5월 28일, 문정인 칼럼 '외교대통령, 노무현을 기리며'
6 〈월간중앙〉, 2004년 1월호, 서갑원의 육성증언
7 《성공과 좌절》, 노무현 저, 학고재, 214쪽
8 《김영삼 대통령 회고록(상)》, 김영삼 저, 조선일보사, 315쪽
9 〈노무현이 꿈꾼 나라〉, 문정인 외, 동녘, '균형외교는 왜 필요한가?' 414쪽
10 《운명이다》, 노무현재단 엮음, 돌베개, 249쪽
11 《노무현, 마지막 인터뷰》, 오연호 저, 오마이뉴스, 177쪽
12 《참여정부, 절반의 비망록》, 이진 저, 개마고원, 83~84쪽

13 앞의 책, 111쪽
14 《노무현이, 없다》, 송기인 외, 학고재, 117쪽
15 〈월간중앙〉, 2001년 3월호, 노무현 본격 대권선언 '나만이 이회창 이긴다'
16 《여보, 나 좀 도와줘》, 노무현 저, 새터, 145쪽
17 《노무현 – 상식, 혹은 희망》, 유시민 외, 행복한책읽기, 56쪽
18 앞의 책, 59쪽

역사에서 배운다는 것은 무엇입니까

1 KTV, 2007년 11월 11일, 특집 인터뷰 다큐멘터리 '대통령, 참여정부를 말하다'
2 《노무현, 마지막 인터뷰》, 오연호 저, 오마이뉴스, 153쪽
3 앞의 책, 152쪽
4 《불멸의 희망》, 이백만 저, 21세기북스, 367쪽
5 《성공과 좌절》, 노무현 저, 학고재, 124쪽
6 《운명이다》, 노무현 저, 돌베개, 52쪽
7 《노무현, 상식 혹은 희망》, 노무현 외, 행복한책읽기, '내가 선택한 길을 내 뜻대로 걸었다' 128쪽,
8 문학과 지성 소설 명작선 〈노을〉, 김원일 저, 문학과지성사, 344-345쪽
9 《노무현이, 없다》, 이종구 외, 학고재, '초상화로 만난 짧은 인연' 206쪽
10 《여보, 나 좀 도와줘》, 노무현 저, 새터, 121쪽
11 《노무현의 길》, 이송평 저, 책보세, 31쪽

진보의 미래는 어디에 있습니까

1 《후불제 민주주의》, 유시민 저, 돌베개, 68-69쪽
2 《위기를 쏘다》, 이헌재 저, 중앙북스, 42쪽
3 《진보의 미래》, 노무현 저, 동녘, 82쪽
4 《한국의 진보를 비판한다》, 김기원 저, 창비, 182쪽
5 《노무현 – 상식 혹은 희망》, 유시민 외, 행복한책읽기, 65쪽
6 《한국일보》, 2006년 11월 10일, '임철순 칼럼 – 언론인 노무현'
7 《운명이다》, 노무현재단 엮음, 돌베개, 188쪽
8 《노무현이 만난 링컨》, 노무현 저, 학고재, 7쪽
9 앞의 책, 9쪽
10 앞의 책, 292쪽
11 《울로프 팔메 – 스웨덴이 사랑한 정치인》, 하수정 저, 후마니타스, 137쪽
12 《성공과 좌절》, 노무현 저, 학고재, 180쪽
13 《사람 사는 세상》, 노무현 저, 현장문학사, 130쪽
14 《여보, 나 좀 도와줘》, 노무현 저, 새터, 167쪽

다음 세대를 이끌어갈 힘은 무엇입니까

1 《노무현 – 상식, 혹은 희망》, 정혜신 외, 행복한책읽기, 84쪽
2 《우화로 배우는 중국경제》, 량샤오민 저, 강준영 공유식 역, 다산미디어, 60쪽
3 《원칙중심의 리더십》, 스티븐 코비 저, 김경섭 박창규 김영사, 141-142쪽
4 《이런 바보 또 없습니다 아! 노무현》, 정재현 외, 책보세, 223쪽
5 《블로그 경제학》, 한성안 저, 팩컴북스, 150-151쪽
6 《노무현이 만난 링컨》, 노무현 저, 학고재, 15쪽
7 《님은 갔지만 보내지 아니하였습니다》, 서영교 외, 우공이산, 145쪽
8 《박정희의 나라, 김대중의 나라, 그리고 노무현의 나라》, 이병완 저, 나남, 217쪽
9 《여보, 나 좀 도와줘》, 노무현 저, 새터, 87쪽
10 《노무현, 마지막 인터뷰》, 오연호 저, 오마이뉴스, 102쪽
11 《여보, 나 좀 도와줘》, 노무현 저, 새터, 116쪽
12 《노무현 – 상식 혹은 희망》, 유시민 외, 행복한책읽기, '인간 노무현, 흔들리지 않는 게임의 법칙' 61쪽,
13 《운명이다》, 노무현재단 엮음, 돌베개, 274쪽
14 《성공과 좌절》, 노무현 저, 학고재, 228쪽
15 《참여정부, 절반의 비망록》, 이진 저, 개마고원,

316쪽
16 《정찬용의 도전》, 정찬용 저, 21세기북스, 51쪽
17 《담금질》, 안희정 저, 나남, 101쪽
18 《노무현이, 없다》, 도종환 외 17인, 학고재, 55쪽
19 《노무현, 마지막 인터뷰》, 오연호 저, 오마이뉴스, 84쪽
20 《운명이다》, 노무현재단 엮음, 돌베개, 295쪽
21 〈월간중앙〉, 2004년 1월호, '서갑원의 육성증언'
22 《운명이다》, 노무현재단 엮음, 돌베개, 197쪽
23 앞의 책, 231쪽
24 《김대중 자서전(2)》, 김대중 저, 삼인, 528쪽
25 〈월간중앙〉, 2004년 1월호, '대통령의 그림자' 서갑원의 육성증언
26 《성공과 좌절》, 노무현 저, 학고재, 19쪽
27 앞의 책, 17쪽
28 《멈추면 비로소 보이는 것들》, 혜민 스님 저, 쌤앤파커스, 144~145쪽
29 《노무현 평전》, 김삼웅 저, 책보세, 53쪽
30 〈한겨레〉, 2012년 9월 8일, '김형태 변호사의 비망록20, 노무현 전 대통령 소송'
31 《마법에 걸린 나라》, 조기숙 저, 지식공작소, 229쪽
32 《여보, 나 좀 도와줘》, 노무현 저, 새터, 114쪽
33 앞의 책, 43쪽

사람 사는 세상은 무엇입니까

1 《사람 사는 세상》, 노무현 저, 현장문학사, 133~134쪽
2 《진보의 미래》, 노무현 저, 동녘, 49쪽
3 《문재인의 운명》, 문재인 저, 가교출판, 464쪽
4 《정연주의 기록》, 정연주 저, 유리창, 403쪽
5 《진보의 미래》, 노무현 저, 동녘, 315쪽
6 참여정부 평가포럼, 2007년 6월 2일
7 한국정책방송(KTV), 2007년 11월 11일, 특별다큐멘터리 '대통령, 참여정부를 말하다'
8 《운명이다》, 노무현재단 엮음, 돌베개, 166쪽
9 《국가란 무엇인가》, 유시민 저, 돌베개, 91쪽
10 《산민객담》, 한승헌 저, 범우사, 306쪽
11 2007년 12월 말, 청와대 영빈관, 참여정부 청와대 비서관 행정관 초청 송년회
12 《님은 갔지만 보내지 아니하였습니다》, 서갑원 외, 우공이산, 121~122쪽
13 〈한국일보〉, 2010년 10월 27일, '고난 속에 큰 기회 있다(56)'
14 《운명이다》, 노무현재단 엮음, 돌베개, 69쪽
15 《여보, 나 좀 도와줘》, 노무현 저, 새터, 12쪽
16 앞의 책, 12쪽
17 《여보, 나 좀 도와줘》, 노무현 저, 새터, 193쪽
18 앞의 책, 18쪽
19 《운명이다》, 노무현재단 엮음, 돌베개, 88~89쪽
20 《사람 사는 세상》, 노무현 저, 현장문학사, 48~49쪽
21 《여보, 나 좀 도와줘》, 노무현 저, 새터, 80쪽
22 《문재인의 운명》, 문재인 저, 가교출판, 197쪽
23 〈한국일보〉, 2003년 3월 17일, '노무현의 사람들 〈12〉 문재인'
24 《여보, 나 좀 도와줘》, 노무현 저, 새터, 44쪽
25 《문재인의 운명》, 문재인 저, 가교출판, 31쪽
26 앞의 책, 32쪽

노무현이
우리들과
나누고 싶었던
9가지 이야기

초판 1쇄 발행 2013년 5월 3일

지은이 이백만
책임편집 정광준 | 아트디렉터 정계수 | 디자인 박은진, 장혜림

펴낸곳 바다출판사 | 발행인 김인호
주소 서울시 마포구 서교동 398-1 창평빌딩 3층
전화 322-3885(편집), 322-3575(마케팅부) | 팩스 322-3858
E-mail badabooks@gmail.com | 홈페이지 www.badabooks.co.kr
출판등록일 1996년 5월 8일 | 등록번호 제 10-1288호

ISBN 978-89-5561-665-1 13800